Anonymus

Mein Leben *für die* Mafia

Der Lebensbericht eines ehrbaren anonymen Sizilianers

Aus dem Italienischen von Christel Galliani

Rowohlt

Die Originalausgabe erschien 1988 unter dem Titel
«Uomo di rispetto» im Verlag Arnoldo Mondadori, Mailand
Redaktion Thomas Überhoff
Umschlaggestaltung Barbara Hanke (Illustration Daniel Adel)

1.–15. Tausend Oktober 1989
16.–20. Tausend Dezember 1989.

Satz Sabon (Linotron 202)
Gesamtherstellung Clausen & Bosse, Leck
Printed in Germany
ISBN 3 498 00027 6

Anonymus

Mein Leben für die Mafia

Vorwort der Übersetzerin

Was ist die Mafia? Sizilianische Folklore oder grausame internationale Realität?

Mögliche Vorläufer der heutigen Organisation lassen sich bis ins Mittelalter zurückverfolgen: Bereits im ausgehenden 12. Jahrhundert gab es in Sizilien eine Geheimsekte, die sich *Vendicosi* nannte und anderen angetanes Unrecht blutig rächte. Im 16. Jahrhundert waren es dann die *Beati Paoli*, ein legendenumwobener Geheimbund in Palermo, der es für seine Aufgabe hielt, zugunsten von Witwen, Waisen und Unterdrückten in der Manier von Robin Hood «Recht zu sprechen». Damals gehörte Sizilien zum Königreich Neapel und wurde von spanischen Vizekönigen regiert.

Über die Jahrhunderte gaben sich auf der Insel an der Stiefelspitze Italiens ausländische Herrscher die Türklinke in die Hand: Wandalen, Ostgoten, Byzantiner, Araber, Normannen und Staufer: Karl I. von Anjou verliert Sizilien an das Haus Aragon; Piemont herrscht ein paar Jahre, dann kommen die Habsburger an die Macht und schließlich die spanischen Bourbonen.

Um sich beim sizilianischen Volk durchsetzen und es sich zum eigenen wirtschaftlichen Nutzen gefügig machen zu können, bedienten sich die jeweiligen Fremdherrscher der Vermittlung des sizilianischen Adels, der ihnen kein nennenswerter militärischer Widerpart sein konnte, aber lokale Macht über die Bevölkerung besaß. Als Vermittler sollte er das Volk ruhigstellen und zur Arbeit anhalten, damit überhaupt produziert wurde, was der ausländische Herrscher aus seinem Territorium herausholen wollte. Als Gegenleistung beschützte der Landadel das Volk weitgehend vor Übergriffen. Auf diese Weise gelang es den Sizilianern, unter vielfacher Fremdherrschaft ihre nationale Identität weitgehend zu bewahren; gleichwohl entstanden immer wieder Machtvakuen, in denen Geheimbünde wie die *Beati Paoli* florierten.

Die heutige Mafia ist sehr viel jüngeren Ursprungs. Als im Zuge des Befreiungskriegs im 19. Jahrhundert der italienische Staat entstand, mußten die lokalen Machthaber in Sizilien um ihre Autorität fürchten: Nun war es kein ausländischer Herrscher mehr, für den geschickt und zum allseitigen Vorteil vermittelt werden konnte. Sizilien sollte ab 1861 einem *eigenen*, dem italienischen Staat angehören. Als absehbare Folge davon würde sich ein vereinheitlichter Verwaltungsapparat über alle Regionen Italiens bis nach Sizilien ausdehnen und die lokalen Machthaber nach und nach ihrer Pfründe berauben.

Darum entstanden gerade im Vorfeld dieser Entwicklung um 1860 jene Gruppierungen, die den Landadel – der sich immer mehr in die Stadt zurückzog und seinen Grundbesitz Verwaltern überließ – in seiner Machtposition ersetzten und sich als «Mafiosi» bezeichnen lassen: zum Selbstschutz gegen die vom italienischen Festland her eindringende gleichmacherische Bürokratie, gegen die Infiltration gewachsener Strukturen durch Ortsfremde – kurz: gegen die Entmachtung durch den italienischen Staat. Bis in die fünfziger Jahre unseres Jahrhunderts hinein haftete der Mafia ein sozialer Anstrich an, spielte sie die Rolle der Ersatzmacht für einen unkompetenten Staat, der Sizilien nur schaden konnte.

Dieses speziell sizilianische Phänomen, von außen verächtlich als «Mafia» bezeichnet und von innen als Selbstschutz verstanden, gedieh in seinen feudalen Strukturen bis 1922, bis der Faschismus in Italien seine «Ordnung» in allen Landesteilen mit polizeistaatlichen Mitteln durchzusetzen begann. Unter Druck geraten, räumten viele Mafiosi das Feld und emigrierten vor allem in die Vereinigten Staaten, wie es vor ihnen unzählige andere Sizilianer aus Not getan hatten. Dort entstand die «Cosa Nostra» (unsere Sache) eine Selbstschutz-Organisation von Landsleuten in der Fremde, unter deren Fittichen die Möglichkeit bestand, auch angesichts von veränderten Lebensbedingungen durch kriminelle Machenschaften sozial aufsteigen zu können.

Mit dem Ende des Faschismus kehrten auch die Mafiosi nach Sizilien zurück: um wichtige Erfahrungen und weitverzweigte überseeische Beziehungen reicher. Bei der Invasion Siziliens erleichterten die noch verbliebenen lokalen Machthaber, die sich durch Faschismus und Krieg gerettet hatten, den amerikanischen Truppen den Vormarsch. Unter ihnen etwa Calogero Vizzini, Bürgermeister und mächtiger Mafioso, der den Amerikanern um so lieber half, als er am Schwarzmarkt kräftig verdiente.

Bis in die fünfziger Jahre hinein blühte dann der Einfluß dieser Mächtigen Siziliens noch einmal kräftig auf: Das Schmuggelgeschäft sorgte für Arbeit und Brot, ob die römische Zentralregierung sich nun um das arme Sizilien kümmerte oder nicht. Und sie kümmerte sich allerdings: Sie schuf Anfang der fünfziger Jahre die *Cassa per il mezzogiorno*, einen Entwicklungsfonds für Unteritalien – ein Trog, an dem auch die Mafiosi noch heute kräftig mittrinken. Die Mafiosi ihrerseits versuchten die Zentralregierung in Rom zu infiltrieren. Sie schlugen sich auf die Seite der christdemokratischen Partei, verschafften ihr Wählerstimmen in Sizilien und sich selbst Einfluß und Privilegien. Es bildete sich ein fein verästeltes Netz der Einflußnahme auf Wirtschaft und Politik Italiens, das mit dem Wort «Bestechung» zu grob und unzulänglich umschrieben wäre.

Mit scheinbar seriösen Baufirmen, geführt von Mafiosi, ließ sich gutes Geld verdienen; durch die Beeinflussung öffentlicher Bebauungspläne oder durch die Verhinderung unbequemer Bauvorhaben – etwa dem Bau von Staudämmen, die die Bewässerung der Kontrolle durch die Mafia hätten entziehen können – ließ sich noch mehr Geld verdienen. Die Ausbeutung dieser lukrativen Geldquellen bedingte eine Umorganisation der Struktur der Organisation; es war das Ende der feudalen Mafia mit ihrem strengen Ehrenkodex.

Heute steht das Wort «Mafia» landläufig und weltweit für das organisierte Verbrechen schlechthin. Doch die einstmals «*ehrenwerte* Gesellschaft» Siziliens hat mit Ehre nur mehr wenig zu schaffen. Der Einstieg ins internationale Drogengeschäft und das daraus fließende große Geld hat aus der sozialen Selbsthilfe-, Schutz- und Versorgungseinrichtung – so verstand sie sich selbst und so wurde sie großenteils auch von der Bevölkerung akzeptiert – ein

Wirtschaftsunternehmen werden lassen, das kühl berechnendes Kaufmannskalkül mit nackter krimineller Gewalt verbindet.

Das hätten sich die Mafiosi alter Schule nie träumen lassen: Für sie war ein Dieb noch ein Dieb und ein Mörder ein Mörder, gewiß kein ehrbarer Mann. Was getan werden mußte, tat man aus (Mafia-)Räson, nach strengen Regeln und unter der Verantwortung eines Anführers, der die Richtung festlegte und für seine Leute sorgte.

Boten die Mafiosi alten Typs dem Volk für seine «Leistung» eine Gegenleistung – Schutz, Sicherheit, Arbeit und Brot –, so fiel diese spätestens mit dem Aufkommen des internationalen Drogenhandels schlicht weg.

Giovannino, der «ehrbare» Sizilianer, der in diesem Buch zu Wort kommt, erlebt alle Stadien dieser Entwicklung mit: aus dem Inneren und «von unten» gesehen. Er ist Instrument, Handlanger und Beobachter zugleich.

Selbst kein an der Spitze stehender «Ehrenmann», aber ein *uomo di rispetto*, einer, der sich allein durch sein Auftreten und notfalls durch Einsatz der Waffe Respekt zu verschaffen versteht, lernt er einige bekannte Figuren in diesem sizilianischen Spiel um Macht, um Einfluß und nicht zuletzt um Geld als seine Gönner und Brötchengeber kennen, denen er treu und loyal dient:

Giuseppe Genco Russo ist der altmodische Typus des Vermittlers zwischen Großgrundbesitz, Behörden und Banken, 1960 sogar christdemokratischer Stadtrat.

Michele Navarra ist ebenfalls ein wichtiger Vertreter des traditionellen Flügels, Chef des Krankenhauses und der Gesundheitsbehörde im Städtchen Corleone. Er wird 1958 im Auftrag seines ehemaligen Mitarbeiters Luciano Liggio ermordet: Der bereitet sich kaltschnäuzig vor auf Aufstieg und Übernahme der Macht aus den Händen jener Mafiosi, die noch den alten Strukturen verhaftet sind. Eine neue Ideologie wird geboren, in der nur mehr der Profit zählt. Als ihr herausragender Vertreter steht Liggio mutmaßlich noch heute an der Spitze der neuen Mafia.

Zu Beginn der siebziger Jahre stehen sich auf dem umkämpften Handelsplatz Palermo drei rivalisierende Gruppierungen von Clans gegenüber: der Flügel aus den «Familien» Bontate, Badalamenti, Spatola, Inzerillo und Buscetta, der Flügel der Corleonesen mit Liggio an ihrer Spitze und der dritte Flügel der Greco aus Ciaculli.

Während es hier noch um interne Aufteilung von Macht und Geld geht, beginnt wenige Jahre später, 1979, eine neue blutige Form der Auseinandersetzung: Um sich zur ungestörten Ausübung der lukrativen Geschäfte den Rücken freizuhalten, beginnt die Mafia, Politiker, Richter und hohe Polizeibeamte zu töten.

Die Grausamkeit macht aber auch vor unbequemen Bossen nicht halt: Nachdem einer seiner Familienangehörigen nach dem anderen umgebracht wird, tritt Tommaso Buscetta 1985 beim bis dahin größten Prozeß gegen Angehörige der Mafia als Kronzeuge auf – auch das eine unerhörte Neuerung: Sich einem Polizisten oder Richter anzuvertrauen, ja überhaupt sein Heil bei staatlichen Institutionen zu suchen, wäre in früherer Zeit absolut ehrenrührig gewesen; es bedeutete, sich auf die Seite der Feinde Siziliens zu schlagen, zu denen die Zentralregierung in Rom genauso gehört wie die Fremdherrscher in der Vergangenheit.

Erst als es um die unvorstellbar hohen Gewinne aus dem Drogenhandel ging, trat diese neue Generation von «Mafiosi» auf den Plan, die im Grunde keine mehr waren. Seither gibt es keine «Mafia» im traditionellen Sinn mehr, nur noch ein weltweites kriminelles Unterdrückungssystem, für das der einst hehre sizilianische Begriff steht.

Christel Galliani

Vorwort des Verfassers

Ich glaubte, alles über die Mafia zu wissen, wie das jeder einigermaßen gebildete und informierte Sizilianer glaubt. Auch ich habe die Berichte über Tommaso Buscetta verfolgt, der seinen alten Gesinnungsgenossen mit einem wort- und detailreichen Reuebekenntnis zu insgesamt 2665 Jahren Gefängnis verhalf.

Aber die Mafia, von der Buscetta berichtete, ist eine unnahbare Welt für sich: weit entfernt und wenig klar in ihren

Umrissen. Von der anderen, der alltäglichen, die keiner kennt, erzählte mir bei einer Reihe von Treffen, die in theatralischer und zugleich dramatischer Heimlichkeit stattfanden, ein Mann, dessen «Familie» von den Corleonesen und ihren Verbündeten vollständig vernichtet wurde, nachdem es denen innerhalb weniger Jahre gelungen war, auf der Insel eine Pax Romana durchzusetzen, wie sie niemand zuvor zu verwirklichen versucht hatte. Heute sprechen in Palermo die Waffen nur noch für die treuen Diener des Staates und die Infiltranten, die Spitzel und nicht mehr gebrauchte Verbündete.

Im Verlauf dieser sich ihres historischen Wertes unbewußten Erzählung wird nach und nach der Wandel der *piovra*, des Kraken, erkennbar: von der alten, konventionellen Mafia, die nur innerhalb der Ländereien des postbourbonischen Feudalbesitzes agierte, über die schon fast urbanisierte der Zitrusplantagen und die äußerst gewalttätige in der Bauspekulation bis hin zu ihrer vielleicht endgültigen Variante, die eng mit der Politik im Bunde und trunken von den Milliarden aus dem Drogenhandel ist.

Gleichwohl erzählt immer derselbe Mann. Zuerst noch sehr jung und nicht imstande zu verstehen, was um ihn herum und auf seinem Rücken geschieht, ahnungslos begeistert von einer Ideologie, die den Respekt vor der Person über den vor dem Geld, das Ansehen über die Macht der *lupara* stellt, und die sich stets innerhalb von Regeln bewegt, die zwar ungeschrieben bleiben, aber so absolut sind wie ein göttliches Gebot. Später wird dieser Mann reifen und enttäuscht werden, aber auch vorsichtiger. Die Welt, an die er glaubte, hat sich verändert und läßt ihn narbenübersät zurück. Er ist allein.

Der Inhalt dieses Buches: Geschichte von unten gesehen, eine Reise in der Ich-Form von den Latifundien zum Heroin, ein Bekenntnis ohne Reue. Ich habe es aufgenommen und niedergeschrieben, ohne je von den Fakten abzuweichen, und ich habe versucht, Sprache und Tonfall möglichst beizubehalten.*

Besonders hervorheben wollte ich – vielleicht mehr, als mein Gesprächspartner es beabsichtigte – die erste Zeit seines Lebens, die Prägung durch die Mafia mit ihren Auswirkungen auf Persönlichkeit und Verhalten.

Am Ende war es unvermeidlich, daß zwischen Erzähler und Verfasser ein zweifelhafter Gleichklang der Gefühle entstand. Erst habe ich versucht, diesen zu vertuschen, weil er mir Unbehagen verursachte und ich fürchtete, man würde mir meine Aufgeschlossenheit und vor allem meinen Drang zu verstehen als Sympathisantentum auslegen.

Dann habe ich aufgehört, mir darüber Sorgen zu machen. Sollte mich statt der üblichen Rezensionen moralisierende Polemik erwarten, nun gut. Auch die wird nicht verdecken können, was das Leben jeden lehrt, der lernen will: daß es Wahrheiten auch in der Hölle und Lügen auch im Paradies gibt.

Der Verfasser

* Anmerkung der Übersetzerin
Zusätzliche Informationen zu im Text erwähnten Angehörigen der sizilianischen Mafia sowie zu historischen Persönlichkeiten enthält – in der Reihenfolge ihres Auftretens – ein Glossar am Ende des Buches. Dort finden sich auch Erläuterungen zu Begriffen, deren Übersetzung kulturelle Eigenarten verwischt hätte.

1

Von meinem Dorf aus sieht man das Meer nicht. Man hat es auf einem Berg erbaut, wie es in alter Zeit üblich war, aber ringsherum stehen noch andere Berge. Im Sommer ist es zu heiß, und im Winter ist es zu kalt. Heutzutage, mit den neuen Straßen, braucht man bis zur nächsten Stadt am Meer nur eine halbe Autostunde, aber als ich noch ein Kind war, dauerte es mehr als sechs Stunden mit dem Karren oder zwei Stunden mit dem Postbus, und als ich das

Meer zum erstenmal zu Gesicht bekam, war ich schon fünfzehn Jahre alt.

Mein Onkel Bartolo war Hausierer von Beruf und kannte alle Ortschaften in unserem Bezirk. Er war ein ungewöhnlicher Mensch und immer fröhlich. Gern erzählte er von dem, was er auf seinen Reisen erlebt hatte. Er redete mit der Kunstfertigkeit eines Bänkelsängers und konnte aus dem Stegreif erfinden, was er gerade brauchte. Mein Vater nannte ihn einen Bruder Leichtfuß, weil er kein Stück Land besaß, kein Haus, keine Familie, und Verantwortung wollte er auch keine tragen. Meine Mutter, seine Schwester, fand, er sei schon immer ein Kindskopf gewesen. Aber alle beide hörten ihm ganz still zu, wenn er uns besuchen kam und anfing zu erzählen. Und es endete immer damit, daß auch sie lachten wie wir Kinder.

Mein Onkel Bartolo, im Dialekt spricht man es «Zu Vàrtulu» aus, hatte oft vom Meer erzählt, und ich kapierte, daß es wirklich groß sein mußte. Aber ich hatte auch mitbekommen, daß er Blödsinn erzählen konnte, als meinte er es ernst, und glaubte ihm nicht so ganz. Und als wir dann nach einem Vormittag unter sengender Sonne auf dem Karren am Meer ankamen, war ich vor lauter Müdigkeit eingeschlafen. Oben auf einer Anhöhe schlug mir Zu Vàrtulu plötzlich mit dem Peitschengriff auf den Kopf.

«Da, schau mal.»

Bis wir am Strand waren, brachte ich kein einziges Wort heraus: Ich fühlte mich verloren. Er redete und riß Witze, aber ich schwieg still. Dann sagte er, ich solle mich nicht wegrühren und es mir ja nicht einfallen lassen, baden zu gehen. Ich mußte dort bleiben und auf ihn warten, während er gewisse Geschäfte erledigte. Es war Ende Mai, Mittagessenszeit, und es waren fast keine Leute da. Ich setzte mich in den Sand, sprang aber gleich wieder auf, als das Wasser auf mich zukam. Dann merkte ich, daß keine Gefahr bestand, weil es sich nach einem Moment wieder zurückzog. Aber ich war immer noch verwirrt und aufgeregt.

Einmal liefen zwei größere Jungen vorbei, in kurzen Hosen und mit sehr dunklen Beinen. Ich schaute sie an, um festzustellen, ob sie von mir Notiz nahmen. Ich wollte sie so vieles fragen, weil sie sich doch mit dem Meer auskennen mußten. Aber ich hatte Angst, mich lächerlich zu machen. Mein Vater sagte immer, das Beste sei das, was man nicht ausspreche. Und das habe ich nie vergessen.

Als mein Onkel zurückkam, lief ich ihm entgegen und breitete die Arme aus wie Christus am Kreuz, womit ich sagen wollte: So was Verrücktes! Und er lachte froh und zufrieden, obwohl er das Meer ja nicht mit eigenen Händen gemacht hatte, und fragte mich, was ich von alldem hielte. Für mich war das Seltsamste das Wasser: Anstatt am Ufer entlangzufließen, wie es das sonst immer tut, floß es auf den Strand zu, stieg hoch und höher, und dann konnte es doch nicht überlaufen. Als ich ihm das sagte, lachte er noch mehr.

«Hohlkopf!»

Auf dem Rückweg führte die Straße fast dauernd bergan. Da es Abend wurde und ich todmüde war, dachte Zu Vàrtulu, ich würde gleich einschlafen. Aber in mir brodelte es noch immer, und ich stellte Fragen über Fragen über das Meer, die Fische und die Stürme. Und da er manches selbst nicht wußte, wurde er auf einmal ärgerlich und schlug mir wieder den Peitschengriff über den Kopf.

«Schlaf jetzt!»

Ich war das jüngste von fünf Kindern. Mein Vater war Wochenlöhner, wir hatten aber noch zwei *tùmoli* Saatland. Damals wurden alle Felder gleich bebaut: mit Weizen und Mandeln. Und wo der Herrgott ein wenig Wasser hingegeben hatte, gab es ein paar Obstgärten. Draußen auf den Feldern standen keine richtigen Häuser: Wir hatten einen Schuppen aus Maisrohr, und wenn die Zeit zum Hacken,

Säen und Mähen kam, schliefen ich, mein Vater und meine beiden Brüder da drin. Ein Männerleben ohne Wäsche waschende und kochende Frauen. Mittags und abends Brot mit Oliven und Zwiebeln, und am Schluß ein Schluck Wein, auch für mich.

Auf dem Feld war mein Vater wie ausgewechselt. Zu Hause sprach er fast nie mit uns: Er war immer ernst, Geschwätz wollte er keines hören. Wir aßen alle von einem einzigen großen Teller, der mitten auf dem Tisch stand, und mit Zinnlöffeln, denn es wurden immer kurze Nudeln gekocht: mit Tomatensoße, mit Erbsen oder Bohnen, je nach Jahreszeit. Auf dem Feld hingegen machten wir abends ein Feuer an, setzten uns davor und rösteten schwarze Oliven. Und dann erzählte uns mein Vater alte Geschichten aus seiner Kindheit, von seinem Vater und von seinem Großvater, der einst Don Peppino Garibaldi aus der Nähe gesehen hatte. Und er war immer fröhlich, redete und machte Späße mit uns dreien, auch mit mir, dem Jüngsten.

Dann wurde die Familie in alle Winde zerstreut. Eines Abends sagte Borino, mein ältester Bruder, er wolle nach Argentinien gehen. Es war eine Zeit des Aufbruchs: ganze Familien verschwanden. In Argentinien, sagte man, gäbe es Arbeit und Land für jeden, der's wollte. Mein Vater warnte ihn, wenn er durch diese Tür ginge, bräuchte er nie zurückzukommen. Meine Mutter weinte heimlich und sagte nichts. Eines Sonntags klopfte dann der Mann, der die Leute zusammenholte, und Borino ging mit. Weil er nicht schreiben konnte, schickte er nie Nachricht, und wir haben nichts mehr von ihm gehört.

Meine Schwester Assuntina starb noch als Kind an Gehirnhautentzündung, und ich kann mich nicht mehr an sie erinnern. Gina, die andere Schwester, hat einen aus dem Dorf geheiratet, der als Arbeiter nach Grugliasco in der Nähe von Turin ging. Weil sie sechzehn war, als sie wegging, und ich sieben, und weil wir uns dann zehn Jahre lang nicht sahen, hingen wir nicht sehr aneinander. Einmal bin ich zu ihr zu Besuch gefahren, aber mein Schwager ist ein ungezogener Angeber und gehört zu der Sorte, die glauben, daß aus ihnen waschechte Norditaliener werden, nur weil sie dort wohnen. So bin ich um des lieben Friedens ihrer Familie willen nicht mehr zu meiner Schwester gefahren, aber ab und zu schicke ich eine kleine Aufmerksamkeit für sie und für die Töchter hin, auch wenn sie nicht den Namen unserer Mutter tragen.

Der andere Bruder war ein guter Junge. Er hieß Totò. Auch er ist weit weg arbeiten gegangen, nach Belgien. Er war Bergarbeiter, eine schwere, aber gutbezahlte Arbeit. Totò schrieb manchmal selbst, und manchmal ließ er sich die Briefe von verläßlichen Kameraden schreiben. Er schickte ein bißchen Geld, und jeden Sommer kam er zwei Wochen zurück ins Dorf und brachte allen Geschenke mit; meine Mutter bewahrte sie in der Wäschelade unter ihrem Bett auf. Glücklicherweise verdiente ich schon etwas und konnte zu Hause helfen, als Totò in der Grube starb, denn mein Vater konnte wegen der Krankheit und seines Alters nicht mehr als Tagelöhner gehen, und die beiden *tùmoli* allein reichten nicht für das Nötigste.

Als Tagelöhner mußte er gehen, nachdem der *Cavaliere*, der ihm dreißig Jahre lang Arbeit gegeben hatte, von einem Tag auf den anderen sein Land verkaufte. Ich hatte angefangen, ihn nach der Schule zu begleiten. Bis zur dritten Klasse der Grundschule war ich immer bei derselben Lehrerin; sie unterrichtete bei sich zu Hause, in einem langgestreckten, schmalen Zimmer über der Küche. Gegen Mittag kam ihr Vater, ein dürrer alter Mann mit weißem Schnauzbart. Die Lehrerin gab uns die Aufgaben auf und ging hinunter, um ihre Fleischklößchen zu brutzeln. Aber wer dachte bei diesem paradiesischen Duft noch an sein Schulheft? Und darum schlug sie uns bei ihrer Rückkehr mit dem Stöckchen auf die Finger, und ihr Vater lachte und hustete.

Am Ende der dritten Klasse traf sie eines Abends meinen Vater und sagte ihm, sie müsse mich wohl oder übel durchfallen lassen: Ich sei intelligent genug, denke aber gar nicht daran zu lernen. Bekanntlich konnte man die Lehrerin mit einem Lamm zu Ostern und gelegentlich einem halben Kuchen dazu bringen, daß sie ein Auge zudrückte und vielleicht ein paar Nachhilfestunden erteilte. Aber bei mir zu Hause war es schon ein Luxus, daß ich zur Schule ging, anstatt zu arbeiten, und ein Lamm bekamen zu Ostern nicht mal wir selbst.

«Morgen früh um vier brechen wir auf. Er kommt mit mir aufs Feld», sagte mein Vater, sobald er heimkam. Meine Mutter schwieg still, und ich war froh, daß ich mitgehen durfte. Ich war noch nicht alt genug, um etwas vom Leben zu verstehen, aber ich hatte schon gelernt, daß die Schule nichts für unsereinen war.

Ich war noch nie auf dem Piano di Maggio gewesen, aber zu Hause hatte mein Vater jahrelang davon erzählt, und mir kam es vor, als wäre ich dort geboren. Es war ein riesiges Gut, mit vielen Gebäuden und wenigen Fenstern, wie damals üblich. Vom Dorf aus brauchte man mit dem Maultier zwei Stunden, und es war eine einsame Straße ohne Bauernhäuser, denn es gab nur gelbe, schlechte Böden dort, die fast alle der Regierung gehörten.

Der Piano di Maggio selbst aber gehörte dem *Cavaliere*, einem schönen, großen und aufrechten Mann. Er besaß ein Automobil von Fiat. Als er mich zum erstenmal sah, fragte er meinen Vater, wie ich hieße, und schenkte mir 10 Lire. Mehr als vierzig Jahre später erinnere ich mich noch an diesen Geldschein in meiner Hand.

Nach den ersten Wochen bemerkte der Aufseher, daß ich mich recht geschickt anstellte; wenn Wasser für die Männer zu holen war, ging ich immer im Laufschritt, ohne daß man mir das extra sagen mußte. Darum legte er jeden Samstag auf den Lohn auch etwas für mich drauf. Ich weiß nicht, wieviel es war, aber ich hörte meinen Vater zu meiner Mutter sagen: «Giovannino fängt an, sich sein Brot zu verdienen.»

Nachts schliefen wir in einer Art langem, hohem Lagerhaus mit vergitterten Fenstern. Zwanzig, dreißig Männer auf Strohsäcken auf dem Boden. Zur Mahd und zur Mandelernte waren es auch schon mal fünfzig. Im Winter war es angenehm, aber im Sommer war es zu heiß. Da ging ich heimlich nach draußen und schlief unter dem Feigenbaum in der Nähe des kleinen Hauses, in dem der *Cavaliere* wohnte.

Im Dorf dagegen konnte man der Hitze nicht entfliehen. Nachts öffnete mein Vater höchstens einmal ein bißchen die Tür, denn Fenster gab es keine, und die Luft reichte nicht für alle. Meiner Mutter war das nicht recht, weil die Wohnung im Erdgeschoß lag und manchmal ein hungriger Hund oder eine von den großen Ratten hereinkam. Im Winter dagegen, wenn meine Eltern und meine Geschwister sich paarweise aneinanderkuschelten, legte ich mich, überzählig und klein wie ich war, in die Futterkrippe schlafen, und das Maultier wärmte mich. Manchmal biß es mich auch, aber nicht aus Bosheit. Vielleicht wollte es sich ein Maul voll Stroh holen und konnte im Dunkeln nicht gut sehen.

Der *Cavaliere* war nicht wie die anderen Herren, die ich im Dorf kennengelernt hatte. Er war ein feiner Herr aus der Stadt, immer elegant gekleidet. Nicht einmal der Baron Valente, den ich jeden Sonntag aus der Kirche kommen sah, kleidete sich in Weiß. Wenn er zu den Ställen kam, blieb er immer vor der Tür stehen. Seine Frau ließ sich auf dem Piano di Maggio nie blicken, aber das machte ihm nichts aus, denn die Frau des Verwalters und die *mamma* eines Feldhüters führten den Haushalt. Er hatte immer Leute zum Essen und Übernachten da, Freunde aus Palermo und auch aus Rom, die «Schön!» und «Wunderschön!» zu allem sagten, was sie sahen, einschließlich der Hennen. Anscheinend gab es da, wo sie wohnten, keine Hennen.

Sie aßen Hühner und über dem Feuer geröstete Wurst mit Artischocken, wenn es Artischocken-Zeit war. Aber sie aßen die Hühner nicht so, wie der Herrgott sie gemacht hat, und am Ende stellte der *Cavaliere* für den Aufseher und meinen Vater immer einen Teller auf die Seite mit der Haut, den Köpfen und den Knochen, an denen noch etwas Fleisch hing. Ich war ganz wild auf die Köpfe.

Obwohl mein Vater nicht fest angestellt war wie der Aufseher und die Feldhüter, ließ ihn der *Cavaliere* den ganzen Sommer über bei sich arbeiten, und wenn nötig, auch noch im Winter. Ich kann sagen, daß es uns an nichts fehlte. Wir hatten es gut, bloß nicht, was das Wohnen anging. So viele Jahre später erinnere ich mich noch an jeden einzelnen 31. August, den ich im Dorf miterlebt habe. Damals endeten jeweils am 31. August die alten Mietzeiten, und es begannen die neuen. Heute gibt es Mieterschutz und andere schöne Dinge. Damals ging es einfacher zu: Wer gehen mußte, lud bis zum Abend des letzten Augusttages alles auf einen Karren, und wer keinen Karren hatte, borgte sich einen.

Eine Nacht lang schlief keiner im Dorf. Wer früher ankam, mußte den Auszug der anderen abwarten. Wer spät dran war, sah die neuen Mieter kommen, und die stellten sich vor der Tür auf und warteten darauf, das Haus in Besitz nehmen zu können. Es gab große Streitereien, die ganze Nachbarschaft kam angelaufen. Mein Vater aber war ein friedliebender Mensch, immer pünktlich bei der Übergabe der Wohnung und immer bereit, denen behilflich zu sein, die uns weichen mußten.

Mein Bruder Borino mochte mich am liebsten. Vor seiner Abreise nach Argentinien gingen wir manchmal gemeinsam arbeiten. Es kam selten vor, denn mein Vater wollte sich immer von mir helfen lassen, auch wenn der Tagelohn nur für seine Arbeit bezahlt wurde. Aber wenn es vorkam, war ich überglücklich. Borino schlug mich nie; das äußerste war ein Fußtritt, aber nur, um mir auf die Sprünge zu helfen. Er scherzte mit mir und behandelte mich wie einen Gleichaltrigen. Wenn er sich aus starkem Rauchtabak und Papier eine Zigarette drehte, ließ er sie mich manchmal anzünden.

Eines Abends, am Festtag der Unbefleckten Empfängnis, brachte er mich zur einzigen Dirne des Dorfes, die Mariannina hieß. Sie war einen guten Meter breit, hatte aber eine ganz helle Haut, und sie schminkte und parfümierte sich. Es hieß, sie sei über fünfzig Jahre alt, aber nach dem wenigen, an das ich mich erinnere, scheint sie eine schöne Frau gewesen zu sein. Im Dorf war das ein alter Brauch zum Fest der Unbefleckten Empfängnis, und vor der Tür warteten viele Leute. Ich stand da wie auf glühenden Kohlen, aber als wir dran waren, sah Mariannina erst mich genauer an und wandte sich dann an meinen Bruder.

«Wie alt ist der da?»

«Alt genug», gab Borino schlagfertig zurück und streichelte ihr zärtlich übers Gesicht. Aber was hilft da Streicheln! Sie hatte Angst. Der *maresciallo* von den Carabinieri hatte es deutlich gesagt: keine Minderjährigen!

«Und wie soll der *maresciallo* davon erfahren, es sei denn, du sagst es ihm selber?» meinte mein Bruder. Mariannina fing an zu lachen. Sie ging zum Fenster und zog den Vorhang eine Handbreit zurück. Da draußen standen ungefähr fünfzehn Männer, rauchten und unterhielten sich, bis sie an die Reihe kamen.

«Da kann man nichts machen», sagte Borino, um mich zu trösten, während wir nach Hause gingen. «Dann warten wir eben, bis eine von außerhalb kommt, zum Jahrmarkt. Eine jede ist besser als Mariannina.»

Aber es gab keine Gelegenheit mehr. Borino fand den ganzen Winter über keine Arbeit. Es war eine magere Zeit: Nicht mal als Maurer oder Schafhirte war etwas zu kriegen. Und dann geschah das Unglück mit dem Maultier: Es starb eines Nachts, ohne auch nur einen Muckser zu tun. Und weil einer, der uns Böses wollte, spioniert hatte, war gleich der Beamte von der Gesundheitsbehörde da und sagte, das Tier dürfe nicht zum Schlachter gegeben werden, weil keiner wisse, woran es gestorben sei, es könne ja etwas Ansteckendes gehabt haben.

Es geschah noch dies und das, und im Frühling ging Borino dann für immer. Zwei Jahre später ging auch Totò, aber Borino war der eigentliche große Bruder gewesen, der mir bei allen Respekt verschafft hatte. Also, ich konnte mir auch allein Respekt verschaffen, aber die Größeren aus der Gegend, die mich vorher nicht belästigt hatten, butterten mich jetzt manchmal unter. Ich verteidigte mich, aber am Ende bezog ich doch meine Prügel, und zu Hause bekam ich dann noch eins drauf, weil mein Vater keiner von denen war, die den Sohn mit gebrochener Nase ankommen sehen und gleich die Hacke beim Stiel packen und sich auf die Suche nach dem Vater von dem machen, der sie ihm gebrochen hat.

Er war ein zu feiner Mensch, und er ist ja auch gestorben, weil er so war. Er schalt mich und sagte, ich hätte den Streit angefangen, weil ich nicht arbeitete, weil ich einen miserablen Charakter hätte und mich aufführte wie ein toller Hund. Darum schickte er mich schließlich als Gehilfen zu einem Gemüsegärtner, aber ohne Bezahlung, bloß für ein Säckchen Gemüse ab und zu. Den Gemüsegarten umgraben machte mir Spaß, weil man immer mit den Füßen im Wasser stand. Der Gemüsegärtner aber war ein Schuft, einmal wegen des Essens, und außerdem, weil er mich anschrie und mich die Rute spüren ließ, wenn ich etwas falsch machte. Und als er mich dann noch etwas anderes spüren lassen wollte, ging ich nicht mehr hin. Ich bezog eine Tracht Stockschläge, weil ich mich schämte, meinem Vater den wirklichen Grund zu erzählen, und er dachte, ich scheute die Arbeit.

Nicht daß Zu Vàrtulu sich nicht mehr blicken lassen hätte. Er kam immer mal vorbei, aber seit Borino weg war, wehte ein anderer Wind. Darum blieb er nur kurz: gerade lange genug, um guten Tag zu sagen. Und weil er merkte, daß nicht einmal eine halbe Lira im Haus war, steckte er seiner Schwester oft heimlich etwas zu. Ich weiß das, weil ich es einmal gesehen habe.

Meine Mutter gab dieses wenige Geld geschickt aus. Sie kaufte Dinge, die schon im Haus waren: Öl, Weizen, Bohnen. Darum merkte mein Vater nichts und war sogar noch froh, weil die Sachen so lange reichten. Manchmal kaufte sie auch ein Kleid oder ein Paar amerikanische Schuhe für meine Schwester Gina und auf dem Jahrmarkt kleine Dinge für den Haushalt, die Männer nicht sehen, weil sie sich nicht dafür interessieren. Einmal merkte mein Vater, daß die Pfanne neu war, aber meine Mutter sagte, sie habe sie gegen ein paar Bohnen eingetauscht, wie es damals üblich war.

Eines Winterabends kam Zu Vàrtulu und brachte einen Korb Vogelbeeren und einen halben Pecorino mit. Das tat er immer, wenn er bei uns aß und übernachtete, weil er uns nicht auf der Tasche liegen wollte. Vorher, als Borino noch bei uns war und meine Schwester Assuntina noch lebte, hatte er sich immer in den Schuppen schlafen gelegt. Aber jetzt war im Zimmer viel Platz, und meine Mutter freute sich, wenn ihr Bruder die Nacht über bei uns blieb. Als ich gerade am Einschlafen war, hörte ich ihn meinen Vater fragen:

«Und was macht Giovannino jetzt?»

«Was soll er schon machen? Wenn es Arbeit gibt, nehme ich ihn mit. Wenn keine da ist, streunt er auf der Straße rum.»

«Dann nehme *ich* ihn vier Tage mit», entschied mein Onkel und beendete damit das Gespräch. Der wußte, wo's langgeht: Wenn er keine Diskussionen wollte, tat er so, als gäbe es nichts zu diskutieren. Mein Vater zuckte die Achseln. Nach einem Glas Wein konnte ihn nichts mehr aus der Ruhe bringen.

«Geht mit Gott», sagte er. Aber er ermahnte ihn, nicht zu lange mit mir wegzubleiben, denn sobald der Regen aufhörte, mußte man hinaus aufs Land gehen und Brennholz sammeln. Und dann legten sie sich schlafen. Ich aber war sehr verwundert. Nie war ich mit meinem Onkel länger als einen Tag fort gewesen, und mein Herz schlug wie wild. Im Dunkeln lag ich zusammengekauert unter der Decke und dachte: Morgen fahren wir weg.

Aber wer hätte gedacht, daß das der Beginn eines neuen Lebens sein sollte?

2

Mussomeli war nicht anders als mein Dorf. Die gleichen barfüßigen Kinder, Holzkäfige für die Hennen vor jeder Haustür, die Straßen voller ausgezehrter Hunde. Aber wir waren nicht dort, um Stecknadeln und Damenstrümpfe zu verkaufen. Zu Vàrtulu wollte mich mit einer wichtigen Person bekannt machen. Und so gingen wir am Nachmittag, nach der «Stunde der Schlangen», wie er die heißeste Tageszeit nannte, zu einem Gutshof in der Nähe des Dorfes.

Vor dem Haus stand ein großer, dachförmiger Weinstock, und in seinem Schatten saßen vier Männer rittlings auf Stühlen, die Arme auf die Lehne gestützt. Als sie meinen Onkel kommen sahen, wurden sie fröhlich. Einer mit einem langen, schmalen Schnauzbart ergriff das Wort.

«Vàrtulu, was führt dich diesmal her, Hahneneier?»

Und alle prusteten los. Auch die nahe beim Haus arbeitenden Bauern kamen herbei, und fünf oder sechs Kinder und zwei dicke Frauen tauchten auf: Ein jeder schien sich zu freuen, meinen Onkel zu sehen, und der fing wie üblich an zu erzählen und Späße zu machen. Und je mehr sie lachten, desto mehr wollte er sie zum Lachen bringen.

«Und dieser *picciotto* da, wer ist das, Vàrtulu?» fragte schließlich der mit dem Schnauzbart. Mein Onkel versetzte mir einen Stoß.

«Geh und küß ihm die Hand.»

Don Peppe Genco Russo muß damals fünfundfünfzig Jahre alt gewesen sein, und heute kann niemand mehr nachempfinden, was ein Mann wie er darstellte. Ich hatte schon viele Herren gesehen. Und was taten die alle? Kommandierten herum, dachten nur an ihre Angelegenheiten und wollten sonst von nichts wissen.

Don Peppe war anders. Es war zu spüren, daß man ihn nicht wegen dem respektierte, was er besaß, sondern wegen dem, was er darstellte, und der Respekt, den einer genießt, ist das größte Gut im Leben. Frauen, Geld und Gesundheit kommen und gehen. Hat man aber den Respekt der anderen einmal verloren, kann man ihn nie zurückbekommen. Während ich die Hand mit dem Ring küßte, der aussah, als gehörte er einem Bischof, und ihm ins Gesicht sah, hätte ich ihn am liebsten mit Blicken verschlungen, so gefiel er mir. Er fragte mich, was ich arbeitete, was ich werden wollte; mein Onkel erklärte ihm, daß es im Dorf keine Arbeit für mich gebe, daß ich aber etwas tauge, daß ich eifrig und vor allem ehrerbietig sei.

«Läßt sich hier auf dem Hof denn gar nichts finden für ein junges Bürschchen, das bloß arbeiten will?» rief Zu Vàrtulu in gespielter Verzweiflung und schlug die Hände vors Gesicht. Diesmal blieb Don Peppe ernst.

«Haben wir in Mussomeli vielleicht nicht *picciutteddi* genug?» fragte er und sah mich an. «Taugst du vielleicht mehr als die von hier?»

«Wenn Euer Gnaden so wollen, ja», sagte ich und fing mir eine schöne Ohrfeige von Don Peppe ein, der lachte und den anderen Männern zuzwinkerte.

«Habt ihr gehört, was der einem zur Antwort gibt, he? Der schießt scharf. Vàrtulu, dein Neffe sieht dir gar nicht ähnlich; der steht mit beiden Beinen fest auf der Erde. Wie heißt du?»

«Giovannino.»

«Rosa, gib Giovannino eine Kleinigkeit.»

Sie schenkten mir zwei Stück trockenes altes Weihnachtsgebäck. Selbst wenn sie mir an einem solchen Tag Steine zu essen gegeben hätten – ich hätte behauptet, daß sie schmeckten. Aber diesmal geschah nichts weiter: Es blieb bei den zwei Stück Weihnachtsgebäck und ein paar Andeutungen. Am Abend zu Hause erzählte Zu Vàrtulu dann, daß sie mich mit den Kühen und Kälbern arbeiten lassen wollten, und er dichtete so viele Einzelheiten hinzu, daß ich nur staunen konnte. Aber er nannte keine Namen. Er meinte, es handle sich um «Leute aus der Gegend von Mussomeli», Freunde von ihm.

Mein Vater sagte gar nichts dazu. Meine Mutter fragte, ob es weit sei, und Zu Vàrtulu lachte sich eins.

«Weit? Im Vergleich dazu, wo seine Geschwister gelandet sind, arbeitet Giovannino gleich hier um die Ecke...»

«Wir reden darüber, wenn der Augenblick gekommen ist», unterbrach mein Vater.

Aber es war keine Sache des Augenblicks. Ich war schon siebzehn, als sie mich kommen ließen, und wer weiß, wie viele Reisen mein Onkel vorher unternommen hatte, um sie darum zu bitten. Es war März. Ich dachte, ich würde nur den Sommer über wegbleiben; statt dessen bin ich für mehr als dreißig Jahre weggegangen. Auch meine Mutter hätte sich das nicht träumen lassen. Sie steckte mir Brot für eine Woche ins Vorratssäckchen, eine Menge Käse und auch etwas Geld. Und sie gab mir Ermahnungen mit auf den Weg, wie alle Mütter.

Mein Vater aber machte ein komisches Gesicht und sagte ganz leise etwas, das ich nie habe vergessen können: «Da fliegt das letzte Vögelchen davon.»

Unter diesen Leuten war ich ein Fremder. Das ist ein Gefühl, wie ich es viele Male in meinem Leben habe verspüren müssen. Immer wenn es wieder einmal soweit war, dachte ich an meine Brüder. An den seligen Totò, der im Ausland die wenigen Lebensjahre, die ihm vergönnt waren, unter Tage verbracht hat; er, der auf freiem Feld unter einem Baum geboren worden war. Und an Borino, der nicht einmal Italienisch konnte und der, wenn er noch lebt, vierzig Jahre seines Daseins in einem fremden Land verbracht hat, unter Menschen, die eine andere Sprache sprechen.

Ich arbeitete mit den Kälbern, aber manchmal trieb ich auch die Kühe auf die Weide. Glücklicherweise verstanden die Kühe und Kälber von Mussomeli die gleiche Sprache wie die in meinem Dorf: die Sprache des Stocks. Es war keine schlechte Arbeit, aber es geschahen Dinge, die ich, unerfahren wie ich war, nicht begreifen konnte. Ich blieb auch nicht immer am selben Ort. Manchmal schickten sie mich auf ein anderes Gut, zu anderen Herren. Und außerdem war das Gut mit meinen Tieren nicht dasjenige, auf das mich Zu Vàrtulu gebracht hatte, als ich Don Peppe kennenlernte.

Das erste Jahr arbeitete ich, aber Geld bekam ich keins. Don Peppe hatte mir um den Wehrdienst herumgeholfen.

«Einen Soldaten laß ich hier auf dem Gut aus dir machen. Freust du dich?» sagte er manchmal zu mir, wenn er mich sah. Wenngleich sie mir nichts zahlten, hatte ich etwas zu essen, ein Dach über dem Kopf und erlernte einen Beruf. Später gaben sie mir dann dies und das, aber nicht auf Wochenlohn-Basis. Ich wußte nicht einmal, was mein Tageslohn war. Hier und da kam eben etwas *pìcciolo* herein: Ich dankte und legte es auf die Seite, denn Gott sei Dank brauchte ich nichts auszugeben. Zu essen bekam ich genug, und manchmal gaben sie mir ein Paar noch gute Hosen, ein Hemd und was man so braucht. Eines Tages verletzte ich mich am Fuß, und sie brachten mich zum Doktor, der mich erst vernähte und dann kräftig an den Ohren zog.

«Gut, gut. Keinen Muckser hat er gemacht beim Nähen.»

Einmal im Monat wurde gefeiert, und manchmal auch öfter. Don Peppe empfing wichtige Freunde aus anderen Dörfern; an den Autonummern sah man, daß sie sogar aus Palermo kamen. Alle Vorbereitungen trafen wir Männer, und die jüngeren mußten die Tiere besorgen. Schwierig war es nicht, welche zu kriegen, aber man mußte wissen, wo man es tun konnte, ohne Freunden oder einflußreichen Personen in die Quere zu kommen. Wir arbeiteten weit weg, spät abends, und dann schoben und zogen wir die ganze Nacht zu Fuß Kälber, Schweine, Hammel oder sonstwas nach Hause. Man zog sie sofort ab, und ich vergrub die Haut– in einem tiefen Loch in der Erde, sonst hätten die Hunde den Geruch gewittert und zu buddeln begonnen.

Das Schöne daran war, daß wir alle miteinander aßen. Je nachdem wurden drei, vier, fünf Tische gedeckt, und einer war für uns junge Leute bestimmt. Don Peppe redete und scherzte mit uns. Und das Fleisch war für alle da, nicht wie zu Zeiten auf dem Piano di Maggio, wo es höchstens Hühnerköpfe abzuknabbern gab.

Bei Tisch hänselten sie mich, nicht nur als den Jüngsten, sondern auch weil ich ein Fremder war und den Dialekt eines anderen Dorfes sprach. In Sizilien ist das so: Zwanzig Kilometer genügen, und schon sprechen die Leute anders und haben ihren eigenen Singsang dabei. «Na, Giovannino, laß mal hören, wie du redest», sagten sie zu mir. Wenn es ältere Männer waren, lächelte ich und schwieg; jungen Burschen antwortete ich mit dem Witz: «Und was soll ich sagen? Reicht dir Hahnrei?» Auch Don Peppe hatte seinen Spaß daran, und einmal sagte er: «Treibt nur weiter eure Scherze mit ihm. Wenn der erst ein bißchen größer ist, wird er euch schon den Marsch blasen.»

Ich weiß nicht, ob er das ernst meinte, aber er hatte recht, denn ich konnte mir schon Respekt verschaffen, wenn der Spaß aufhörte. Ich fürchtete mich vor niemandem. Wenn einer stärker war als ich, war ich schneller, und wenn er so schnell war wie ich, war ich schlauer.

Eines Tages, gegen Ende April, war ich auf der Weide. Da sah ich zwei Schafhirten kommen. Es müssen an die hundert Schafe gewesen sein, und als sie beim Gras ankamen, fingen sie an zu fressen und wanderten ganz langsam vorwärts, die Schnauze tief am Boden. Auch ein Hund mit nur einem Ohr war dabei, und der sprang plötzlich auf eine der Kühe zu, eine rote namens Bunuzza. Das Tier erschrak und zeigte ihm die Hörner; der Hund bellte, um sie zurückzutreiben, und versuchte auch, sie zu beißen; da ging ich mit hocherhobenem Stock auf ihn zu, und er lief davon.

«Was machst du da?» schrie einer der beiden Schafhirten, der ältere. Er muß ungefähr dreißig gewesen sein und hatte das Verbrechergesicht aller Schafhirten auf der Welt.

Ich sagte, daß auf diesem Stück Weide schon meine Kühe grasten, und die Schafe sollten woandershin fressen gehen. Die beiden lachten, weil sie an meiner Aussprache bemerkt hatten, daß ich ein Fremder war; sie schubsten mich und fragten, ob die Kuh, die ich verteidigte, vielleicht meine

Mutter sei und die andere meine Großmutter und eine weitere, jüngere, meine Schwester. Dann brachen sie mir das Nasenbein.

Am Abend wollte ich mich verstecken, aber einer der Jungen sah mein Gesicht und verständigte den Aufseher, der mich gleich zu sich rief. Er ist heute noch am Leben, und er ist immer ein feiner Mensch gewesen, darum kann ich seinen Namen nicht nennen. Er war jung, vielleicht vierzig, und damals gab man so jungen Menschen keine verantwortungsvollen Posten. Aber er hatte Köpfchen, war stark, ernst und ein fleißiger Arbeiter. Er konnte auch denen befehlen, die größer waren als er.

«Wer ist das gewesen», fragte er. Die Nase hatte er sich noch nicht mal angeschaut.

«Schafhirten.»

«Was für Schafhirten?»

Ich dachte an den einohrigen Hund. An die Gesichter der beiden Feiglinge aber konnte ich mich schon nicht mehr erinnern. Er sagte nichts. Ich dachte, er kenne sie vielleicht auch gar nicht, denn diese Leute ziehen oft weit herum und nächtigen mal hier, mal dort. Schließlich nahm er die Lampe und schaute sich meine Nase aus der Nähe an.

«Entzündet ist sie nicht. Geh schlafen.»

Am Sonntagmorgen waren fünf Tage vergangen, und ich dachte schon nicht mehr daran. Nicht daß ich es vergessen gehabt hätte: Ich vergesse nie, was mir einer antut, sei es Gutes oder Schlechtes. Aber ich dachte nicht mehr daran, und es tat auch nicht mehr weh. Einer der jungen Burschen hatte mich vor den anderen aufgezogen; er wollte wissen, wie ich jetzt redete, wo doch die Nase nicht mehr wie früher war. Ich hatte ihn so verprügelt, daß die anderen sich nicht trauten dazwischenzugehen.

Um sechs kam mich der Aufseher wecken. Er ließ mich auf einen Esel steigen, und ich ritt seinem fuchsbraunen Pferd hinterher, auf Wegen, die ich teils kannte und teils nicht. Wir waren etwa zwei Stunden unterwegs. Es fiel kein einziges Wort. Schließlich ging es bergauf, und rechts sah man ein Dorf liegen, das nicht Mussomeli war. Neben einem Haus stand ein Schafpferch. Sie waren gerade dabei, Ricotta zuzubereiten, und der einohrige Hund kam uns entgegen und wollte sehen, wer wir waren, bellte aber nicht. Die Schafhirten waren zu viert, einer davon war alt, hatte weißes Haar und eine alte Schnittnarbe auf der Stirn.

«Steig ab», sagte der Aufseher zu mir. Die Männer standen da und schauten uns an. Ich hatte das Messer in der Tasche und hielt mich bereit, aber die waren zu viert und sahen alle recht unfreundlich aus. Ich konnte mir nicht erklären, wieso der Aufseher sein Gewehr nicht mitgebracht hatte. Wenn er sonst ausritt, hatte er es immer dabei.

«Erkennst du sie wieder?» fragte er mich. Er schaute mich an, nicht sie.

«Der und der», sagte ich. Der Aufseher ging zu dem Größeren, der mir das Nasenbein gebrochen hatte, und gab ihm eine so schallende Ohrfeige, daß er hinfiel. Der Alte sagte:

«Die Burschen wußten es nicht. Sie kannten euren *picciutteddu* nicht.»

«Dann hätten sie ja fragen können, wer er ist», antwortete der Aufseher. Schon hatte er sich umgedreht und stieg wieder aufs Pferd. Und ich ihm hinterher. Sogar der einohrige Hund hatte den Schwanz eingezogen.

Nach einer halben Wegstunde, an einer Stelle, wo die beiden Tiere nebeneinander gehen konnten, machte er mir Zeichen, zu ihm aufzuschließen.

«Hast du jetzt kapiert, was Respekt heißt?»

«Ja, Exzellenz.»

Nie habe ich ihn lachen sehen, zwei Jahre lang nicht. Doch in dem Augenblick ließ er mich eine Art breites Lächeln sehen.

«Dann hör gut zu: Wenn du dich noch mal unterbuttern läßt, brauchst du dich bei mir nicht mehr blicken zu lassen.»

Es war aber noch nicht an der Zeit für mich, zum Mann zu werden. Als die Zeit kam, war ich neunzehn Jahre alt; es war Fronleichnam 1954, ein Jahr, das in meinem Leben sehr viel bedeutet hat.

Man hatte mir gesagt, ich solle mich bereit halten, aber ich wußte nicht wofür. Immer mal wieder, und stets in Begleitung eines anderen, hatte ich Aufträge ausführen müssen, kleine Sachen. Einen Denkzettel kann man jemandem auf viele Arten verpassen; die beste ist, ihm Angst einzujagen, und das ist das leichteste von der Welt. Eines Abends hörte ich, wie Don Peppe zu einem hochstehenden Freund sagte: «Der schönste Gefallen, den man einem Menschen erweisen kann, ist, ihn zu lehren, wie er keine Fehler mehr begeht.»

Und das war meine Aufgabe. Solche Lehren waren immer nötig. Manchmal ging es um Politik: um Wählerstimmen oder Gewerkschaftsdinge. Ein andermal ging es um Unhöflichkeiten, Anstandslosigkeit oder um Schulden, auf die man wartete und wartete und die doch nie bezahlt wurden. Und mit der Zeit lernte auch ich dazu: wenig reden und viel hinschauen.

Der Aufseher erklärte uns den Auftrag.

«Flott und sauber müßt ihr arbeiten», ermahnte er uns. Wir waren zu dritt.

Damals war unser Auto das Pferd. Wenn die Leute nachts auf dem Land die Tiere an ihren Häusern vorbeitraben hörten, wälzten sie sich im Bett herum und erinnerten sich an ihre Sünden; am nächsten Morgen sahen sie dann aus wie Kirchgänger nach der Kommunion, die gesenkten Blickes herumlaufen.

Es war ein kleiner Hof, hoch oben gelegen. Ein gewisser Turidduzzu führte unter uns dreien das Kommando. Er gab uns Zeichen, in den Stall zu gehen; er selber stellte sich, mit der *lupara* bewaffnet, vors Haus und paßte auf, daß sich keiner heraustraute, während wir die Sache erledigten.

Trotz Mondschein sah man drinnen fast gar nichts. In einer Ecke hatten sie das Schwein untergebracht. An der Futterkrippe standen vier magere Kühe. Hinten sah man etwa dreißig Schafe übereinander kauern, wie sie es beim Schlafen immer tun, und zwischen den Schafen schauten die geraden Hörner einer Ziege heraus.

«Ist das vielleicht die Arche Noah?» sagte mein Kamerad. Er kannte sich mit diesen Sachen aus und erklärte mir, daß man mit dem Schwein anfangen müsse.

«Wenn es Blut riecht, führt es sich auf wie wild. Ich kümmere mich darum...»

Einmal hatte ich zugeschaut, wie eins abgestochen wurde. Es schrie wie ein Christenmensch, und am Schluß hatte der Fleischer schon einen Eimer voll Blut, und es bewegte sich noch immer. Aber das hier war kleiner und verschlafen, und weil mein Kamerad das Blut ja nicht zum Wurstmachen brauchte, säbelte er ihm nicht die Kehle durch, sondern stieß ihm das Messer direkt ins Herz. Es röchelte noch ein bißchen, aber ganz leise, so daß die anderen Tiere nicht mal was merkten.

«Giovannino, trödel nicht rum: Ein Stich in den Unterbauch genügt.»

Ich will nicht verheimlichen, daß ich in meinem Leben viel Schlimmes getan habe. Aber obwohl fast alle Christenmenschen, denen ich das Licht ausgeblasen habe, nicht besser als Tiere waren, waren es eben doch Christenmenschen. Ein solches Feuer im Kopf wie in dieser Nacht aber habe ich nie mehr verspürt.

Ein paar Schafe hoben die Schnauze, um zu sehen, was ich mit ihnen machte; andere rührten sich kaum, nachdem ich's getan hatte. Entweder waren sie still und gingen mit den Vorderbeinen sofort in die Knie, oder sie fingen an zu weinen, wie Schafe das tun, und streckten die Zunge heraus. Aber sie liefen nicht weg.

Bei den Kühen war es schlimmer. Man kann sich nicht

vorstellen, wieviel Blut aus einem Tier von dieser Größe kommt. Das Stroh war ganz durchweicht, als hätte es eine halbe Stunde lang darauf geregnet; weil der Boden abschüssig war, floß das Blut herunter und stand in der Mitte des Stalls eine Handbreit hoch. Ich war Regen und Waten im Schlamm gewohnt. Es macht mir nichts aus, wenn mir das Wasser in die Schuhe läuft. Aber Regen ist nicht lauwarm und klebrig, und als ich spürte, daß meine Socken ganz naß waren, verfluchte ich meine Mutter dafür, daß sie mich geboren hatte.

Ich hörte meinen Kameraden atmen wie jemand, der müde ist, und jedesmal, wenn er zustach, gab er einen Laut wie ein Schwein von sich. Manchmal heulte ein Tier auf oder fiel mit einem Schlag um, dann war es wieder still, und ich hörte nur seine Geräusche und merkte, daß auch er aufgeregt war. Auf einmal wurde er ärgerlich, weil sich die Ziege nicht festhalten ließ und er sie mit nur einer Hand nicht an den Hörnern packen konnte.

«Da, komm her, du Luder!» rief er und stach blindlings auf sie ein. Gut, daß ich auf der anderen Seite des Stalls war, er hätte sonst genausogut mich treffen können. Er war wie betrunken.

In diesem Augenblick sprach die *lupara*. In der ländlichen Stille hörte es sich an wie Kanonendonner, und gleich fingen die Hunde an, einander aus der Ferne zuzurufen. Ich wußte nicht, ob es nur ein Warnschuß gewesen war, aber es war mir egal. Das Blut war auch mir zu Kopf gestiegen; ich fluchte wie verrückt, und wären es hundert oder zweihundert Tiere gewesen, ich hätte endlos weiter auf sie einstechen können.

«Los!» rief Turidduzzu, als er in den Stall kam, und im selben Moment schrie eine Frau im Haus laut auf. Auch ihr Schrei hörte sich an wie der eines Tieres beim Schlachten: Es ging einem durch und durch.

«Los, Giovannino!»

Ich war allein drinnen zurückgeblieben. Der Haufen Schafe lag reglos da, und die Hörner der Ziege waren nicht mehr zu sehen. Aber die Kühe lebten noch, und als sie hörten, wie ich zur Tür lief, drehten sich alle vier um und schauten mir nach. Sie sahen gar nicht so aus, als fehlte ihnen etwas. Als ich hinauslief, streckte mir die nächst stehende ihren Kopf entgegen, öffnete das Maul und spuckte noch mehr Blut. Draußen wurde noch immer geschrien, und jetzt waren es zwei Frauen.

«Giovannino!»

Einen Augenblick später saß ich auf dem Pferd; das Messer hatte ich noch in der Hand.

Im Frühsommer brachten sie Zu Vàrtulu um. Es geschah in einem Dorf namens Aragona in der Provinz Agrigento. «Rauferei unter Hausierern», nannten es die Carabinieri. Ich hatte durch Zufall davon erfahren und um Erlaubnis gebeten, hinfahren zu dürfen. Aber weil mein Onkel keinen festen Wohnsitz gehabt hatte und ich zu spät kam, hatten sie schon für ein Armenbegräbnis gesorgt und niemanden von uns verständigt. Selbst meine Mutter wußte nichts davon.

Ich ging auf die Wache und sprach mit dem Brigadier, einem Kalabresen. Ich wollte den Namen des Mannes erfahren, der ihn umgebracht hatte, aber damals wußte ich noch nicht, wie Carabinieri denken. So wie die Sache mit meinem Onkel sich zugetragen hatte, war sie für die nicht der Rede wert. Seit der Zeit von Turi Giuliano strengten sie sich nurmehr bei großen Sachen an.

«Rauferei unter Hausierern», sagte der Brigadier. «Es wurde Strafanzeige gegen Unbekannt erstattet.»

«Ich will nur wissen, wer es war.»

«Ich hab's dir doch schon gesagt, junger Mann: unbekannte Täter. Das heißt, daß man nicht weiß, wer ihn umgebracht hat. Solche Leute haben kein Heim, keine Familie. Sie ziehen von einem Ort zum anderen... Wer bist du eigentlich, ein Verwandter?»

Er wollte meinen Namen wissen, was ich von Beruf war, wo ich arbeitete, wie ich davon erfahren hatte. Er verwendete mehr Fleiß darauf, mir Fragen zu stellen, als den unbekannten Täter zu suchen: Als ich ihm das sagte, schaute er mich verwundert an und fragte mich, ob ich eine Nacht in der Zelle verbringen wollte. Aber weil es fast Mittagszeit war, ließ er mich schließlich in Ruhe. Die Sachen von Zu Vàrtulu wollte er mir nicht mitgeben. Er sagte, er werde sie den Carabinieri in meinem Dorf zuschicken, und als ich ihn fragte, woher ich denn wissen könne, daß er das wirklich täte, fing er an zu brüllen und warf mich hinaus.

Als mich der Postbus nach Palermo an der Abzweigung nach Mussomeli absetzte, war es schon spät. Den ganzen Tag über hatte ich nichts gegessen, aber hungrig war ich nicht. Ich dachte an den Maitag am Strand von Gela, als Zu Vàrtulu mir das Schönste auf der Welt gezeigt hatte. Noch heute, vierzig Jahre später, kann ich ihn nicht vergessen.

Ich ging zu Fuß die fünfzehn Kilometer bis zum Gutshof, erst auf trockener Straße, dann im Regen. Tags darauf ließ mich Don Peppe kommen. Seit man mich in der Nacht der Arche Noah auf die Probe gestellt hatte, merkte ich, daß die anderen mich zu schätzen begannen. Auch weil kurze Zeit später noch etwas geschehen war.

Wiederum nachts waren ein paar Freunde und ich zu einer Straßenbaustelle geschickt worden. Sie «gehörte» Leuten aus dem Norden – Dickschädeln, die kein Einsehen haben wollten. Diesmal begleitete uns einer aus Riesi, der sich mit Sprengstoff auskannte. Drinnen in den Baracken warteten aber, ich weiß nicht wieso, schon die Carabinieri auf uns. Als die ersten Salven aus den Maschinenpistolen in die Luft abgegeben wurden, hatte ich begriffen, was Sache war; und während sich alle aus dem Staub machten, kletterte ich in die Fahrerkabine einer Straßenwalze.

Es klingt vielleicht blöd, aber keiner kam auf die Idee, da oben nachzuschauen, weil sie uns ja in die Felder abhauen sahen. Aber nach diesem ganzen Durcheinander merkte ich, daß Leute aus dem Dorf gekommen waren, und auch die Bauunternehmer standen da herum. In der Walze konnte ich nicht bleiben, und wenn ich versucht hätte zu verduften, hätten sie mich sicher geschnappt. Ich hatte ein paar Eisenfässer gesehen, in denen Wasser zum Anrühren aufbewahrt wurde. Ich drehte ein leeres um und versteckte mich darunter.

Ich fürchtete nicht, daß mich die Arbeiter entdecken würden, nachdem die Carabinieri weg waren. Aber besser war es, wenn sie nichts merkten, denn dann konnte ich mich unbesorgt auf den Rückweg machen. Glücklicherweise war es nicht Sommer, sonst hätte mich dieser Eisenmantel in der prallen Sonne des nächsten Tages wohl umgebracht. Aber nach einem ganzen Tag auf den Knien, ohne Essen und Trinken, war ich schließlich auch so eher tot als lebendig. Aber manchmal muß man einfach durchhalten können, und ich wußte damals noch nicht, daß mir das mindestens zwei- oder dreimal das Leben retten würde.

Kaum war es dunkel, lief ich los und mied dabei Straßen und Häuser; am Nachmittag darauf kam ich auf dem Gut an, und nicht einmal die Hunde erkannten mich wieder. Der Aufseher sagte mir, nur ich sei zurückgekommen: Die anderen waren verhaftet und einer schwer verletzt. Don Peppe hielt sich damals in Rom auf. Aber am Sonntagmorgen kam er aufs Land, und als er mich sah, wandte er sich dem Aufseher zu, der neben ihm stand.

«Was hab ich dir gesagt über diesen Jungen, hä? Ich schätze nie jemand falsch ein.»

Wie gesagt, als ich aus Aragona zurück war, ließ mich am nächsten Tag Don Peppe kommen. Ich wußte, daß ein Mann wie er von einem wie meinem Onkel nicht gerade eine hohe Meinung haben konnte. Aber er küßte mich und sprach mir sein Beileid aus. Ich erzählte ihm von dem Brigadier. Da sagte er etwas, das ich mir immer gemerkt habe.

«Selbst wenn du den Namen des Täters in Erfahrung gebracht hättest – es hätte trotzdem nichts geschehen dürfen. *Ich* sage dir, ob etwas getan wird oder nicht. Man ißt nicht das Brot mit den Kameraden und den Aufstrich allein. Hast du verstanden?»

«Ja, Exzellenz.»

Die Hand zur Faust geballt, steckte er mir ein paar bereitgehaltene Geldscheine in die Tasche.

«Für die Beerdigungskosten. Jetzt geh und überbring deiner Mutter die Nachricht.»

Er war wie ein Vater zu mir. Wie sollte ich ihm das je vergessen?

3

Mir wurde die Ehre zuteil, am Begräbnis von Don Calogero Vizzini teilnehmen zu dürfen. Ich sage Ehre, weil Don Peppe von allen, unter denen er auswählen konnte, nur zwei junge Männer nach Mussomeli mitnahm, mich und einen gewissen Luciano, der später nach Amerika ausgewandert ist. Es war das Jahr 1954. Einen so heißen Julitag hatte ich noch nicht erlebt. Ich trug einen schönen schwarzen Anzug, den ich auf dem Jahrmarkt im Dorf gekauft hatte, weil ich mir keinen Schneider leisten konnte. Aber weil ich groß und breitschultrig war, sah er an mir aus wie ein Maßanzug, und ich machte schon etwas her.

Wer hätte mit dieser Hitze gerechnet? Luciano und ich mußten durch das ganze Dorf laufen und alles überwachen, was es zu überwachen gab, während wir auf die Ankunft von Don Peppe und seinen Freund warteten. Vor dem Begräbnis sollte eine wichtige Besprechung stattfinden, und zwar im Haus eines Großgrundbesitzers, der in Villalba großen Einfluß hatte und Don Calòs treuer Freund gewesen war. Ein Mann aus dem Haus, der alle kannte, sagte mir die Namen der Ankommenden, und ich prägte sie mir ein, weil Don Peppe sichergehen wollte, daß alle da waren, bevor er selbst hinaufging.

Am Ende dieser Besprechung geschah etwas für mich Unerwartetes. Während Don Peppe Arm in Arm mit einem vorbeiging, den ich flüchtig kannte, sah er mich und blieb stehen.

«Und das ist der *picciotto*, von dem ich dir erzählt habe. Was hältst du von ihm?»

Der andere schaute mich an. Er war keine so großartige Erscheinung wie Don Peppe: Er sah aus wie ein Gutsverwalter, aber einer, der wirklich etwas zählt. Er nickte gemessen.

«Sieht aus, als wäre er in Ordnung. Wie alt ist er?»

«Wie alt bist du, Giovannino. Zwanzig?» fragte Don Peppe.

«Nein, Exzellenz. Neunzehn.»

«Mach mal einen Ausflug in die Gegend von Riesi, du Welpe», sagte der Mann, und Don Peppe ging mit ihm weiter. Die Leute hinter ihnen waren stehengeblieben und hatten alles mitangehört; jetzt gingen sie vorbei und sahen mich neugierig an. Ich stand still und stumm da. Aber schließlich drehte ich mich zu Luciano um und machte ihm mit dem Kopf ein Zeichen, das soviel hieß wie: Wer ist das? Er kam zu mir, schaute sich erst um und sagte dann leise den Namen:

«Francesco Di Cristina.»

In Riesi stand der Mann, den ich für einen Verwalter gehalten hatte, in ebenso hohem Ansehen wie Don Peppe in Mussomeli. Ich begriff nicht, wieso sie mir so viel Ehre erwiesen hatten, mir, der ich im Vergleich zu ihnen ein Nichts war. Ich dachte in der Kirche während des Gottesdienstes darüber nach und dann in der Nacht und auch an den Tagen darauf. Aber was konnte ich für mich allein in diesem Alter schon verstehen?

Meinem Vater ging es gesundheitlich immer schlechter, und zu Hause herrschten harte Zeiten. Ich hatte schon mit dem Aufseher darüber gesprochen und respektvoll darum gebeten, etwas auf eigene Rechnung machen zu dürfen – weit weg vom Dorf, versteht sich. Er hatte geantwortet, das werde niemandem gestattet und damit basta. Aber eines Abends war Don Peppe in bester Laune aufs Land gekommen und hatte mich beiseitegenommen: Wie es mir denn ginge? Ich sagte, ich müsse Geld heimschicken. «Für meinen Vater und meine Mutter würde ich alles tun.»

«Das lob ich mir von einem guten Sohn», gab er zur Antwort. Heute verstehe ich, woran er dachte: daß ein Verzweifelter gefährlich werden kann und daß man ihn besser loswird. Wenn der Verzweifelte aber auch ein tüchtiger *picciotto* ist, kann er vielleicht Dinge erledigen, die für alle anderen zu schwierig sind. Darum hatte er mit Di Cristina über mich gesprochen: In Riesi war mehr los, das sagten alle. An guten Gelegenheiten fehlte es nicht, und das war's, was ich suchte. Auf dem Land bei Mussomeli war nicht soviel Geld zu verdienen, wie ich brauchte. Und es gab auch keine schwierigen Dinge zu erledigen...

«Heute geht eine Epoche zu Ende», sagte ein stattlicher Mann, als er zusammen mit anderen Freunden aus der Kirche trat. Er war groß und dick; immer wieder wischte er sich mit einem weißen Taschentuch den Schweiß von Stirn und Hals. Frieden liege in der Luft, gab ihm ein alter Mann zur

Antwort und deutete mit dem Kopf auf den Sarg, der in diesem Augenblick durch das Portal getragen wurde, flankiert von Don Peppe und einem Fremden ohne Krawatte. Der schwitzende Mann verzog abschätzig das Gesicht.

«Was soll das heißen? Der eine ist keinen Pfifferling wert, und der andere ist auch nicht die einzige Feige im Korb...»

«Komm, wir gehen», sagte Luciano und nahm mich beim Arm.

Wir gingen an den Trauergästen vorbei; einige fotografierten sogar. Aber ich dachte an das, was ich gehört hatte. Was sollte das bedeuten? Don Peppe konnte doch nicht der sein, der keinen Pfifferling wert war, aber warum sagten sie dann, daß er nicht die einzige Feige im Korb sei? Ich war verwirrt.

Ein paar Monate später ließ mich Don Peppe kommen. Er hatte eine Grippe gehabt und sich wenig auf dem Land sehen lassen. Er redete leise und mußte manchmal husten. Ohne den Namen zu nennen, den ich mir denken konnte, sagte er, gewisse Freunde von ihm würden mich kennen und hätten sich an mich erinnert; sie wollten mich auf die Probe stellen. Er sagte, ich hätte allen Grund, mich deswegen geehrt zu fühlen. Er habe ein Wort für mich eingelegt, und jeder wisse, welchen Wert ein Wort von ihm habe. Sollte ich mich aber nicht wie ein Mann aufführen, bräuchte ich mich bei ihm nicht mehr blicken zu lassen.

«Keine Sorge, Exzellenz», sagte ich und legte eine Hand aufs Herz. Ich spürte, wie stark es schlug, wollte meine Aufregung aber nicht zeigen, auch weil außer Don Peppe noch der Aufseher anwesend war und einer mit einem roten Schnauzbart, den ich noch nie gesehen hatte. Und alle schauten sie mich an.

«So ist es recht, Giovannino. Und wie geht es deinem Vater?»

«Noch immer schlecht. Keine Arbeit, kein Geld.»

«Siehst du, deshalb habe ich an dich gedacht. Weil du ein

anständiger Kerl bist und weil du es nötig hast. Sei ganz unbesorgt.»

Ich küßte ihm die Hand, und mein Herz hörte auf, verrückt zu spielen. Aber was bedeuten schon Herz und Gefühl: Wenn das meine Gelegenheit war, mußte ich sie um jeden Preis am Schopf packen. Ich war bereit, mir die Haut vom Leib ziehen zu lassen, aber ich mußte meiner Mutter, der armen Seele, helfen. Außerdem wollte ich es im Leben zu etwas bringen: Einmal wenigstens noch mußte ich das Meer sehen. Und diesmal wollte ich auch baden gehen.

Baffurrussu, der «Rotbart», sagte zu mir, ich solle Samstag vormittag in Riesi auf der Piazza sein. Das war alles, aber inzwischen war mir die Regel, keine Fragen zu stellen, in Fleisch und Blut übergegangen. Zu Vàrtulu sagte immer, man stelle dem anderen eine Frage, um etwas zu erfahren, was der andere nicht gesagt habe. «Aber wenn der es dir nicht gesagt hat, heißt das, daß er es nicht sagen wollte, und was soll dann die Fragerei?»

Ich muß auch sagen, daß die Dinge auf dem Gut nach und nach anders geworden waren. Die Älteren behandelten mich nicht mehr wie einen kleinen Jungen, und die Jüngeren respektierten mich. Wenn am Mittag oder Abend bei Tisch das Wasser, Salz oder etwas anderes fehlte, ließ der Aufseher nie mich aufstehen.

Don Peppe unterhielt sich manchmal vor den anderen mit mir, und man merkte, daß er ein besonderes Augenmerk auf mich richtete. Und ich versuchte, mir diese bevorzugte Behandlung zu verdienen, indem ich mir auch in kleinen Dingen Mühe gab, mich wie ein Mann zu verhalten: Ich ging mit ruhigen Schritten, lief nie, schrie nie, lachte nie laut heraus.

Wenn es etwas zu erledigen gab, paßte ich ganz besonders auf, keinerlei Anlaß zu einer Beanstandung zu geben, und außerdem leistete ich immer mehr als verlangt. Und das schweigend: lieber ein Wort zuwenig als eines zuviel. Wer mir ins Gesicht schaute, sollte sofort erkennen, daß er jemand vor sich hatte, der ernst und verläßlich war.

An dem Samstagmorgen war es kalt in Riesi, aber der Himmel war schön klar.

Das Dorf kannte ich kaum. Schon mein Onkel selig sagte immer, daß die Leute dort schwierig seien und man nicht nur aufpassen müsse, was man sage, sondern auch, wie man dreinschaue. Wenn wir Jüngeren Ausgang und ein paar Fünfzig-Lire-Scheine in der Tasche hatten, nahmen wir den Postbus nach Caltanissetta, das für mich eine große Stadt war. Zuerst ein Spaziergang auf dem Corso Vittorio Emanuele, um den Frauen nachzuschauen, denn dort konnte man sie sich ungeniert angucken; dann ein Schaufensterbummel, wo ich Dinge sah, von denen ich nicht mal wußte, wozu sie gut waren. Anschließend ein Stück Brot und heißes Spritzgebäck aus Kichererbsenmehl und dann ins Kino: immer ins *Diana*, wo es zum Preis einer Eintrittskarte zwei Filme zu sehen gab.

Das kam manchmal vor und nur im Winter, weil es den Sommer über zuviel zu tun gab, aber es war ein schönes Leben. Und wenn dann fürs Freudenhaus nicht genug übrigblieb, wohnte in der Via Firenze eine ältere Frau, der vorn die beiden Schneidezähne fehlten. Sie machte es eigentlich nicht berufsmäßig. Es kam ganz darauf an, aber uns hatte sie ins Herz geschlossen; sie wies uns nie ab. Auch wenn wir zu zweit oder dritt kamen, brauchten wir nur für einen zu zahlen: Sonderangebot, wie heute im Supermarkt.

Baffurrussu kam mir ohne Gruß entgegen und sagte, ich solle ihm unauffällig folgen. In der Nähe der Piazza ließ er mich in einen grauen Fiat Topolino steigen. Wir nahmen die Landstraße zum Bergwerk und bogen am Beginn des Gefälles nach links ab. Es war eine häßliche Landschaft, lauter Steine und ab und zu ein Mandelbaum. Wir kamen bei einem kleinen Haus an. Es hatte nur die Tür und ein kleines Fenster. Man merkte gleich, daß lange keiner dagewesen war.

«Heut nacht schläfst du hier. Morgen komme ich dich in der Früh holen: Sei rechtzeitig fertig.»

«Ist recht», antwortete ich. Er schaute mich schief an, vielleicht hatte er ein «Ja, Exzellenz» von mir hören wollen. Aber ich hatte mir schon ein Bild von ihm gemacht: Er mußte ein Aufseher sein, aber er war nicht mein Aufseher.

Er holte einen Sack aus dem Auto. Es war etwas zu essen und eine Flasche Wein drin. Dann ließ er ein kleines Päckchen aus seiner Hosentasche gleiten. Eine Pistole.

«Kannst du damit umgehen?»

Er erklärte mir nicht, wie sie funktionierte oder wie man sie lud, sondern nur, wie man damit schoß. Sobald er sah, daß ich sie ruhig und entschlossen halten konnte und nicht ängstlich war, wurde er ein bißchen freundlicher und erzählte mir belustigt, was für einen Mist er schon gute Leute mit der Pistole hatte bauen sehen.

Nach dem zweiten Magazin setzten wir uns auf einen breiten, flachen Stein hinterm Haus, und er sagte etwas zu mir, das ich nie vergessen habe.

«Zielen hat bei der Pistole keinen Sinn, wenn man sich Auge in Auge gegenübersteht und aus nächster Nähe schießen kann. Merk dir eines: Wenn einer sagt, er trifft einen Spatzen auf zwanzig Schritt, mag das schon stimmen, aber er kann das Ziel auch verfehlen. Bei einem Schritt Entfernung schießt nicht einmal ein Blinder daneben: Mit einer Hand tastet er dich ab, wo bei dir Herz oder Kopf sind, und mit der anderen schießt er. Natürlich arbeitet die *lupara* besser und aus größerer Entfernung; aber sie ist eine Waffe fürs Land, du kannst sie nicht mit unter die Leute nehmen. Doch eine so kleine Pistole wie die da kannst du dir in die Unterhose stecken, und wer dir begegnet, meint, du hättest einen Steifen.»

Als es Essenszeit war, ging er und nahm den leeren Sack

und die Pistole mit. Die Sonne hatte es inzwischen schön warm werden lassen, aber wenn ich da draußen geblieben wäre, hätte mich jemand sehen können. Drum trat ich ins Haus und ließ die Tür offen. Ich wußte nicht, was mich morgen erwartete, aber das war mir gleich. Ich habe Leute getroffen, die mußten sich zwingen, nicht ständig an gewisse Dinge zu denken. Für mich dagegen war das eine ganz normale Sache.

Vielleicht hatte ich das von meinem Vater, der immer nur an die gegenwärtigen Dinge dachte. Viele Jahre zuvor hatte ich einmal gehört, wie er mit meiner Mutter von Schulden sprach, die nicht bezahlt werden konnten, weil die Ernte so schlecht ausgefallen war und niemand uns etwas borgen konnte. Weil bis zur Fälligkeit nur noch ein Monat fehlte, war meine Mutter am Verzweifeln: Händeringend und leise, damit die Nachbarn nichts hörten, flehte sie den Herrgott an, ihr zu sagen, was sie tun sollte, wenn die Zeit zum Zahlen käme. Und mein Vater: «Schaun wir erst mal, wie wir uns bis dahin über Wasser halten.»

Ich aß, was da war, und sobald es dunkel wurde, machte ich mir eine Schlafstatt zurecht. Das Heu war frisch und duftete gut. Gegen Kälte und Feuchtigkeit gibt es nichts besseres als Heu. Außerdem hatten sie mir eine schöne Soldatendecke dagelassen, und mit der Decke, dem Heu und dem Wein war mir die ganze Nacht so schön warm wie einem Papst.

Am Sonntagmorgen gehen überall in Sizilien die Männer auf der Piazza spazieren und unterhalten sich: ein Besuch beim Barbier, ein Gläschen, kleine Dinge, um sich die Zeit bis zum Mittagessen zu vertreiben.

Baffurrussu hatte mich mit dem Topolino am Ortseingang abgesetzt, an einer Stelle, wo niemand zu sehen war. Ein Stück weiter hatte er dann angehalten und war ausgestiegen, und ich folgte ihm bis zur Piazza.

Es war wieder ein schöner Tag, und viele Leute waren unterwegs; ich blieb in seiner Nähe, um ihn nicht aus den Augen zu verlieren.

Auf einmal blieb er stehen. In einer Runde standen da vier Männer beieinander und unterhielten sich, und alle drehten sich um und grüßten ihn. Es fielen ein paar Worte, dann nahm Baffurrussu einen Großen, Mageren, der Trauerflor trug, beiseite. Das war das Zeichen, das wir im Auto vereinbart hatten. Ich sah ihn mir unauffällig an. Er hatte ein Verbrechergesicht und ganz kleine Augen, die kaum zu sehen waren. Er nickte mehrmals, verabschiedete sich und kehrte zu den anderen dreien zurück.

Ich wartete einen Moment, um zu sehen, ob sie miteinander weitergehen wollten, und weil sie sich nicht vom Fleck rührten, ging ich hin und umklammerte die Pistole in der Manteltasche. In diesem Moment kehrte er mir den Rücken zu, und ich dachte, einer seiner *compari* könnte mich vielleicht bemerken und ihn warnen. Aber alle redeten und lachten. Einen Meter hinter ihm blieb ich stehen und rief:

«Euer Gnaden!»

Kaum hatte er sich umgedreht, streckte ich den Arm aus, so daß sich seine Brust und der Lauf der Pistole berührten. Ich feuerte nur einen einzigen Schuß ab. Die anderen wollte ich mir aufheben, zur Verteidigung gegen seine Freunde und alle anderen, die sich einmischen mochten.

Aber ich wußte noch nicht, wie so was läuft. Die einen warfen sich zu Boden, andere rannten davon oder versuchten, sich zu verstecken: Die hatten alles andere im Kopf als mich. Außerdem versuchten diejenigen, die weiter weg standen und nichts mitgekriegt hatten, erst näher heranzukommen; sobald sie aber die anderen weglaufen sahen, liefen sie auch weg. In diesem Durcheinander bog ich in eine schmale Straße voller Menschen ein. Ein junger Bursche hielt mich an der Schulter fest.

«Was ist denn da los?»

«Da haben sie einen umgelegt», antwortete ich. Gleich erklärte er anderen, was geschehen war, und man hätte meinen können, er wäre nur einen Schritt neben mir gestanden, als ich schoß.

Der Topolino stand schon mit laufendem Motor bereit.

«Alles in Ordnung?»

«Alles bestens.»

An einer engen Kurve hielt Baffurrussu an und sagte, ich solle die Pistole hinter die Brüstung werfen; dann fuhr er schnell weiter: Ich weiß nicht, ob er nervös war oder es nicht erwarten konnte, mich irgendwo abzusetzen. Aber als die Steigungen begannen und das Auto nurmehr langsam vorankam und zu kochen anfing, wurde er ruhiger. Wir hielten an, um den Motor abkühlen zu lassen und uns eine Zigarette aus Schnittabak zu drehen. Während ich das Papier leckte, schaute er mich unentwegt an.

«Du bist ganz schön ruhig, nicht?»

Ich gab keine Antwort. Inzwischen saßen wir wieder im Auto. Auf der Straße waren wir bis dahin noch niemandem begegnet.

«Ich hab bloß *einen* Schuß gehört.»

«Es war auch nur einer.»

«Wieso?»

«Soll ich vielleicht auf einen Toten schießen?» fragte ich, und dieser Vogel fing an zu lachen.

Weil wir bei jedem Trinkbrunnen halten und Kühlwasser nachfüllen mußten, war es schon dunkel, als wir endlich das Gut vor uns sahen. Während ich nach der Torklinke tastete, merkte ich, wie mir etwas in die Hand gesteckt wurde.

«Zähl es später», sagte Baffurrussu. Und er fuhr gleich weiter.

Während ich das Stückchen Wegs zu Fuß zurücklegte und mir die Hände in den Taschen wärmte, dachte ich an den, den ich umgelegt hatte.

Sicher lag er schon gewaschen und angekleidet im Zimmer, die Verwandten saßen um ihn herum und hielten Totenwache, und die Frauen weinten und verfluchten mich.

Neben dem Brunnen stand der abgeschnittene Strunk eines Feigenbaums. Im Mondlicht sah er aus wie ein Christenmensch. Als ich noch ein Kind war, sagte meine Mutter, daß man sich in so einem Fall bekreuzigen müsse, weil Jesus Mut gibt. Mit der einen Hand hielt ich das Geldpäckchen umklammert. Schade, daß ich in der anderen nicht mehr die Pistole hatte, sonst hätte mir der Baum nicht mal angst gemacht, wenn er mir hinterhergelaufen wäre.

4

Im Gegensatz zu meinem Dorf, das hoch oben am Berg mit Blick auf die Täler erbaut wurde, liegt Corleone unten im Tal und hat die Berge über sich. Wo ich geboren und aufgewachsen bin, gab es schon wenig genug Grund zur Fröhlichkeit, und auch in Mussomeli und Riesi hatte ich nicht viel Gelächter gehört. Aber Corleone, mit diesem Gebirge über sich, war ein bedrückender Ort, und selbst die Kinder machten ernste Gesichter.

Ich wußte schon alles Wissenswerte. Wer hätte nicht von Corleone und von den Corleonesen reden hören? Aber ich fühlte mich gerüstet: zwei Paar Augen, zwei Paar Ohren und kein Mund. Ich war jung und unerfahren, darum trug ich die Mütze in der Hand und den Blick gesenkt. Aber Angst hatte ich keine.

Als ich das Krankenhaus «dei Bianchi» betrat, saß da eine Art Pförtner hinter seinem Tisch. Er sah aus wie ein Feldhüter und schaute mich auch so an, als versuchte er herauszufinden, ob ich im Schultersack Brot und Unterwäsche oder ein paar gestohlene Orangen hätte. Höflich fragte ich, ob Doktor Navarra da sei. Er antwortete nicht gleich, sondern musterte mich von Kopf bis Fuß.

«Was hast du ihm zu sagen?»

«Eine vertrauliche Angelegenheit.»

Und was für eine! Wieder keine Antwort: Er saß da, und ich stand da und durfte warten, bis er sich zu etwas bequemte. Ihm etwas gutes Benehmen beizubringen wäre leicht gewesen; aber es ist nicht gut, sich gleich zu erkennen zu geben, wenn man wo neu ist. Außerdem wollte ich den Doktor nicht beleidigen. Drum sagte ich, ich käme aus Riesi, und sobald er den Namen Di Cristina hörte, wurde er etwas freundlicher. Er sagte mir, ich solle warten, und ging durch einen der Flure weg.

Ich hatte noch wenig vom Leben gesehen, aber ich kannte sie schon, die feigen Stiefellecker. Kaum macht man sie zu Hausmeistern und Pförtnern, knurren sie arme Teufel an. Aber sobald sie den Rektor oder den Hausherrn kommen hören, schwänzeln sie mit dem Arsch wie eine Ballerina – jawohl, der Herr hier und jawohl, der Herr da.

Ein paar Jahre später hatte ich wieder in einem Krankenhaus, dem «Feliciuzza» von Palermo, eine Art Krankenpfleger vor mir, der die Station wie ein Oberarzt befehligte. Ein Freund von mir lag dort mit ernsten Schußverletzungen, und ich hatte seine Frau hingefahren, die im fünften Monat schwanger war. Wir wollten erfahren, wie es ihm ging, und der Typ wollte uns nichts sagen; wir wollten ihn besuchen, und er sagte, es sei noch keine Besuchszeit; wir wollten dem Verletzten ausrichten lassen, daß wir da seien, und er gab zur Antwort, er sei doch kein Postbote. «Hat hier denn keiner Mitleid mit einem Menschen, der im Sterben liegt?» fragte schließlich das Mädchen unter Tränen. Und er seelenruhig: «Ein Verbrecher mehr oder weniger...»

Ich wollte mir nicht die Hände schmutzig machen. Mit Fußtritten habe ich ihn durch den ganzen Flur getrieben – jeder Tritt von mir ein Purzelbaum.

Er schrie die ganze Zeit und rief nach seiner Mutter oder der Madonna, und weil sich keine von beiden blicken ließ, kamen ihm schließlich Ärzte, Kranke und seine Kollegen zu Hilfe. Mich wollten sie für verrückt erklären, und zum ältesten Arzt sagten sie, man solle mir besser die Zwangsjacke verpassen. Es waren drei oder vier Hosenscheißer, die sich gegenseitig Mut zu machen versuchten.

Ich hatte mich schon wieder beruhigt und schaute sie geradeheraus an. «Die Dame wollte wissen, ob hier drin einer ein bißchen Mitleid hat. Der da hatte keins. Habt ihr welches?» Die Ärzte fingen an zu lachen, und auch die Kameraden schienen sich zu amüsieren. Ich hatte gleich bemerkt, daß dort die Krankenpfleger den Herren spielten und niemand sie leiden konnte. Und dann ließ uns der Oberarzt der Abteilung unverzüglich mit dem Kranken reden, und ich denke, er war kein bißchen böse wegen dem, was geschehen war.

Doktor Navarra war wirklich ein schöner Mann. Man konnte ihm ansehen, daß er studiert hatte, daß er nie eine Hacke in der Hand gehalten hatte. Ein Herr. Er untersuchte gerade zwei alte Männer und sagte, ich solle mich hinsetzen. Als die beiden Alten gegangen waren, kam er näher und musterte mich.

«Du bist also Giovanni. Man hat mir Gutes von dir erzählt, Giovanni. Man sagt, du seist intelligent. Was kannst du denn alles?»

Das hatte ich nicht erwartet. Ich konnte Kühe melken, Bäume veredeln, reiten, Nudeln kochen, einen Obstgarten gießen. Aber diese Dinge konnte ich nicht in einem Raum voller Bücher und vor einem Mann aufzählen, der arbeitete und sein Geld verdiente, ohne aufs Feld zu müssen. Schließlich faßte ich mir ein Herz und sagte etwas.

«Das einzige, was ich gut kann, ist, sofort zu behalten, was man mir beibringt.»

«Das werden wir sehen», antwortete er.

Eine Persönlichkeit wie er konnte sich nicht die Zeit nehmen, mir beizubringen, was ich behalten sollte. Aber ich war kein kleiner Junge mehr und fing an, Dinge zu begreifen, auch ohne daß man sie mir erklärte. In Corleone war der Doktor ein großes Tier und hatte viele Vertrauensleute, aber er traute niemandem. Er meinte immer, sie könnten ja miteinander unter einer Decke stecken. Ich dagegen war fremd in Corleone. Jahre sollten vergehen, bis jemand mir so viel Vertrauen schenkte, daß er mir von seinen Geschäften erzählte oder mich zu sich nach Hause einlud. Auch in meinem Dorf war das so: Wenn man über eine Person und ihre Familie nichts in Erfahrung bringen kann, ist Vertrauen nicht möglich. Nur auf den Doktor konnte ich zählen, und das war es, was er wollte.

Er verschaffte mir sofort ein Wächteramt, so hatte ich jeden Monat mein ganz offizielles Gehalt. Das ist so: Einer, der eine Zitrus-Plantage hat – man nennt sie in Sizilien «Garten» – und sich vor Dieben und Rotznasen schützen will, stellt einen Wächter ein. Ist der Wächter einfach irgendwer, so ist es hinausgeschmissenes Geld. Versteht er sich aber Respekt zu verschaffen, so ist der «Garten» Tag und Nacht sicher, weil nicht einmal der ärgste Nichtsnutz sich trauen würde, auch bloß unter einen Baum dieses «Gartens» zu pissen, geschweige denn eine Mandarine zu klauen.

Der Herr war ein rechtschaffener Mann; sein Besitz war groß und gut geführt. Ab und zu schaute ich bei ihm vorbei, fragte, ob es etwas Neues gäbe und ob er Befehle für mich hätte, verabschiedete mich und kehrte ins Dorf zurück. Ich wohnte in einer Erdgeschoßwohnung, die Bastiano Orlando gehörte; er war für den Doktor das, was in Mussomeli der Aufseher für Don Peppe gewesen war. Ich lernte Autofahren und erwarb den Waffenschein.

Der Doktor schenkte mir eine Pistole. Es war eine deutsche, an die Marke kann ich mich nicht mehr erinnern. Als ich, dieses Gewicht unter der Achsel, das erste Mal über den Hauptplatz von Corleone spazierte, war ich ganz schön aufgeregt. Giovanni Marino, der mich begleitete, fing an zu lachen und sagte, ich drückte sie an den Busen wie ein Kind. Aber nach einer Woche hatte ich mich daran gewöhnt. Ich ging nie ohne sie aus, und nachts legte ich sie unter mein Kopfkissen und berührte sie manchmal im Schlaf. Diese Pistole war meine Frau.

Das Schönste geschah im Februar. Der Doktor nahm mich im Auto nach Palermo mit. Er saß mit Vincenzo Cortimiglia vorn und ich hinten, gemütlich wie ein Papst. Wenn ich an das Meer dachte, war ich vor Ungeduld ganz aus dem Häuschen. Cortimiglia wußte das und sagte ab und zu: «Paß auf, Giovannino, gleich ist es zu sehen.» Auch der Doktor hatte seinen Spaß daran. Ich erinnerte mich sehr gut an das Meer, aber ich wußte nicht, daß es Launen hat wie ein Christenmensch; an manchen Tagen ist es fröhlich und an anderen wie ein toller Hund. Mauerhohe Wellen waren zu sehen. Sie jagten einem Angst ein, so nah waren sie, und die Tropfen spritzten bis auf die Straße.

Dabei hatte ich den Hafen noch nicht gesehen. Ich hätte nie gedacht, daß es so große Boote gab; sie waren zum Greifen nah und tanzten auf dem Wasser, rauf und runter, und manchmal berührten sie sich. Ich meinte, sie müßten doch untergehen. Die Männer vorn begannen zu lachen, und der

Doktor wandte sich an Cortimiglia: «Siehst du, Vincenzino, da kommen sie von den Bergen runter...»

Wir hielten am *Hotel Sole* bei den Quattro Canti, dem Zentrum von Palermo, an. Das war ganz etwas anderes als die *quattro canti* von Corleone! Das war wirklich eine Luxusgegend, genau in der Mitte der Stadt gelegen. In Mussomeli hatte ich davon erzählen hören, weil Don Peppe manchmal hinfuhr, um sich mit Di Cristina, Don Calò Vizzini und anderen wichtigen Freunden zu treffen. Es sollte ganz schnell gehen. Ich und Cortimiglia blieben draußen und warteten; aber als ich sah, was ich sah, hätte der Doktor von mir aus zwei Stunden da drinnen bleiben können: schöne Autos, elegante Frauen und Geschäfte, im Vergleich zu denen mir die in Caltanissetta lächerlich vorkamen.

«Paß auf, Giovannino, wenn du dich hier verläufst, findet dich niemand mehr», verspottete mich Cortimiglia. In solchen Fällen genügte ein Blick von mir, und jeder wäre verstummt. Aber wer wollte sich an so einem Tag schon mit Kleinkram aufhalten?

Dann wollte uns der Doktor bei *Dagnino* zum Kaffee einladen. Hinter dem Glas der Theke reihten sich Gebäck und *cannoli*, Cremeröllchen, in rauhen Mengen, aber weil der Doktor bezahlte, traute ich mich nicht zu sagen, daß ich eins probieren wollte.

Ich gewöhnte mich langsam an die Großstadt. Ich schaute mir alles voller Verwunderung an, ließ mir aber nichts anmerken und hielt meinen Mund. Aber als wir zum *Hotel delle Palme* kamen, blieb ich wie angewurzelt stehen. Es sah aus wie das Paradies und war doch ein Hotel. Der Doktor sollte dort mit einem palermischen Freund zu Mittag essen.

«Wir treffen uns um drei», sagte er zu Cortimiglia. Ich hatte gerade noch Zeit, einen Blick reinzuwerfen: Antiquitäten als Möbel und Stoff an allen Wänden. Und die Leute waren alle piekfein. Sogar die Kellner waren gekleidet wie Herren, schwarzer Anzug und Fliege; ich weiß nicht, woran ein Gast da merken soll, ob er einen Kellner oder einen anderen Gast vor sich hat.

Spätabends, als wir in Corleone ankamen, nahm mich der Doktor beiseite.

«Hast du nun gesehen, wie Palermo ist, Giovannino?»

«Ja, Exzellenz.»

«Mach dich darauf gefaßt, es besser kennenzulernen.»

Ich begann zu reisen. Ich, der ich nur den Ochsenkarren kennengelernt hatte, gewöhnte mich langsam an Postbusse, Züge und Mietautos. Manchmal fuhr ich nach Trapani, Riesi, Villalba, Mussomeli, Favara. Aber meistens ging es nach Palermo.

Anfangs waren es immer Besorgungen. Vertrauliche Besorgungen natürlich. Ungefähr einmal im Monat ging ich beispielsweise zur Regionalverwaltung. Unter der Regierung La Loggia war Milazzo der Assessor für das Gesundheitswesen. Ich sprach mit einem seiner Sekretäre, immer mit demselben. Es ging um das neue Krankenhaus in Corleone, das schon seit 1952 fertiggestellt war. Aber soweit ich verstanden hatte, wollte der Doktor es nicht eröffnen.

Manchmal gab es eine etwas spezielle Aufgabe zu erledigen. Es waren nicht die Geschäfte des Doktors: Palermo war nicht sein Gebiet. Es waren Freunde, die um Hilfe baten, wenn man ein unbekanntes Gesicht brauchte. Der Ablauf war immer der gleiche. Ich wartete an einem bestimmten Platz: fast immer am Bahnhof. Die Person, die mich abholen kam, erklärte mir auf dem Weg, was ich zu tun hatte. In der Regel arbeitete ich allein. Es ging darum, mal mit einem Baustellenleiter, mal mit einem Beamten oder einem Einzelhändler zu sprechen: Leute, die ihren Pflichten nicht nachkommen wollten. Sie ließen sich fast im Handumdrehen überzeugen. Nur einmal mußte ich einem den Schädel einschlagen. Er wollte mir weismachen, daß er vor Leuten wie mir keine Angst hätte, und wurde auch handgreiflich.

Nach dem Schlag, den ich ihm mit dem Pistolenknauf mitten auf die Stirn verpaßte, blieb er wie tot auf der Erde liegen. Ich weiß nicht, ob er dann wirklich gestorben ist.

Bei meinen Fahrten nach Palermo versäumte ich jedenfalls nie, in der Gegend von Romagnolo in einem der Restaurants zu essen, die eine Holzplattform mit Meeresblick zu bieten hatten. Damals gab es viele davon. Das beste war *Spanò*, aber ich war auch mit den anderen zufrieden, und es war stets ein Schlemmerfest: Spaghetti *alle vongole*, Fisch vom Grill und ein Eis. Danach zog ich mir die Schuhe aus und watete mit den Füßen durchs Wasser. Baden wollte ich nicht, weil immer Leute da waren; alle waren sie schön braun gebrannt, ich dagegen war kalkweiß unter der Kleidung. Außerdem konnte ich nicht mal schwimmen. Im Winter ging ich in eine große Grillstube im Zentrum, ließ es mir schmecken und machte dann einen schönen Spaziergang zum Foro Italico und sah mir das Meer nur von weitem an.

Aber die meiste Arbeit gab es im Dorf. Wochenlang war nichts zu tun, und dann blieb an manchen Tagen nicht einmal die Zeit, einen Happen zu essen. Bei den Regionalwahlen im Juni 1955 habe ich mehr geschwitzt als an manchen Tagen auf den Feldern meines Dorfes bei der Mahd. Der Doktor war Chef der Democrazia Cristiana von Corleone und wollte kein Wort vom Kommunismus hören. Aus Palermo wurden Leute hergeschickt, um Propaganda für Hammer und Sichel zu machen; und wir mußten uns darum kümmern, sie zu verjagen; das bedeutete eine ständige Lauferei von einem Ende zum anderen, zu Fuß oder zu Pferd, je nachdem.

Bei keiner Wahlversammlung durften wir fehlen. Bei denen des Doktors und seiner Freunde gab es keine Probleme, weil er mit Leuten umgehen konnte; im Krankenhaus dei Bianchi und beim Bauernverband hatte er das Sagen und seine Finger überall drin, und darum waren genügend Leute da. Aber man mußte die Wahlversammlungen der anderen unter Kontrolle halten, aufpassen, wer da war, wer klatschte, wer rührig war.

Außerdem waren nicht alle, die schworen, die Democrazia Cristiana zu wählen, vertrauenswürdige Leute. Deshalb hatte sich der Doktor was Tolles ausgedacht: Mit einem Attest erklärte er, daß der Wähler augenkrank oder blind sei und in Begleitung in die Wahlkabine gehen müsse. Und dann begleiteten wir all diese armen Blinden.

Aber es gab noch andere Möglichkeiten, und wochenlang waren wir von morgens bis abends am Laufen: Versprechungen, wo Versprechungen was brachten; Dresche, wo Dresche was brachte. Als dann am Abend die Wahlergebnisse bekannt wurden, gab es ein Essen im großen Kreis, an das ich mich noch heute erinnere; das war eins der wenigen Male, daß ich mich betrunken habe. Gewisse Personen, die wir überredet hatten, richtig zu wählen, fingen tags darauf an, den einen oder anderen anonymen Brief zu schreiben oder versehentlich ein Wörtchen fallenzulassen: Niedertracht von Karnickeln. Wir hatten einen neuen *maresciallo*, einer von denen, die zeigen wollen, wer sie sind, und der rief mich in die Polizeikaserne und wollte mehr wissen als jeder Beichtvater. Warum ich in Corleone wohnte? Wie ich mir meinen Lebensunterhalt verdiente? Wozu ich den Waffenschein brauchte?

Er wollte sogar ein Alibi für eine Nacht, in der ich mit zwei anderen zusammen Kleinholz im «Garten» eines Mannes gemacht hatte, der den Wachdienst nicht zahlen wollte. Aber ich hatte alle Alibis, die er wollte, und Zeugen, die höher standen als er: einen Apotheker, einen Professor, zwei Angestellte der Stadtverwaltung. Alle meine Zeugen zusammen hätten kaum in die Polizeikaserne gepaßt. Der *maresciallo* war kräftig, dunkelhäutig und bestand aus lauter Schnauzbart. Am Schluß sah er mich mit ganz kleinen Augen an.

«Ich weiß, was für eine Sorte Verbrecher du bist. Aber

paß nur auf, wenn ich dich schnappe, dann bekommst du die da zu spüren, bevor ich dich einloche.»

Und er hielt mir seine Hände hin: zwei Schaufeln. Mit fünfzig Jahren hatte er noch nicht kapiert, daß Hände und Schnauzbärte nichts sind im Vergleich mit einer Pistole, und wenn es nach mir gegangen wäre, hätte ich ihm noch am selben Abend ein Loch in der Stirn verpaßt, zum Gedenken an Zu Vàrtulu. Aber der Doktor lachte nur.

«Erzähl keinen Quatsch, Giovannino.»

«Der hat was gegen mich. Es wird noch so weit kommen, daß ich mich nicht mehr frei bewegen kann.»

«Du geh nur in dein Dorf, verschwinde hier zehn Tage von der Bildfläche und laß mich machen. Entweder er geht, oder wir hängen ihm einen Maulkorb um.»

Zwei- oder dreimal im Jahr schaute ich bei mir zu Hause im Dorf vorbei. Als ich mich in Corleone niedergelassen hatte, war mein erster Gedanke ein schöner neuer Anzug gewesen. Jetzt arbeitete ich nicht mehr mitten unter Tieren und wollte die mit einer Schnur gehaltenen Hosen aus Sackstoff vergessen.

Aber als mich mein Vater eines Abends in diesem Anzug aufkreuzen sah, gab er mir keine Antwort auf mein «Seid gesegnet, Exzellenz», sondern drehte sich zu meiner Mutter um und fragte, ob Sonntag sei. Und meine Mutter umarmte mich, nahm mein Gesicht in ihre Hände und sagte leise, damit er es nicht hören konnte, zu mir:

«Geh, geh und zieh dich um, Junge!»

Mein Vater hatte recht. Was sollte diese elegante Kleidung? Manchmal kehrten Dorfbewohner aus Amerika zurück. Angezogen wie Hanswurste, spazierten sie den ganzen Tag herum und erzählten aufgeblasenes Zeug, boten einem lange Zigaretten an und ein paar Kaffees, verkauften ein Stückchen Land oder ihre Ein-Zimmer-Behausung, verschwanden wieder, und keiner hat sie je wieder gesehen.

Aber bei uns war das etwas anderes. Wenn man Respekt verlangt, darf man sich nichts nachsagen lassen. Was sollten die Leute von einem jungen Mann denken, der wie ein Herr gekleidet ein und aus ging?

Mit dem Geld paßte ich auf, um meinen Vater nicht zu beleidigen. Einmal ließ ich die Wände streichen, ein anderes Mal ging es um eine neue Tür, einen Gaskocher oder Wollmatratzen. Aber jedesmal bat ich ihn vorher um Erlaubnis. Das Schwierigste war das elektrische Licht. Davon wollte er nichts wissen. Meine Mutter übernahm die Aufgabe, ihn langsam, aber sicher umzustimmen. Sie war ein stilles Wasser.

Ich ließ ihr heimlich immer ein bißchen Geld da. Nicht viel, aber genug, damit ich beruhigt wegfahren konnte. Die Alten brauchten fast nichts zum Leben. Meinem Vater ging es gesundheitlich wieder etwas besser: Er arbeitete nicht mehr als Tagelöhner, aber unser Land konnte er bestellen. Ich begleitete ihn aufs Feld, und jedesmal kam ich auf denselben Gedanken. Gleich angrenzend lag ein schönes Stück Land, sieben *tumoli* groß und eben, nicht steinig und mit eigenem Brunnen. Der Eigentümer war nach Frankreich ausgewandert, und ein Bruder bestellte es für ihn. Mit Geld hätte man es kaufen können. Mein Vater sagte, es sei das beste Stück Land im Umkreis, aber er sagte das nur so dahin. Er hatte keine Ahnung, was mir durch den Kopf ging.

Geld brauchte man, und Zeit. Aber obwohl ich noch ein junger Mann war, konnte ich schon warten.

5

Eines Sonntagmorgens, im Sommer 1957, stand ich zusammen mit einem gewissen Trombatore auf der Piazza. Auf einmal nimmt er mich beim Arm und sagt:

«Schau mal, das ist Liggio.»

Ich hatte schon von ihm reden hören und war sehr neugierig. Der Doktor nannte ihn den «Buckel»; er sagte, er sei ein eingebildeter Lump, einer, der nicht wisse, wo sein Platz sei, und eine Lektion brauche. Ein paar Jahre später habe ich erzählen hören, daß die beiden Männer Streit hatten wegen des Staudamms, der auf dem Gebiet von Corleone für die Bewässerung gebaut werden sollte. Das kann schon sein, aber die Wahrheit ist meiner Ansicht nach eine andere: Hier standen sich zwei Männer gegenüber, einer, der Respekt gewohnt war und alles beim alten lassen wollte, und einer, der um jeden Preis vorankommen wollte und dabei weder Gott noch die Heiligen fürchtete.

Ich habe Liggio nur flüchtig kennengelernt. Damals nannte er sich noch Leggio, ein in dieser Gegend häufiger Name: Auch unter uns gab es einen, aber sie waren nicht einmal entfernt verwandt. Wenn es hochkommt, habe ich ein- oder zweimal mit Liggio gesprochen: ein paar belanglose Worte. Aber sein Gesicht habe ich mir gut angeschaut und kann es nicht mehr vergessen. Ich weiß nicht, ob es an Hunger, Krankheit oder sonst etwas lag, aber man merkte, daß er ein herrenloser Hund war, bereit, einen jeden zu beißen, der ihm unterkam, gleich ob Pfarrer, alte Frauen oder Carabinieri.

Als Kind kannte ich einen Freund meines Bruders Borino, der auch so war. Er hatte die gleichen Augen. Er hieß Nino. Einmal gab ihm sein Onkel für eine freche Antwort eine Ohrfeige, und er nahm das Messer und stieß es ihm zwischen die Rippen. Der Onkel war viermal stärker als er, aber er fiel der Länge nach hin und schrie wie ein Schwein beim Schlachten.

Als das geschah, meinte mein Bruder, Nino sei ein «Wilder». Aber ich hatte mit so was schon gerechnet. Natürlich sticht man wegen so einer Kleinigkeit nicht auf seinen Onkel ein, aber Nino hatte es nicht wegen der Ohrfeige getan. Woher seine Wut kam, habe ich später erkannt. Seine Mutter war eine Signorina, und so was wird auf dem Dorf nicht verziehen. Wenn der Lehrer in der Volksschule die anderen zum Lachen bringen wollte, nannte er ihn *mulacciuni*, was soviel wie Maulesel oder Bastard bedeutet, und wenn er ärgerlich war, «Sohn einer Dirne». Bis Nino, als er ihm mit dem Stock auf den Kopf gedroschen hatte, ihn in den Magen boxte. Da warf man ihn raus, und er ist nicht mehr zur Schule gegangen.

Jedesmal wenn ich ihm begegnete, grüßten wir uns, aber ich vermied es, mit ihm zu reden, denn das konnte böse enden. Er war größer als ich, aber ich konnte mir bei einem jeden Respekt verschaffen. Allerdings kümmerte er sich einen Dreck um Respekt: Er hatte auch keine Ahnung davon. Wenn der Bürgermeister ihm versehentlich auf den Fuß trat, wurde er selbst mit dem handgreiflich. So war Nino. Auch Liggio war damals so. Wenn die Leute ihn daherkommen sahen, klein, schief, arm und ungebildet, beachteten sie ihn gar nicht. Aber wenn er entschlossen ist und sich vor nichts fürchtet, kann auch der mickrigste Mensch alles erreichen, was er will.

An dem Tag im Jahre 1963, als Präsident Kennedy ermordet wurde, war ich gerade in Palermo. Ich konnte es nicht fassen. Aber die Regel ist überall die gleiche – in Sizilien, in Amerika und auf der ganzen Welt: Einer kann mächtig sein wie der Herrgott, aber kaum findet sich einer, der den Mut hat, auf ihn zu schießen, stirbt er wie alle anderen auch. Liggio war einer von dieser Sorte, und im Gegensatz zu Nino war er auch noch intelligent. Als ich ihn damals in Corleone sah, habe ich das sofort begriffen. Aber der Doktor, der ein gebildeter Mensch war und ihn gut kannte, hatte es nicht begriffen. Und das war der Ruin aller: sein eigener, meiner und der von vielen anderen.

Jedenfalls machte dieser Liggio langsam jedermann Kopfzerbrechen. Er war jetzt kein Feldhüter mehr. Für eine Handvoll Bohnen hatte er einen schönen Besitz in Piano della Scala erworben. Aber damit gab er sich nicht zufrieden. Er mischte auch in der Politik mit, wollte seine Hände in alle Taschen stecken. «Es fehlt nicht viel, dann wird er noch die Sonntagsmesse selber lesen», sagte einmal Orlando, der seit Jahren mit ihm verkehrte. In Palermo war er wohlbekannt, man tat aber so, als kenne man ihn nicht. Er wiederum tat so, als kenne er seinen Platz; statt dessen machte er, was ihm gerade einfiel: Sachen, die sich niemand träumen ließ. «Was erlaubt der sich, dieser hergelaufene Kerl!» rief der Doktor, dem so viel Mangel an Respekt nicht in den Kopf wollte.

Wenn man verstehen will, wie egal Liggio der Doktor war, braucht man nur eines zu wissen: Als ich ihn das erste Mal sah, hätte er schon seit zehn Jahren auf der Flucht sein sollen und war mehr in Palermo als in Corleone zugange. Aber wenn er im Dorf zu tun hatte, kam er seelenruhig her, und obwohl er nicht gerade vor der Carabinieri-Kaserne auf und ab spazierte, kann ich mir nicht vorstellen, daß die dort keine Ahnung hatten.

Damals muß er um die Dreißig gewesen sein: jung für das, was er tat. Er hatte schon andere junge Männer um sich geschart, die auf ihn hörten wie auf das Evangelium selbst, und alle waren so entschlossen wie er. Da mußte man sich schon Sorgen machen, und die machte ich mir auch, still für mich. Der Doktor dagegen war sauer und schrie, schrie und war sauer...

Gut. Eines Abends war ich mit Antonino Governale zusammen. Wir gingen gerade zum Doktor nach Hause. An einer Straßenecke kam uns der Herr des «Gartens» entgegen, bei dem ich meinen Wachdienst versah, zusammen mit anderen Leuten, die ich nicht kannte. Er hatte einen ganz roten Kopf und legte schon los, noch bevor er uns erreicht hatte.

«Kein Wasser mehr da. Jetzt nicht und nie wieder. Statt des Gartens baue ich Weizen an, dann brauche ich nicht um mein Brot zu fürchten...»

Er war dem Weinen nahe. Governale stellte ihm ein paar Fragen, dann nahm er ihn mit hoch zum Doktor, und ich blieb mit den anderen unten auf der Straße. Die Hände in den Taschen, stand ich schweigend dabei; aus ihren Gesprächen erfuhr ich, daß Liggio und andere Mitglieder sich das Wasser der «Gärten» für eine Genossenschaft von Schafhirten abgezweigt hatten. Das war ein schlimmer Vorfall, schlimmer als der Tod der Mandarinenbäume, über den diese Leute weinten. Als er zurückkam, schien Governale befriedigt, er zwinkerte mir zu.

«Der ist schon gegerbt», sagte er leise, damit nur ich ihn hörte. Diesmal hatte der Doktor wirklich die Schnauze voll.

Aber ich mußte mich raushalten. Nicht daß sie mir nicht getraut hätten. Ich wußte ja auch alles Wissenswerte über die Operation. «Das ist eine Sache des Dorfes und geht nur die Dorfbewohner an», erklärte mir Orlando, als ich ihn fragte, ob meine Hilfe benötigt würde. Das ist eine Erfahrung, die ich später in Palermo noch mehrmals gemacht habe: Wenn einem Hörner aufgesetzt worden sind, ist es Sache des Hahnreis zu schießen, nicht die eines Trauzeugen oder eines Vetters zweiten Grades.

An jenem Julitag herrschte eine Hitze wie auf den Stoppelfeldern. Ich fuhr den Fiat 1100 des Doktors; er mußte eine lange Runde durch die Dörfer der Provinz drehen. Er war sehr vergnügt und hänselte mich, weil ich noch nicht so sicher fuhr und in engen Kurven zu stark abbremste. Wir kehrten spät ins Dorf zurück. Vor dem Haus erwartete uns Orlando, nur er allein. Liggio war davongekommen, vielleicht war er verletzt.

Ich weiß noch heute so gut wie nichts über diese Sache. Manche sagten, die vom Piano della Scala müßten wohl Wind gekriegt haben und auf der Hut gewesen sein; andere sagten, es sei bloß Pech gewesen; wieder andere wollten gar nichts sagen. Es braucht seine Zeit, bis man erfährt, was Sache ist. Aber Zeit war jetzt keine mehr.

An dem Abend wirkte Orlando fassungslos, und meine Kehle war trocken vor Wut und Ärger. Der Doktor dagegen schien zufrieden zu sein. Er hatte manchmal eine besondere

Art zu reden: Bei jedem Wort klatschte er leise in die Hände, wie wenn man den Takt zur Musik schlägt. Seiner Meinung nach hatte er diesem Hungerleider eine nette Lektion erteilt; wenn er Köpfchen hatte, mußte er jetzt vernünftig werden.

«Jedenfalls bin ich, wo er doch verwundet ist, gern bereit, ihn zu behandeln», sagte er schließlich. Und lachte.

Ein paar Tage später war ich in Palermo. Ich mußte die übliche Post abholen: einen großen roten Umschlag. Er fühlte sich an, als wäre er voller Geld, aber es konnten auch Dokumente sein: Zu jener Zeit waren die Zehntausend-Lire-Scheine groß wie Stempelpapier. Das Treffen war um zehn Uhr abends in der Via Maqueda. Um halb elf war der, auf den ich wartete, immer noch nicht gekommen, und ich fing langsam an, ärgerlich zu werden. Endlich kam er, aber ohne Umschlag.

«Du kannst wieder gehen. Nichts ist da.»

«Wieso nicht?»

«Navarra ist tot.»

Sie hatten ihn mit Salven aus Maschinenpistolen umgebracht, ihn und noch einen Arzt, auf der Straße nach Prizzi. Heutzutage schießen sie auch auf den Papst, und sie würden sogar auf Jesus Christus schießen, wenn der sich traute, vom Kreuz zu steigen. Aber 1958 war so etwas noch nicht vorstellbar. Das hätte man für Zeug aus dem Kino gehalten. Nicht einmal der Doktor rechnete mit so etwas und hatte darum die Fahrt auch ganz unbesorgt angetreten. Außerdem regnete es stark, und es war kein Verkehr auf der Straße. Eine ganz leichte Sache.

Aber an diesem Abend wußte ich noch nicht, was wirklich geschehen war, und niemand konnte mir etwas sagen. Es war zu spät, um Radio zu hören, darum machte ich mich auf den Weg zum Bahnhof und dachte nach. Ich hielt es nicht mehr aus. Wären mir Flügel gewachsen, ich wäre auch im Dunkeln nach Corleone geflogen, um sofort zu erfahren, wie es geschehen war. Das erste Mietauto kam erst nach vier. Es war ein 1100er, ein altes Modell. Der Fahrer wollte mich aber nicht so weit fahren, weil er für sieben schon eine Vorbestellung hatte. Er war ein Dickkopf und wollte es nicht einsehen. Es tat mir leid um mein Geld, aber für Sparsamkeit war nicht der richtige Moment.

«Komm schon, ich zahl dir, was du willst», sagte ich. Aber er wollte nicht.

«Wort ist Wort. Es geht nicht ums Geld.»

Inzwischen war ich eingestiegen und saß neben ihm. Ich öffnete das Jackett und ließ ihn die Pistole im Halfter sehen.

«Wenn du's schon nicht für mich tun kannst, dann tu's wenigstens für dieses arme Ding...»

Im Dorf war die Hölle los: Ich bin sicher, sogar die Hunde unterhielten sich über das, was geschehen war. Unzählige Carabinieri liefen herum, darunter auch welche in Zivil. Ich ging sofort ins Haus des Toten. *'U visitu*, der Beileidsbesuch, spielt sich in jedem Dorf Siziliens gleich ab. Die Frauen weinen, und die Männer kommen und gehen. Alle küssen sich und sprechen leise. Die Fensterläden bleiben geschlossen.

Zum erstenmal wurde mir klar, daß der Doktor nicht reich gewesen war. Er hatte Freundschaften, Respekt und Ansehen genossen. Aber diese Dinge kann man niemandem vererben. Und auch das Begräbnis war anders als das von Don Calò. Außerdem hatten die Leute hier Angst, das merkte man gleich. Wenn einer von uns auf der Straße vorbeikam, sahen sie uns an, wie man zum Tode Verurteilte anschaut. Wenn die schon den Mut gehabt hatten, einen General zu beseitigen, welche Hoffnung blieb dann den Soldaten noch?

Wir versammelten uns noch am selben Abend in einem leeren Kornspeicher. Der Entschlossenste war Vincenzo Cortimiglia, aber auch andere waren seiner Meinung. Ich schwieg, und das nicht nur wegen meines jugendlichen Alters. Unter ihnen, den Dorfbewohnern, blieb ich immer ein

Fremder. Der Doktor, der mich hatte hier haben wollen, war nicht mehr da. Ich mußte abwarten und sehen, was jetzt meine Position war. Schließlich fing Sebastiano Orlando zu sprechen an. Er wollte nach Palermo gehen, mit den Freunden der «Familie» sprechen. Erst dann konnte man etwas beschließen. Niemand sagte etwas dagegen. Orlando hatte am meisten Einfluß, jetzt wo Navarra nicht mehr lebte. Wir brauchten das Gefühl, von jemandem befehligt zu werden, der wußte, was zu tun war.

Und dann ließen die Carabinieri alle holen, einen nach dem anderen. Ich wartete, bis ich an der Reihe war, aber ich war ruhig. Orlando hatte gesagt, ich sollte mich als seinen Angestellten ausgeben, um meine Anwesenheit im Dorf zu erklären. Inzwischen mußte man nur auf sich aufpassen und möglichst keine Dummheiten machen. Aber ich begriff, daß sich die Dinge mit großer Geschwindigkeit änderten. Gerade als ich geglaubt hatte, mich endgültig wo eingerichtet zu haben, mußte ich ganz von vorn anfangen.

Wir versammelten uns wieder, sobald Orlando mit den Nachrichten aus Palermo zurückkam. Der Ratschlag hieß, ruhig zu bleiben, bis die Dinge ein Ende gefunden hätten. Dann würde man weitersehen. Inzwischen bestätigte man Orlando das Vertrauen. Weil es gefährlich war, wenn alle sich an einem Ort trafen, kamen wir überein, daß von diesem Augenblick an alle Befehle und Informationen von Mund zu Mund weitergegeben werden sollten. Bis zum *Ferragosto*, dem 15. August, waren es noch zwei Tage. Ich begann, mich wieder sicher zu fühlen, auch weil die Carabinieri mich noch nicht hatten holen lassen; alle anderen waren schon in die Mangel genommen worden. Das lag daran, daß ich in den Unterlagen der Gemeindeverwaltung und der Kaserne nicht geführt wurde. Die Fremden sind entweder bekannt oder es ist, als existierten sie nicht. Und ich hatte darauf geachtet, mich in keiner Weise bekannt zu machen. Vor allem nicht bei ihnen.

Aber ich fühlte mich zu Unrecht sicher. Ich rasierte mich gerade zu Hause und wollte danach ausgehen, als die schreckliche Schießerei begann, der Marco und Giovanni Marino und Pietro Maiuri zum Opfer fielen. Wir kamen alle angelaufen, sahen uns wortlos an und dann die Toten auf der Erde. Bevor der Untersuchungsrichter eintraf, durfte man sie nicht anfassen. Weil ich mit Giovanni Marino befreundet gewesen war, wollte Orlando von mir wissen, ob er mir in den letzten Tagen etwas anvertraut hätte. Er konnte es nicht fassen, daß diese Leute den Mut zu einer solchen Tat hatten, wo es im Dorf nach Navarras Tod doch von Carabinieri und Journalisten wimmelte; es hätte schon eine schwerwiegende Herausforderung vorangehen müssen.

Nach dem, was Orlando sagte, hatten die beiden Marinos mit Pietro Maiuri vereinbart, eine entschlossene Aktion durchzuführen und sich dann überrumpeln lassen. Doch anschließend legten sie auch Vincenzo Cortimiglia auf offener Straße um, dabei war er der schnellste von allen. Weil er meine Leidenschaft für die Pistole kannte, hatte er mir einmal auf dem Land gezeigt, wie er schießen konnte, und mir ein paar Tricks zum besseren Zielen beigebracht. Der konnte wirklich damit umgehen. Dennoch war er tot. Und jetzt ging alles dem Ende zu: Es kamen keine Befehle mehr, kein Geld mehr, und die Freunde des Doktors ließen nichts von sich hören. Manchmal fiel mir ein, daß sie Navarra erst vor ein paar Wochen umgebracht hatten. Ich konnte es nicht fassen: Es kam mir vor wie Jahre, so viele Neuigkeiten gab es täglich. Und lauter schlechte.

Bastiano Orlando ließen sie irgendwie verschwinden, ganz ohne Aufsehen. An dem Abend hatte ich ihn sehr spät zu Hause aufsuchen wollen, weil er da eher anzutreffen war. Statt dessen kamen mir zwei Frauen entgegen, die aussahen wie Teufel. Sie warteten seit vielen Stunden auf ihn und wußten, daß er keiner war, der verschwand, ohne es ihnen vorher zu sagen, noch dazu in Zeiten wie diesen. Sie hatten noch Hoffnung, aber sie glaubten schon nicht mehr daran. Und händeringend verfluchten sie alle: das Dorf, Sizilien, die ganze Welt und Gott.

«Dem haben sie den Garaus gemacht», sagte ein alter Mann, der an der Haustür vorbeiging. Und er bekreuzigte sich.

Ich ging mit gesenktem Kopf weg. Um diese Zeit wollte ich bei niemandem klopfen, aber ich traf Luca Leggio, der nach ein paar Gläsern Wein heimging, um sich auszuschlafen. Ich fragte ihn, ob er Orlando gesehen hätte.

«Nein, er wird zu Hause sein.»

Nun, das waren meine Kameraden: Einen brachten sie weiß Gott wohin. Ein anderer ging sich Mut antrinken, und ich bin sicher, daß er nicht mal die Pistole griffbereit hatte. Und die anderen waren wer weiß wo. Sie lagen im Bett oder versteckten sich und warteten darauf, daß wir uns alle wieder trafen, um abzuzählen, wie viele wir noch waren, und um dummes Zeug zu reden.

In diesem Augenblick traf ich meine Entscheidung: Ich mußte gehen. Wenn die anderen es noch nicht begreifen wollten, ich hatte begriffen. Ich hatte keine Angst, aber ich wollte nicht sterben. Noch in dieser Nacht, während ich versuchte einzuschlafen, fingen sie an, gegen die Tür zu schlagen und wollten sie aufbrechen. Ich saß im Bett und fing wie wild an zu schießen. Ich erinnere mich noch an diese Momente. Von der Straße hörte man nichts mehr, und die Nachbarn, die alles mitbekommen hatten, hatten sich in ihren Wohnungen verrammelt. Es war schon nach zwei. Ich konnte nichts tun, nicht einmal das Licht anmachen. Vielleicht lagen draußen zwei Tote, vielleicht waren da aber auch vier Lebende draußen und warteten auf mich.

Kaum wurde es Tag, zog ich mir irgend etwas über. Ich nahm nur das Geld und die Pistole mit. Draußen war niemand und am Boden kein Blut zu sehen. Ich lief dicht an den Hauswänden entlang. Verrückt war ich gewesen, daß ich so lange gewartet hatte. Schon beim Tod des Doktors hätte ich fliehen müssen! Orlandos Verschwinden bedeutete, daß die ganze «Familie» verurteilt war. Und tatsächlich legten sie einen nach dem anderen um: Ramondetta, Trombatore, Governale, Reina und die anderen. Der Doktor war noch nicht mal kalt, und schon war keiner mehr da, der ihn beweinen konnte.

Aber all das habe ich später erst erfahren. In diesem Moment dachte ich nur daran, aus dem Dorf zu laufen und mich sofort in die Felder zu schlagen, weit ab von allen Straßen.

Seit damals sind dreißig Jahre vergangen, und an diesen verfluchten Ort bin ich nie mehr zurückgekehrt.

6

Und es begann eine der schlimmsten Zeiten meines Lebens. In mein Dorf konnte ich nicht gehen. Wenn sie nach mir suchten, dann zuerst dort. Mich dort zu verstecken, bedeutete sichere Gefahr für meinen Vater und meine Mutter, und ich wollte nicht, daß sie erfuhren, warum ich hatte fliehen müssen.

Nach Mussomeli konnte ich nicht zurückkehren. Schon weil meine Anwesenheit Don Peppe gefährdet hätte. Und außerdem lag diese Zeit schon weit in der Vergangenheit: Sollte ich etwa wieder Kälber hüten und Ställe putzen? Ich hatte inzwischen begriffen, daß ich noch etwas anderes konnte: Ich war ein Mann geworden und wollte ein Mann bleiben. Heute, dreißig Jahre später, füge ich noch etwas hinzu, das ich damals nicht begriff: Don Peppe hätte mich auf dem Gut ohnehin nicht wieder aufgenommen, und vielleicht hätte er mich nicht einmal versteckt. Man versteckt jemanden vor der Justiz, nicht vor den Freunden. In einem entfernten Ort wie Mussomeli zählten die Corleonesen fast gar nichts. Aber sie zählten immer noch mehr als ich.

Ich hatte auch daran gedacht, Di Cristina einen Besuch abzustatten; er war es ja gewesen, der mich zum Doktor geschickt hatte. Aber ich war nie seine «Sache», also einer seiner Männer gewesen. Was hatte ich mit Riesi zu schaffen? Wenn er wollte, hätte er so tun können, als kenne er mich nicht. Er hätte auch noch Schlimmeres tun können. Aus Freundschaft zum Doktor hatte er mich nach Corleone geschickt; aus Freundschaft zu Liggio hätte er etwas anderes tun können. Was wußte ich, ob die beiden dicke Freunde waren?

In Wirklichkeit war Francesco Di Cristina ein Ehrenmann vom alten Schlag, wie es in Sizilien keine mehr gibt. Er billigte das Blutvergießen nicht und hatte es seit jeher verstanden, sich auch ohne handgreiflich zu werden Respekt zu verschaffen; so war es in den alten Zeiten üblich gewesen. Aber so gut kannte ich ihn nicht, das konnte ich nicht wissen.

Ich zog auf dem Land umher. Das Wetter war schön, und ich konnte schlafen, wo ich gerade war. Manchmal ging ich abends auf ein Dorf zu und traute mich mit größtmöglicher Vorsicht hinein. Im ersten Lebensmittelladen kaufte ich, soviel ich konnte, und verdrückte mich gleich wieder. Das war gefährlich: Jedesmal schauten mich alle groß an, denn Fremde erkennt man sofort. Damals war das Leben nicht wie heute. In kleinen Dörfern gab es keine Läden, und wo es welche gab, hatten sie kein Brot, weil die Familien selber backten oder es in den Backstuben kauften, und die waren abends, wenn ich ankam, schon geschlossen.

Während der Erntezeit waren die Patrouillen der Carabinieri auf den kleinen Landstraßen eine weitere Gefahr, und auch Feldhüter sah man viele. Nach und nach hatte ich begriffen, wie ich's machen mußte. Nachts schlief ich, wenn möglich, auf Friedhöfen, weil das die ruhigsten Plätze von der Welt sind. Beim erstenmal ist es schon ein bißchen komisch. Aber ich hatte genug erlebt, um zu wissen, daß die Lebenden gefährlicher sind als die Toten.

Eines Abends war ich in eine Familienkapelle geschlüpft, weil es zu nieseln begann. Am nächsten Morgen, als ich noch schlief, kamen vier Maurer und begannen direkt vor der Tür zu arbeiten. Es war einer von den Septembertagen, die einem das Gefühl gaben, es wäre Juli, und ich kam dort drinnen um vor Hitze und Gestank. Da war das leere Faß auf dem Bauplatz, in dem ich mich versteckt hatte, noch besser gewesen. Statt heimzugehen, setzten sich die Maurer mittags unter eine Zypresse zum Essen hin.

Durch einen Spalt in der schmalen Tür sah ich ihnen zu. Sie hatten frisches Brot, Mortadella, Käse, Obst – und Wein: eine Flasche pro Kopf. Vor lauter Verzweiflung und Hunger kam ich auf eine Idee: Ich würde mir das Gesicht mit Gips einschmieren, mich nackt ausziehen und mit einem Totengesicht und ausgestreckten Armen rausgehen. Wie die wohl gelaufen wären! Und ich hätte auf ihr Wohl essen und trinken können und dann verduften. Aber das war Blödsinn, und schließlich blieb ich bis sechs Uhr abends drinnen still im Dunkeln sitzen. Am Schluß hatte ich solchen Durst, daß ich mich in ein Schilfdickicht schlug und mitten unter Fröschen und Kaulquappen stehendes Wasser schlürfte.

Als das Wetter schlechter wurde, wechselte ich von den Friedhöfen zu den Kirchen. Die kleinen Dörfer hatte ich jetzt hinter mir gelassen, und in den größeren Gemeinden gab es Kirchen in Hülle und Fülle. Damals waren sie alle unverschlossen. Am Abend ging ich hinein, ohne mich von jemanden sehen zu lassen. Drinnen war es immer das gleiche: Ein paar alte Frauen warteten auf die Beichte, ein paar Kerzen brannten, und der Rest lag im Dunkeln. Ich legte mich hinter einen Altar und ließ den lieben Gott einen guten Mann sein. Beim Hinausgehen paßte ich auf, aber nur einmal bemerkte mich der Kirchendiener; er muß aber ein halber Blödian gewesen sein, weil er anfing zu lachen und nichts sagte.

Auf diese Weise kam ich in halb Sizilien herum. An Hungerleider-Orte wie Santa Elisabetta, Petralia, Delia und Contessa Entellina erinnere ich mich noch heute. Sie waren schlimmer als das Dorf, in dem ich geboren bin. Am längsten geblieben bin ich in Canicattì, in der Provinz Agrigento: ungefähr drei Monate. Eine Nacht hatte ich in der Kathedrale geschlafen, die statt auf der Piazza in der Ortsmitte an einem kleinen, wenig besuchten Platz steht. Am nächsten Morgen hatte ich gegenüber der Kirche einen Palazzo mit einem verwilderten Garten gesehen. Als ich am Abend wieder daran vorbei kam, brannte kein Licht.

Man kam leicht hinein und wieder raus, weil an dem Platz niemand wohnte; wenn es dunkel wurde, war er wie leergefegt. Zur Sicherheit zerschlug ich die Birne der einzigen Straßenlaterne, und damit hatte sich's. Dann kaufte ich reichlich Vorräte und konnte mir – endlich einmal wieder – eine Art Bett zurechtmachen. Das einzige Problem waren die großen, dürren Ratten; sie hatten die Gaben Gottes seit wer weiß wie langer Zeit nicht mehr zu Gesicht bekommen und stürzten sich auch bei Tag und wenn ich daneben saß auf meine Sachen. Sie hatten kein bißchen Respekt! Wenn ich nichts unternahm, würden sie mir auch die Pistole auffressen. Ich mußte Gift kaufen; dabei war's nicht mal mein Haus.

Inzwischen schmolz meine Barschaft dahin. Dann war da

noch das Problem mit Weihnachten. Wenn ich mich nicht blicken und auch nichts von mir hören ließ, mochten sie sich daheim etwas zusammenreimen. Aber genau das war die Gefahr. Wo findet man jemanden, den man sucht, mit Sicherheit? An Weihnachten zu Hause. Ich überlegte und überlegte, und schließlich fand ich eine Art Lösung. Ich schrieb in ein paar Zeilen, daß ich nicht ins Dorf kommen könne, und wünschte frohe Weihnachten. Dann ging ich zum Postbus nach Agrigento und sah mir die Gesichter der Leute an. Einer davon war angezogen wie die Bauern, wenn sie in die Stadt fahren. Er war ungefähr fünfundfünfzig oder sechzig. Ich bat ihn um den Gefallen, gleich bei seiner Ankunft in Agrigento diesen Brief aufzugeben, weil ich nicht wolle, daß gewisse Leute meinen Aufenthaltsort erführen. Aber der Mann ließ mich gar nicht ausreden und faßte mich beim Handgelenk.

«Ich habe verstanden. Machen Sie sich keine Sorgen.»

Ich hätte dasselbe getan, wenn mich einer drum gebeten hätte.

Am zweiten Weihnachtsfeiertag verließ ich das Haus mit dem kleinen Garten. Zu dieser Zeit erwartete mich im Dorf niemand. Da meine Eltern Analphabeten waren und sich Briefe von jemandem vorlesen lassen mußten, wußten schon viele davon. Ich wollte einen Tag bleiben und dann wieder fahren. Der Plan war gut, aber die Reise endete, noch bevor sie begonnen hatte. Als ich um die erste Ecke bog, kamen mir zwei gestiefelte Carabinieri mit umgehängtem Gewehr entgegen; sie waren auf Streife. Ich hatte mich gerade rasiert, aber meine Haare waren lang, und ich sah ungepflegt aus. Sie blieben stehen und schauten mir nach, dann riefen sie mich zurück.

«Du da, hast du einen Ausweis?»

Ich hatte einen. Sie durchsuchten mich und fanden die Pistole. Das muß man gesehen haben, wie sie sich freuten, die jungen Burschen. Aber als ich ihnen den Waffenschein zeigte, standen sie da wie begossene Pudel. Sie wollten ihren Augen nicht trauen: Wieder und wieder verglichen sie das Foto mit meinem Gesicht. Am Schluß nahmen sie mich mit in die Kaserne. Der Brigadier war Neapolitaner und konnte sich einfach nicht damit abfinden, Weihnachten in Canicattì zu verbringen, wo er doch Meer und Vesuv gewohnt war. Er wollte wissen, warum ich eine Pistole trug.

«Schauen Sie sich die Genehmigung an: Wer hat sie unterschrieben? Der Bürgermeister, der Präfekt, der Polizeipräsident? Die müssen Sie fragen, warum sie sie mir gegeben haben.»

«Und du, warum hast du sie haben wollen?»

«Geht Sie nichts an.»

Er gab mir eine Ohrfeige. Keine große Sache. Er hielt mich für einen jungen Burschen und glaubte, er könnte das machen. Aber die Zeit der Ohrfeigen hatte ich schon hinter mir. Ich sagte zu ihm:

«Sehen Sie, wozu ich die Pistole brauche, Brigadier? Sie haben Ihre Uniform, aber was wäre ohne die...»

Sie warfen mich in die Arrestzelle. Vielleicht wollten sie Auskünfte einholen, und wenn die Sache länger dauerte, konnte es gefährlich werden. Daraus habe ich gelernt, daß es manchmal besser ist, auf Herausforderungen nicht zu reagieren. Hätte ich geschwiegen, was hätten sie mir schon tun können? Ich war nicht vorbestraft, und die Pistole war regulär angemeldet. Nach einem Tag hätten sie mich, ob sie wollten oder nicht, auf freien Fuß setzen müssen.

So dagegen dauerte es fast eine Woche – es lebe die Gerechtigkeit –, und aus Angst davor, wie Pisciotta zu enden, aß ich ab dem dritten Tag nurmehr ein Stück Brot und trank nichts. Aber das waren nur böse Gedanken. Es geschah nichts weiter, und schließlich ließen sie mich frei. Der Brigadier ließ sich nicht blicken. Draußen war es bestialisch kalt, und der Nordwind blies.

Weil Silvester war und keine Hoffnung bestand, daß ich

noch ins Dorf kam, wollte ich schon in das Haus zurückkehren, wo ich diese ganze Zeit verbracht hatte. Aber genauso wie der Brigadier hatte auch ich von Canicattì die Schnauze voll. Und weil das Glück mit den Verrückten ist, bekam ich eine Mitfahrgelegenheit in einem dieser alten Lkw mit der langen Motorhaube. Der Fahrer war ein rechtschaffener Christenmensch und hatte es eilig, zu seiner Familie heimzukommen. Er gab mir von seinem Wein zu trinken, erzählte mir seine Sorgen, und schließlich setzte er mich in einem Dorf ab, das etwa 15 Kilometer von meinem entfernt lag. Drei Wegstunden, wenn man gut zu Fuß war.

Um Mitternacht ging ich los. Ich dachte an nichts. In diesem Augenblick war die Kälte mein großer Feind: Nur an sie durfte ich denken. Ich hatte zwei Tage lang praktisch nichts gegessen, und den Schluck Wein von dem Lastwagenfahrer hatte ich schon auf dem ersten Stück Weg wieder ausgepinkelt. Man sah gar nichts. Abwechselnd fluchte und betete ich, während ich ging, aber weil beides nichts half, fing ich an zu singen. Auf dem ganzen Weg ließ sich kein einziges Auto blicken. Nirgends in der Gegend war ein Licht zu sehen, und auch das Dorf hoch oben war kaum zu erkennen.

Als ich den Aufstieg begann, blies der Nordwind fürchterlich. Ich hatte aufgehört zu singen: Ich konnte die Lippen nicht mehr bewegen. Ich ging mit geschlossenen Augen. Meine Füße lenkten mich. Manchmal legte sich der Wind – das war paradiesisch: Ich legte die Hände über dem Mund zusammen und pustete mit aller Kraft, die ich noch hatte, hinein. Dann blies der Wind von neuem und stärker.

Da ich nicht früh um vier zu Hause aufkreuzen konnte, hatte ich beschlossen, den Rest der Nacht in einer alten, seit Jahren verlassenen Lagerhalle zu verbringen, die am Dorfeingang stand. Ich konnte es kaum erwarten, mein Silvester inmitten all des alten Strohs zu feiern: Wie ein seidenes Bett mußte es mir vorkommen!

Aber die Lagerhalle war nicht mehr da. Ob sie eingestürzt

oder abgebrannt war, weiß ich jetzt nicht mehr. Ich stand davor und schaute auf die Reste der vier Grundmauern. Dann setzte ich meinen Weg fort. Ich mußte lachen, wenn ich daran dachte, welches Ende es mit mir genommen hatte: Noch bis Anfang August hatte ich Geld in der Tasche gehabt, zwei elegante Anzüge besessen und in Palermo in den Restaurants am Strand gespeist. Dann aber fand ich einen windgeschützten Hof und kauerte mich in einer Ecke nieder. Sobald es hell wurde, machte ich mich auf den Weg nach Hause. Auf der Erde lag hier und da ein kaputter Teller, wie man sie zu Silvester aus den Fenstern wirft.

Als ich klopfte, hörte ich die Stimme meines Vaters fragen, wer da sei, aber als ich antwortete, öffnete mir meine Mutter.

«Giovannino!»

«Der Herr segne euch.»

Sie umarmte mich, wich aber gleich wieder zurück und sah meinen Vater an.

«Fieber hat er.»

Ich blieb eine Woche im Bett. Es war nicht klar, ob es eine Bronchitis oder eine Lungenentzündung war. Manchmal ging das Fieber herunter, und ich sah meine Mutter neben dem Bett sitzen. Wenn er überhaupt da war, tat mein Vater so wie immer. Aber auch er machte sich Sorgen.

Ich träumte, daß zwei oder drei Männer hereinkämen und mich im Bett erschössen. Aber ich konnte nichts dagegen tun: Mein ganzer Wille war weg. Als ich das erste Mal aufstehen und mich auf einen Stuhl setzen konnte, holte meine Mutter aus ihrer Aussteuertruhe etwas heraus, das in ein Taschentuch gewickelt war. Es war meine Pistole.

«Und was ist damit?»

Ich erzählte, daß die Feldhüter auf dem Land das Gewehr benutzten und die in der Stadt die Pistole. Wie die Gemeindepolizisten. Dabei fiel ihr ein, daß mich Giuvannazzu gesucht hatte. Er war der älteste Schutzmann im Dorf. Er hieß genauso wie ich, aber man nannte ihn Giuvannazzu, weil er dick und häßlich war und immer einen langen Bart trug. Ich hatte mir schon gedacht, daß der neapolitanische Brigadier Auskünfte über mich eingeholt hatte, aber damit sie nichts merkte, sagte ich, es handle sich um eine Sache der Meldebehörde.

«Hab ich starkes Fieber gehabt, als er da war? Ich kann mich gar nicht erinnern.»

«Wieso Fieber, er ist Anfang November da gewesen und dann noch mal vor zwei Wochen», sagte meine Mutter.

Ich sagte nichts. Ich nahm die Pistole, die sie auf dem Tischchen liegengelassen hatte, kehrte ins Bett zurück und legte sie unter die Matratze. Giuvannazzu war bekanntlich kein ehrlicher Mensch. Aber wer hätte gedacht, daß er der Judas war, der mich diesen Leuten ausliefern sollte?

«Vielleicht kommt er in diesen Tagen noch einmal, dann kann ich ihn begrüßen», sagte ich. Meine Mutter deckte gerade den Tisch und nickte.

«Nach den Feiertagen, hat er gesagt.»

Ich mußte gleich abreisen. Beim Essen erzählte ich, daß der Herr mich sofort nach Heilig Dreikönig zurückerwarte und daß ich schon zu spät dran sei. Meine Mutter flehte mich mit gefalteten Händen an; sie wollte weinen, aber mein Vater hieß sie still sein.

«Er ist ein Mann und muß arbeiten.»

Aber mit dem Land hatte ich abgeschlossen. Wenn ich mich schon verstecken mußte, wollte ich mich verstecken, wo es mir paßte. Schluß mit Kirchen und Friedhöfen.

Zu allem entschlossen, kam ich in Palermo an. Es war schlechtes Wetter, es regnete, und nicht einmal das Meer war schön an diesem Tag. Aber ich war diesmal nicht als Tourist gekommen. Ich mußte von etwas leben.

Das erste Problem war das Geld, und das war dringend.

Ich brauchte nicht lange, bis ich mich umgeschaut und in Ruhe entschieden hatte, was zu entscheiden war. Ich machte bloß drei Raubüberfälle, alle drei samstags am Spätnachmittag in der Innenstadt. Ich ging in ein Geschäft hinein oder warf einen Blick durchs Schaufenster, sah mir die Lage an, erkundete, wo sich die Kasse befand und was für ein Gesicht der Ladenbesitzer hatte. Von solchen, die allzu entschlossen wirkten, ließ ich die Finger: Für ein paar Lire wollte ich keinen umbringen.

Schließlich knöpfte ich sie mir alle innerhalb von zehn Minuten vor: eine Fleischerei, ein Bekleidungsgeschäft und eine große Bar. Mit Ausnahme des Bekleidungsgeschäfts, wo ich ohnehin mit der Inhaberin allein war, merkten die Kunden in den anderen beiden nichts davon, daß ich meine Arbeit tat. Die Pistole in die Seite, zwei klare Worte, die *pìccioli* in die Tasche und dann geschwind weg, aber ohne zu laufen. In der Pension, wo ich untergekommen war, zählte ich die Geldscheine: Zwei oder drei Monate konnte ich es gut aushalten. Und das genügte mir.

Einen Teil des Geldes versteckte ich, mit dem anderen stopfte ich mir die Taschen voll und ging gut essen. Im Warmen sitzen wie ein Herr, mit einer Flasche Chianti vor mir: Ich konnte es kaum glauben. Und die Nacht schlief ich wie ein Bischof. Das Zimmer war zu klein, aber immerhin war ich allein: die anderen Zimmer hatten zwei oder drei Betten. Die Wirte waren aus Capizzi. Die Signora führte das Haus, und meiner Ansicht nach setzte sie ihrem Mann, der viel älter und ein halber Invalide war, Hörner auf. Dann gab es noch zwei Söhne und die *mamma* ihres Mannes, Za Marannina.

Ich erzähle das, weil Za Marannina mir, ohne es zu wissen, das Leben rettete. Sie war eine gutherzige alte Frau und mochte die Pensionsgäste lieber als ihre Schwiegertochter. Die Leute aus Capizzi haben eine komische Art zu reden: Wenn man ihnen eine Frage stellt, antworten sie mit einer

Gegenfrage. Zum Beispiel fragte ich einmal Za Marannina, wo ihre Schwiegertochter sei, und sie sagte: «Weiß ich das?»

Gut. Tags darauf wollte ich zum Hafen gehen, das Meer angucken und mich nach etwas Günstigem für mich umsehen. Aber ich kannte sie noch nicht, die Palermer. Wenn einer sie anspricht und sie ihn nicht kennen, geben sie nicht mal eine Antwort. Fremde zählen bei ihnen nichts, und ich konnte meinen Dialekt aus dem Landesinneren nicht verbergen. Schließlich kam ich gegen vier Uhr nachmittags in die Pension zurück. Ich hatte nichts ausrichten können, aber ich hatte ein paar Ideen und wollte in Ruhe darüber nachdenken.

Das Wetter war an diesem Tag anfangs schlecht gewesen, aber nach und nach besser geworden. Deshalb war Za Marannina ausgegangen, um ein paar Einkäufe in den kleinen Läden des Viertels zu machen. Wenn es regnete oder der Wind blies, ging sie nicht einmal auf den Balkon hinaus, die arme Frau. Sie kam gerade aus der Bäckerei, und als sie mich vorbeigehen sah, blieb sie stehen.

«Bist du endlich zurück, mein Sohn?»

«Warum?»

Sie sagte, man habe den ganzen Tag nach mir gesucht: zwei gutgekleidete junge Männer. Sie war arglos und ein wenig geistesabwesend, aber sie konnte sich gut verständlich machen und hatte begriffen, daß die beiden keine Polizisten waren. Sie hatten wissen wollen, wie ich aussähe, woher ich käme, ob ich tags zuvor am späten Nachmittag ausgegangen und um welche Zeit ich zurückgekommen sei. Und dann noch, ob ich Freunde hätte, die mich besuchen kämen, oder ob ich immer allein ein und aus ginge. Schließlich hatten sie der Wirtin ein gutes Trinkgeld gegeben und in meinen Sachen herumgewühlt. Vielleicht hatten sie auch das Geld gefunden, aber das konnte Za Marannina nicht wissen. Sie nannte mich immerfort *figghiu*, Sohn, und hielt mich am Arm fest. Sie merkte, daß ich in der Klemme steckte, aber sie begriff nicht warum.

Ich dagegen begriff es, leider zu spät. Mindestens eins der drei Geschäfte, wo ich abgestaubt hatte, mußte unter Schutz stehen, und der Inhaber hatte keine Anzeige erstattet, sondern sich gleich bei den richtigen Personen beschwert. Daß sie mich gefunden hatten, war eine Leistung. Und wenn sie mich jetzt schnappten, war ich tot.

«Sind sie noch in der Pension?»

«Ja, mein Sohn. Sie sitzen in der Küche und essen Oliven.»

Ich konnte nicht zurück. Mir blieb nur der Anzug, den ich trug, die Pistole und ein paar Tausend Lire. Und ich mußte wieder auf die Flucht gehen. Sollte das mein Schicksal sein? Am einen Tag wie ein Herr und tags darauf wie Gesindel? In mir stieg eine solche Wut auf, daß ich am liebsten in die Pension hinaufgegangen wäre und den beiden gutgekleideten *picciotti* mit Pistolenschüssen den Anzug versaut hätte. Aber als ich mich dort eingemietet hatte, war mein Ausweis registriert worden. Welche Hoffnung hatte ich dann noch, ungeschoren davonzukommen? Da hätte ich großen Mist gebaut, und ich habe in meinem Leben aus Unwissenheit oder jugendlichem Leichtsinn viele Fehler gemacht.

Aber Mist gebaut habe ich nie.

Diese Nacht verbrachte ich bei einer Dirne. Da braucht man keinen Ausweis vorzulegen. Dann fand ich einen alten Mann, der an Studenten, Saisonarbeiter und jeden, der ihm über den Weg lief, vermietete. Auch da brauchte man keinen Ausweis.

Aber ich hatte wieder kein Geld und konnte nicht mehr bei den Geschäften anklopfen. Wer nach mir suchte und mich nicht fand, konnte denken, ich hätte die Tapeten gewechselt. Aber wenn ich weitermachte, hätten sie mich früher oder später geschnappt. Darum änderte ich mein System. Abends ging ich in den elegantesten Stadtteilen spazieren. Tag um Tag verging ohne eine Gelegenheit; oder die

Gelegenheit war günstig, aber das Risiko hoch. Schließlich fand ich aber doch immer die richtigen Personen. Ich brauchte ihnen nur die Pistole zu zeigen, das reichte. Ich nahm das Geld und ließ den ganzen Rest zurück. Nur einmal ließ ich mir eine goldene Uhr geben, weil meine kaputt war. Kein Schmuck. Was sollte ich damit anfangen? Ich wußte nicht, wo ich ihn absetzen sollte, und außerdem ist das ein sicherer Weg, sich von der Polizei erwischen zu lassen.

Aber es war nicht nur wegen der Polizei. Eines Abends hatte ich mir am Anfang der Via Empedocle Restivo fast 80000 Lire bei einem alten Ehepaar geholt. Tags darauf stand die Nachricht im *Sicilia*. Ich blätterte die Zeitung in meiner Stammbar durch: Mich interessierten nur der Sport und die Lokalnachrichten aus Palermo. Die alten Leute waren Vater und Mutter eines Ratsherrn: Ich weiß nicht, ob Stadtrat, Provinzialrat oder Regionalrat. In dieser Stadt war die ganze sizilianische Politik versammelt, und ich verstand nichts von solchen Dingen. Jedenfalls waren sie alle außer sich, und die Zeitung berichtete, es werde eine ernsthafte Untersuchung geben; in Palermo könne man nach Einbruch der Dunkelheit nicht mehr ruhig auf die Straße gehen; diese Schande müsse ein Ende haben. Und am selben Abend führten sie dann wahllose Kontrollen und Verhaftungen durch, auch in der Bar, die ich gewöhnlich besuchte.

Während ich las, beklagte sich der Wirt gerade über dieses Thema bei einem, den ich vom Sehen kannte und der Hausmeister in einer Schule des Viertels war. Und der Hausmeister sagte dann etwas, das mich die Ohren spitzen ließ.

«Das ist das Gebiet von Don Antonino Matranga. Da wollte einer unhöflich sein. Du wirst schon sehen, daß er dem jetzt die gehörige Antwort gibt.»

«Hoffen wir's», sagte der Wirt. Ich zahlte und ging.

Ehrlich gesagt, zu der Zeit wußte ich noch nicht, daß die

ganze Stadt in Gebiete eingeteilt war und daß sich ohne die Erlaubnis desjenigen, der in diesem Stadtviertel das Sagen hatte, nicht einmal die Ratten trauten, eine Käserinde anzunagen. Von diesem Matranga hatte ich noch nie etwas gehört; ich wollte keineswegs unhöflich zu ihm sein und wußte nicht, daß das Geld der beiden Alten auch seins war.

Ich zählte meine Barschaft. Wenn ich jede Lira zweimal umdrehte, konnte ich sechs Monate ohne Arbeit leben. Sie sollten mich vergessen, sie sollten denken, ich wäre aus Palermo verschwunden. Und mir sollten diese sechs Monate dazu dienen daraufzukommen, was ich tun konnte. Hoffnungen hatte ich an diesem Punkt aber kaum mehr. Die Stadt war riesig, aber für mich war kein Platz. Überall sah ich neue Häuser, neue Geschäfte, Unternehmen, Baustellen; aber für mich nichts.

Um Palermo herum gab es Hunderte Hektar «Gärten». Ich dachte schon daran, Arbeit zu suchen. Das war etwas, auf das ich mich verstand. Also machte ich mich auf den Weg. Ich ging morgens weg und kam abends zurück. Jedesmal wenn ich eine große Plantage sah, blieb ich stehen und fragte nach, aber es war schwer, die Herren anzutreffen. Entweder war niemand da, oder es ließen sich nur die Wächter und Aufseher blicken. Und ein jeder schaute mich argwöhnisch an. «Wir brauchen niemand», sagte der eine. «Hau ab!» sagte der andere. Die Feldhüter waren die schlimmsten. Manch einer setzte mir die Flinte auf den Leib, um mir Angst einzujagen. Und ich sagte kein Wort. Was konnte ich schon tun? Wenn ich einen verprügelte, machte das sofort die Runde; ich durfte nicht mehr auffallen.

Ich ließ das Land sein und versuchte es mit den Baustellen. Vom Maurerhandwerk verstand ich nichts, aber den Hilfsarbeiter konnte ich ja machen. Und da spielte eine andere Musik. Die brauchten immer Leute und schauten niemandem ins Gesicht. Aber sie zahlten und behandelten einen schlecht. Und wenn einer was sagte, warfen sie ihn sofort raus. An einen palermischen Polier erinnere ich mich noch heute. Er nannte jeden einen Hungerleider und lachte dazu. Er erteilte Befehle, beschimpfte einen und lachte. Ich kümmerte mich nicht darum.

Eines Tages saßen wir alle auf dem Boden und aßen. Der Polier rief mich auf seine übliche Art zu sich und befahl mir, ihm zehn Nazionali-Zigaretten kaufen zu gehen. Ich antwortete nicht. Die Baustelle gehörte den Gebrüdern La Barbera, und er war mit ihnen verwandt. Ich hatte ihn auch einmal in dem Lancia Flavia von Angelo La Barbera sitzen sehen, und man merkte gleich, daß sie auf vertrautem Fuße miteinander standen. Alle hatten aufgehört zu essen und schauten mich an. Als Kind und als Heranwachsender hatte man mich oft mit Kopfnüssen auf kleine Besorgungen geschickt. Aber die Zeiten waren vorbei: Ich war kein Kind mehr, ich war vierundzwanzig Jahre alt. Und es war nicht nur eine Frage des Alters. Diese Zeiten sollten nicht wiederkehren. Hatte ich meinen Vater und meine Mutter allein und ohne meine Hilfe zurückgelassen, um mich von diesem Hundesohn Hungerleider schimpfen zu lassen?

Ich stand auf und ging. Als ich an ihm vorbeikam, tat ich so, als sähe ich nicht, daß er eine nette rote Serviette mit Brot und Mortadella, Wein und einer Birne darauf auf dem Boden ausgebreitet hatte. Ich zertrampelte alles. Die Arbeiter waren aufgestanden, und schon ihretwegen konnte der Polier diese Beleidigung nicht hinnehmen. Er lief mir hinterher und schrie: «Komm her, und ich bring dich um!» Ich drehte mich um, schaute ihn an, die Arme in die Seiten gestützt, und wartete ab, was er sich wohl zutrauen würde. Da wechselte er sein Betragen. Er schrie weiter, spuckte auf den Boden und schwor, daß mich keine Baustelle in ganz Sizilien mehr nehmen würde, daß ich Hunger leiden könne, daß er mich im Schlamm verrecken sehen wolle. Und weil ich mich nicht rührte und ihn weiter anschaute, trat er den Rückzug zum Schuppen des Bauleiters an und verfluchte dabei alle Heiligen, die er kannte, bei ihren Vor- und Familiennamen.

Ich hatte schon lange eine Idee im Kopf. Man durfte so was nicht tun, aber was eben geschehen war, ließ meine letzten Zweifel vergehen. Und so ging ich von der Baustelle weg und geradewegs zum *Hotel Sole*. Ich weiß noch, daß es für Palermo ungewöhnlich kalt war. Noch ein Winter stand bevor, und ich konnte keinen weiteren aushalten. Zu Weihnachten wollte ich ja auch etwas Geld nach Hause bringen. Meine Mutter hatte mir schreiben lassen, daß es schlechte Neuigkeiten gäbe: Das Dach war aufgerissen, und der Maurer hatte eine Unsumme für die Arbeit und die neuen Ziegel verlangt.

Ich fragte nach Francesco Di Cristina. Ein Hotelangestellter sagte mir, man habe ihn lange nicht gesehen, er sei krank. Aber das waren keine mißtrauischen Leute wie die Wächter der «Gärten», und mit der Sorte konnte ich umgehen. Er vertraute mir an, es lägen «Reservierungen» für Ende November vor: Den genauen Tag wußte er nicht. Ich schenkte ihm 500 Lire.

Und endlich kam ein bißchen Glück zu Hilfe. Jeden Morgen postierte ich mich an den Quattro Canti. Ich setzte mich auf die Stufen vor dem Rathaus, von wo aus man die ganze Vorderfront des Hotels überblicken konnte, und wartete. An dem Tag, als er kam, war ich so aufgeregt wie ein kleiner Junge. Vater und Sohn saßen hinten im Wagen. Der Fahrer, ein junger Mann mit hellen Haaren, der wie ein Norditaliener aussah, ließ sie aussteigen und fuhr weiter. Ich ließ mich nicht sofort blicken: Ich wollte abwarten, bis sie sich all ihrer Pflichten entledigt hatten.

Gegen vier Uhr nachmittags kam der Wagen zurück. Da betrat ich noch vor dem Fahrer das Hotel. Di Cristina redete gerade mit Leuten, aber man merkte, daß es nur Geplauder war. Ich ging auf ihn zu. Sein Gesicht wirkte angestrengt und gealtert. Ich küßte ihm die Hand.

«Seid gesegnet, Exzellenz Don Cicciu.»

Er sah mich an und kniff die Augen zusammen. Auch sein Sohn Giuseppe sah mich an, aber er konnte mich nicht wiedererkennen. Die anderen Männer waren abseits stehengeblieben und unterhielten sich weiter.

«Du bist am Leben?»

«Ja, Exzellenz.»

Don Ciccio erklärte Giuseppe kurz, wer ich war und warum er sich wunderte, mich zu sehen. Vor lauter Freude wäre ich am liebsten wie ein Zicklein herumgesprungen: Einen so väterlichen Empfang hatte ich nicht erwartet. Auch weil ich nicht wußte, daß es zwischen der Familie Di Cristina und Liggio keine großen Sympathien gab.

«Und was treibst du jetzt so?» fragte Don Ciccio schließlich.

«Was soll ich schon treiben? Ich habe keinen Doktor mehr. Ich schlag mich so durch...»

«Würdest du gern in Palermo bleiben?»

«Ja, Exzellenz.»

«Dummkopf, hast ja keine Ahnung. Hier sterben die Leute!» rief er aus.

Er gab einem der anderen Männer, die jetzt aufgehört hatten zu reden und zu uns herübersahen, ein Zeichen.

«Dino, komm her, ich möchte dir diesen jungen Burschen vorstellen...»

Draußen saß der Fahrer auf einem Kotflügel des Wagens und wartete. Als Vater und Sohn einstiegen und alle die Hände zum Gruß erhoben, sah ich, wie Giuseppe mich durch das halb offene Fenster musterte. Er sah mich fest und entschlossen an, wie es Jagdhunde tun, wenn sie auf ein Dickicht zusteuern, in dem sich ein Rebhuhn versteckt.

Als der Wagen davonfuhr, verabschiedete sich der, den Don Ciccio Dino genannt hatte, von seinen Freunden. Dann wandte er sich mir zu. Er war um die Fünfunddreißig. Auch wenn er nichts sagte, merkte ich, daß er nicht glücklich darüber war, mir vorgestellt worden zu sein. Aber Francesco Di Cristina konnte man nichts abschlagen. Er ging auf dem Bürgersteig auf und ab und fing an, mir Fragen zu stellen. Er wollte wissen, wieso mich der Doktor genommen hatte, was ich nach seinem Tod getan hatte und wie oft ich schon im Gefängnis gewesen war. Ich antwortete, diese Erfahrung hätte ich noch nicht gemacht.

«Was, du bist nicht vorbestraft?»

Man merkte, daß er mir nicht glaubte. Aber ich hatte ein reines Gewissen: Solche Sachen kann man nicht verheimlichen. Schließlich gab er mir eine Adresse, wo er einen Betrieb hatte.

«Laß dich nach den Feiertagen sehen.»

Das hieß, nach Weihnachten, und bis dahin waren es noch mehr als vier Wochen. Aber ich war nicht enttäuscht. An Geduld fehlte es mir nun wirklich nicht.

Kurz vor der Begegnung im *Hotel Sole* hatte ich ein Mädchen kennengelernt. Sie war Kassiererin in einem Grillrestaurant in der Innenstadt, wo ich manchmal hinging, wenn ich bei Kasse war. Freundschaften hatte ich immer im Handumdrehen schließen können, aber mit Mädchen hatte ich keine Erfahrung. Wo hätte ich sie auch kennenlernen sollen, auf dem Gut von Don Peppe? Oder in den Kirchen von Canicattì? Die einzige Zeit meines Lebens, in der ich ein Leben wie ein Christenmensch geführt hatte, war in Corleone gewesen. Aber wenn man damals dort einem Mädchen schöne Augen machte, war das gefährlicher, als zu einem, der gerade sein Messer am Schleifstein wetzt, «Hurensohn» zu sagen.

Sie hieß Nuccia, also Giuseppina. Alle Kunden fingen an, Witze zu reißen, wenn sie zur Kasse gingen. Ich wollte mich davon unterscheiden: Guten Tag, guten Abend und basta.

Aber beim Essen sah ich sie dauernd an, und das hatte sie bemerkt, obwohl sie tat, als sähe sie es nicht. Sie gefiel mir, auch weil ich wußte, daß sie aus einem Dorf in derselben Provinz wie ich kam.

Eines Abends war ich spät gekommen, und sie hatten schon die Rolläden heruntergelassen. Nuccia ging gerade über die Straße. Ich sah, daß ihr einer folgte und sie ansprechen wollte. Als er versuchte, sich bei ihr unterzuhaken, blieb sie stehen, um sich loszureißen, und ich machte zwei Sätze hin zu ihnen. Was für ein schöner Vorwand, ich konnte es kaum glauben.

«Du geh nach Hause; es wird kühl, und du könntest dir einen Schnupfen holen», sagte ich zu dem jungen Burschen. Er war nicht gefährlich: Er trug eine Brille und hatte das Gesicht eines kleinen Jungen. Aber er wollte sich nicht geschlagen geben. Ganz langsam, die Hände in den Taschen, kam er zu mir rüber.

«Wer bist *du* denn?»

«Einer, der dir gleich den Schädel einschlägt.»

Still und brav ging er weg. An der nächsten Ecke drehte er sich um und rief dem Mädchen ein Schimpfwort zu. Dann sauste er los. Ich wollte ihm nach, aber Nuccia bedeutete mir, es nicht zu tun.

«Lassen Sie ihn gehen», sagte sie. Man merkte, daß sie fürchtete, mich zu freundlich zu behandeln und damit vielleicht vom Regen in die Traufe zu kommen. Ich deutete auf den Platz, auf den sie zusteuerte.

«Wenn Sie erlauben, würde ich Sie gern bis vor Ihre Haustür begleiten.»

«Danke, aber ich wohne gleich dort drüben.»

Sie deutete auf ein dunkles altes Gebäude auf der gegenüberliegenden Seite des Platzes. Ich antwortete, wenn es ihr nichts ausmache, wolle ich sie gern trotzdem begleiten.

«Sehr freundlich.»

Modern, aber anständig. So gefiel sie mir.

Aber es waren schwere Zeiten für mich. Das Grillrestaurant war teuer. Also trank ich nur einen Kaffee, und den Weg dorthin ging ich zu Fuß, um das Geld für den Bus zu sparen. Wenn ich konnte, wartete ich abends draußen auf sie, und wir gingen das kurze Stück bis zu ihr nach Hause gemeinsam.

Sie wohnte bei einer Tante. Ihr Vater war gestorben, und weil ihre *mamma* im Dorf nun Witwe mit drei weiteren kleineren Töchtern war, hatte eine in Palermo lebende Tante sie aufgenommen und auch gleich eine Stelle für sie gefunden, weil sie mit der Wirtin des Grillrestaurants befreundet war. Nuccia hatte also freie Kost und Unterkunft und schickte ihr Geld nach Hause, ohne auch nur tausend Lire für sich zu behalten. Ein Mädchen wie aus dem Bilderbuch: eine Seltenheit auch auf dem Dorf, geschweige denn in einer Großstadt wie dieser.

Zu Weihnachten fuhr sie ein paar Tage in ihr Dorf, und ich blieb in Palermo. Ich konnte einfach nicht ohne Geld heimkommen. Außerdem lauerte dort vielleicht noch Gefahr auf mich. Ich schrieb, ich könne nicht weg und werde später kommen, legte mich aber nicht fest wann. Und am Tag nach Heilig Dreikönig stellte ich mich dort vor, wo man mir gesagt hatte.

Die Person, die ich suchte, war nicht da, und weil ich nicht wußte, wie sie mit Nachnamen hieß, schaute mich der Vertrauensmann, der da war, schief an. Er wurde ein bißchen freundlicher, als ich Di Cristina nannte, aber er wollte mir trotzdem nichts sagen. So kam ich am nächsten Tag wieder und das jeden Tag, den ganzen Monat lang. Jetzt war ich wirklich verzweifelt: Ich mußte weitere Überfälle machen, um mich durchschlagen zu können. Beim zweitenmal wäre es um ein Haar schlecht ausgegangen. Der Mann hatte sich gewehrt, und ich mußte ihm einen Schlag auf die Nase geben. Als ich um die Ecke bog, sah ich einen Alfa 1900 von der Polizei kommen; sie waren zufällig in der Gegend unterwegs. Eine Minute später hatten sie den Mann auf dem Boden gefunden, und man hörte schon die Sirene. Ich trat in einen Kurzwarenladen.

Es war kurz vor sieben, und nur die Inhaberin war drin, eine ältere Frau, die um ihr Geld fürchtete. Aber als sie begriff, daß ich das gar nicht wollte, tat sie, was ich ihr befahl: Sie machte den Laden vorzeitig dicht und löschte das Licht. Während wir warteten, erzählte sie mir von ihrem einzigen Sohn, der wegen eines Justizirrtums im Ucciardone-Gefängnis saß: Der Richter sei nämlich ein «Hahnrei». Schließlich wünschte sie mir Glück und sah auf die Straße hinaus, ob die Luft rein war, bevor sie mich gehen ließ.

Endlich ließ sich der Freund von Don Ciccio blicken: Er hieß Bernardo Diana. Ich verlor kein Wort über all die Fahrten, die ich hatte machen müssen, um ihn zu treffen, und er verhielt sich freundschaftlicher, als ich erwartet hatte. Er sagte, er habe das eine oder andere für mich zu tun, wenn ich mich damit zufriedengäbe. Das einzige Problem sei, daß die Palermer keine Fremden wollten. Aber da ich «Sache» von Don Peppe Genco Russo und dann von Doktor Michele Navarra gewesen sei, da ich von Don Ciccio Di Cristina empfohlen worden wäre und den Ruf eines verläßlichen *picciotto* hätte, könne man bei mir eine Ausnahme machen. Wenn ich mich zufriedengäbe.

«Ich bin's zufrieden.»

In der Via Villagrazia gab es eine Billard-Bar. Jeden Morgen mußte ich dort hinkommen, um zu erfahren, ob es etwas zu tun gab.

«Die Regeln muß ich dir nicht erklären, weil du sie in Corleone gelernt hast. Hier gelten dieselben. Unsere eigenen Regeln dagegen sage ich dir jedesmal, wenn es nötig ist.»

Er gab mir sofort etwas Geld. Nicht viel, aber zu der Zeit bedeutete es für mich das Leben. Er bot mir auch einen Kaffee an.

«Ich weiß, daß es dir nicht gutgeht», sagte er.

Ich merkte, daß er Auskünfte eingeholt hatte. Darum hatte er sich nicht früher blicken lassen. Ich gab zur Antwort, um es etwas besser zu haben, bräuchte ich einen Platz zum Wohnen: Ich wolle mir ein Zimmer in der Stadtmitte suchen. Er lachte.

«In der Stadtmitte? Ja, vielleicht im *Politeama*-Theater, mitten auf der Bühne. Weißt du, hier sind wir nicht in Corleone, wo Hunde und Katzen im selben Bett schlafen. Das hier ist deine Stadtmitte. Hier sind Wohnung, Freunde und Arbeit. Hast du verstanden?»

Siebzehn Monate lang war ich Waise gewesen. Jetzt hatte ich wieder eine «Familie».

7

Im Nu vergingen zwei Jahre. Ich arbeitete als Besorger, aber es waren keine Vertrauensaufträge wie die, die mir der Doktor übertragen hatte. Ich ging zur Stadtverwaltung und sprach mit befreundeten Beamten. Es handelte sich um Gewerbescheine, Genehmigungen oder Bestätigungen: Verwaltungsdinge.

Mein Gehalt bezog ich von einem Textilgeschäft, wo ich als Bote geführt wurde. Eine Wohnung hatte ich im obersten

Stockwerk eines alten Gebäudes gefunden. Es war nur ein einziges Zimmer, aber schön groß und mit einer Terrasse, die ich ganz für mich allein hatte. Im Sommer kochte ich auf einem Gasöfchen draußen und dachte an die Zeit, als mein Vater, meine Brüder und ich uns auf dem Feld das Essen gemacht hatten. Bloß schlief ich damals nach dem Essen auf dem blanken Boden mitten unter Ameisen, und jetzt hatte ich eine schöne Wollmatratze und immer frische Bettwäsche.

Ein Jahr brachte ich so zu, dann bekam ich langsam andere Arbeit. Diana sah ich nur gelegentlich, und jedesmal gab ich ihm respektvoll zu erkennen, daß ich einiges mehr könnte, sie brauchten mich nur auf die Probe zu stellen. Er sagte entweder gar nichts oder riß Witze und zog mich auf. Aber einmal gab er zur Antwort, ich sollte auf meinem Platz bleiben und ihm nicht auf die Nerven gehen. Und das war kein Witz.

Aber eines Tages schickten sie mich auf eine Baustelle an der Straße nach Messina. Wer heute auf den Monte Pellegrino steigt, sieht eine Stadt von der Art New Yorks vor sich. Damals war da aber noch gar nichts; die stärksten «Familien» waren gerade ins Bauwesen eingestiegen und rauften sich um Baugenehmigungen und Bauland. Manchmal kamen als erste Hilfsarbeiter und Poliere daher und wollten Bauunternehmer spielen. Wenn es um kleinere Arbeiten ging, brauchten sie bloß ihre «Abgabe» zu zahlen und konnten zu bauen anfangen. Ging es aber um größere Dinge, mußten sie sich mit Baufirmen zusammentun, die was zählten, und in gewissen Fällen das Baulos abtreten.

Diese Regeln hat mir keiner erklärt, aber schon beim erstenmal, als sie mich auf eine Baustelle schickten, habe ich verstanden, wie die Sache lief. Zuerst ging einer ein Angebot machen. Wurde das Angebot nicht angenommen, ging ich hin, um die «Warnung» zu erteilen. Was danach geschah, weiß ich nicht. Manchmal las ich es aber in der Zeitung.

Ich dachte, sie hätten mich für diese Arbeit ausgesucht, weil ich mich gewandt ausdrücken konnte und überzeugend auftrat. Später habe ich kapiert, daß der Grund ein anderer war: Es bestand immer die Gefahr, daß Grundeigentümer oder Bauunternehmer handgreiflich wurden oder die Pistole zogen und man schließlich bei der Polizei landete; und da konnte einer, der nicht vorbestraft war, leugnen, und sie glaubten ihm eher. Nach und nach hatte ich jedenfalls eine gewisse Erfahrung erworben. Gleich wenn ich der Person ins Gesicht sah, wußte ich, wie ich die Worte wählen mußte. Und wenn bei einem Worte nicht genügten, zeigte ich ihm den Knauf meiner Pistole und schwor bei der Unbefleckten Jungfrau Maria, wenn er auch nur einen Finger rührte, würde ich ihm die Nase wegpusten.

Am Ende lief alles so, wie es laufen sollte. Darum beauftragte man immer mich mit diesen Arbeiten, weil es bei mir nie Komplikationen gab. «Du bist der mit der letzten Warnung», sagte einmal Diana zu mir. Und obwohl er mich damit aufziehen wollte, merkte ich doch, daß er zufrieden war; schließlich war er es gewesen, der mir zum Erfolg verholfen hatte, und ich hatte ihm bei seinen Freunden keine Schande gemacht.

Mit den Grundeigentümern hatte man es immer leichter. Die Leute von den Baustellen waren lauter gefährliche Typen; für einen kleinen Bauauftrag hätten sie ihren eigenen Bruder abgeschlachtet. Die Leute, denen das Bauland gehörte, waren dagegen ganz normale Menschen: Bauern, verarmte Adelige, Geschäftsleute. Sie wurden gleich blaß und wollten mit mir um den Preis feilschen oder auf mich einreden. Sie hatten keine Ahnung von nichts, aber sie waren nicht gefährlich. Man jagte ihnen sogar besser nicht zuviel Angst ein, sonst waren sie fähig, eine Dummheit zu begehen. Ich aber verhandelte mit jedem zu seinem Vorteil. «Mit diesen Leuten ist nicht zu spaßen», sagte ich und ließ durchblicken, daß ich viele anständige Männer in einem

Loch auf ihrem eigenen Grundstück hatte landen sehen. Und über ihnen stand dann kein Grabstein, sondern ein schönes zehnstöckiges Wohnhaus mit Lift und allem Komfort.

Die kamen nicht in die Zeitung, und ich mußte ihnen niemals Manieren beibringen. Auf den Baustellen dagegen hatte ich es manchmal mit jemand zu tun, der steif und fest glaubte, er bräuchte mich nur um die Ecke zu bringen, und seine Probleme hätten ein Ende. Ich erinnere mich noch an alle diese Männer: an ihre Namen und Gesichter. In der Regel sah ich sie nur einmal und dann nie wieder. Viele sind eines gewaltsamen Todes gestorben, vielleicht schon ein paar Tage nach meinem Besuch bei ihnen. Zwei oder drei von ihnen sind berühmt geworden: mit ein paar hundert Wohnungen, Plantagen, Baugründen und Millionen auf Banken und Freunden selbst unter Abgeordneten.

Die ersten zwei Jahre war ich nie bei einer Aktion dabei. Nur einmal habe ich einen Verwundeten *au 'spitaleddu*, in unser Krankenhaus, gefahren. Spätabends saß ich gerade in meiner Stammbar, als ich einen hellgrünen Fiat 600 kommen sah. Am Steuer saß ein gewisser Antonino, der in meinem Alter war. Wir rasten in ein Stadtviertel, das ich nicht kannte. Dort wartete ein anderer, größerer Wagen auf uns; ich weiß nicht mehr, was es für einer war. Unsere Aufgabe war es, *pruvulazzu* zu machen. Das bedeutet soviel wie Staub aufwirbeln: Dann sieht man nichts mehr. Wenn man einen heiklen Transport durchführen muß und Gefahr besteht, daß man auf einen Polizeiposten trifft, fährt ein Wagen voraus und hält sich bereit. Sobald ein Uniformträger aufkreuzt, macht man irgendwas: kommt ins Schleudern oder baut einen kleinen Unfall. Wer achtet dann schon auf das Auto dahinter?

Wir kamen bei einem großen Haus an, das am Stadtrand, schon halb auf dem Land lag. Heute steht es nicht mehr: An allen Ecken und Enden ist gebaut worden. Damals war da ein schöner großer Innenhof mit Treppe und einem angeketteten Schäferhund. Zu der späten Stunde war es dunkel und still. Es gab dort einen Arzt, einen richtigen Arzt mit Praxis und einem Eisenbett für den Patienten. Zwei Frauen waren bei ihm: Eine mußte die Ehefrau sein und die andere eine Krankenschwester. Man merkte, daß sie schon auf uns warteten. Den Verwundeten hatte ich noch nie gesehen: Er war voller Blut, aber weil er wegen der Kälte dick angezogen war, konnte man nicht sehen, wo sie ihn getroffen hatten. Er jammerte wie ein Kind; es war schlimm. Der Doktor und die beiden Frauen kümmerten sich wortlos um ihn. Sie konnten nicht wissen, daß es sinnlos war, seine Wunden zu versorgen, weil man ihn ein halbes Jahr später sowieso umbrachte. Als wir wieder hinausgingen, stupste mich Antonino mit dem Ellbogen.

«Hast du dich da gut umgeschaut, Giovannino?»

«Ja, und?»

«Präg dir diesen Ort gut ein; es kann sein, daß du mal allein herfinden mußt.»

«Komme ich denn rein? Die kennen mich doch gar nicht...»

«Hier kommt keiner zufällig her», sagte Antonino. «Das ist unser Krankenhaus. Hast du je erlebt, daß ein Krankenhaus einem Verletzten die Tür vor der Nase zuschlägt?»

Jede «Familie» in Palermo hatte ihre eigene Notaufnahme. Sie hatten noch viele andere Dinge, aber zu der Zeit brauchte ich noch nicht mehr zu wissen.

Inzwischen hatte ich Nuccia einen Heiratsantrag gemacht. Ihre Tante wußte es schon; sie wollte der Mutter des Mädchens aber nicht vorgreifen, darum erlaubte sie Nuccia bloß, ein bißchen später heimzukommen, wenn ihre Arbeitszeit zu Ende war. Wenn das Grillrestaurant seinen Ruhetag hatte, gingen wir ein Stündchen spazieren, immer nur tagsüber. Ich besuchte mit ihr den Botanischen Garten und die Villa Giulia. Orte für Liebespärchen.

Weil wir noch nicht offiziell verlobt waren, wollten wir unseren Familien noch nichts sagen. Ein paar Monate später konnte ich dann meine Mutter besuchen. Francesco Di Cristina war gestorben, ausgerechnet am Namenstag seines Sohnes.

Bei seiner Beerdigung durfte ich nicht fehlen. Don Ciccio war ich wirklich ergeben gewesen. Ein feiner Mensch und Ehrenmann vom alten Schlag. Er hatte mir nicht soviel Gutes erwiesen wie Don Peppe damals in den Jahren auf dem Gutshof. Aber diese Jahre lagen weit zurück. Don Peppe war krank, sah nurmehr schlecht, und die Carabinieri machten Jagd auf ihn. Deshalb wollte ich damals nicht hingehen und meine Ehrerbietung und Dankbarkeit zeigen – in seinem und in meinem Interesse nicht. Aber Don Ciccio Di Cristina hatte mich erst zum Mann gemacht: Er war es gewesen, der mich dem Doktor vorstellte, und später hatte er mich aus der Not gerettet, indem er mich Bernardo Diana vorstellte. Ich mußte ihn um jeden Preis auf den Friedhof begleiten.

Die Zeremonie war noch schöner als die bei Don Calò Vizzinis Begräbnis in Villalba. Dort war vielleicht mehr Respekt zu spüren gewesen, die Verehrung für einen großen Patriarchen. In Riesi habe ich mehr Gefühl gespürt, die Rührung einer ganzen Einwohnerschaft. Don Ciccio zu Ehren wurden Schulen und Behörden geschlossen. Später hörte ich, die Zeitungen hätten das kritisiert und gesagt, es sei ein Skandal, eine Schande für ganz Sizilien.

Was für eine Schande denn! Wäre statt Francesco Di Cristina ein schwuler Bischof oder ein korrupter Bürgermeister gestorben, hätten die Zeitungen nichts dagegen gehabt, wenn das ganze Dorf am Begräbnis teilnahm. Aber so etwas kam auch nicht vor: Die Leute weinen nur um die wirklich feinen Menschen, um die, die allen Gutes getan haben und eines jeden Freund gewesen sind. Deshalb war ich an diesem Tag nach Riesi gekommen. Weil er mir Gutes getan hatte, obwohl er mich kaum kannte und ohne eine Gegenleistung zu verlangen. Solche Leute werden heute nicht mehr geboren. Wozu auch, in einer Welt wie dieser?

Den ganzen Tag lang wartete ich auf den richtigen Moment, um mich seinem Sohn Giuseppe zu nähern. Als der Moment kam, sprach ich ihm mein Beileid aus und fragte, ob er sich an mich erinnere. Er hatte ein gutes Gedächtnis, wie der Verstorbene selig.

«Ich bin in Palermo. Wenn Sie etwas brauchen, finden Sie mich dort», sagte ich. Das ist eine Ehrenregel: Wenn einer Respekt vor dem Vater gehabt hat, muß er den gleichen Respekt dem Sohn bezeigen; jedenfalls, solange der ihn sich verdient. Er schaute mich fest an, wie an dem Tag vor dem *Hotel Sole*.

«Und wie heißt du?»

«Giovannino.»

Am frühen Abend traf ich im Dorf ein, aber es war niemand zu Hause. Von den Nachbarn erfuhr ich, eine Tante von mir sei gestorben, eine ältere Schwester meines Vaters. Also ging auch ich zum Beileidsbesuch, und gegen zehn kamen wir zusammen nach Hause. Es war kalt.

«Du mußt doch nicht gleich wieder abreisen, wie letztes Mal?» fragte meine Mutter. Selbst wenn ich ganze sechs Monate geblieben wäre, hätte sie das nicht zufriedengestellt.

«Morgen muß ich weg.»

Mein Vater sagte nichts. Am Morgen stand er früh auf, wie er es gewohnt war, aber er ging nicht zur Arbeit. Er erzählte mir Dinge vom Land und von den Leuten, die ich kannte, und währenddessen rösteten wir über dem Kohlebecken ein paar Oliven. Vor dem Essen ging er einen Augenblick weg, er wollte zum Sattler. Meine Mutter hatte nur darauf gewartet. Sie sah mich aus der Nähe an und fragte, wie es mir ginge. Sie fand, ich sei mager und abgezehrt, wie eine Eidechse.

«Willst du dir denn gar keine Frau nehmen?»

Das war genau die richtige Frage. Ich fing an zu lachen, und sie lachte auch und strich mir das Hemd auf der Brust glatt.

«Was gibt es denn, mein Sohn. Was ist los? Erzähl es mir.»

«Es gibt schon was», antwortete ich. Ich wollte daheim noch nichts sagen, aber über die paar Worte freute ich mich und meine Mutter ebenso; als mein Vater heimkam und ein Stück Wurst in dem gelben Einwickelpapier, wie es die Fleischer verwenden, mitbrachte, fand er uns beide vergnügt vor.

«Wir sind in Trauer, und ihr lacht?» fragte er. Aber ich kannte ihn und wußte, daß er nicht böse war.

8

1963 war ein schreckliches Jahr. Alles, was geschah, prasselte wie ein Hagelschlag auf mich herunter. Und das Schönste ist, daß ich nichts kapierte, weil ich keine Ahnung hatte, wie die Dinge in Palermo lagen. Ich hörte nur das Gerede von Freunden in der Bar. Aber unter dem Vorwand, sie seien Männer, die etwas für sich behalten könnten, sagten sie nicht viel, weil sie wenig wußten. Heute erst kann ich mir einen Reim auf das machen, was ich damals miterlebt habe.

Im Dezember des Jahres zuvor hatte die Regierung die «Antimafia» erfunden. Wären sie ein paar Jahre früher daraufgekommen, hätte das keiner gemerkt, weil die Dinge gut liefen und Einvernehmen herrschte. Aber 1962/63 war in Palermo der Teufel los. Das Schmuggelgeschäft lief noch, aber das gute Geld wurde jetzt mit der Bauwirtschaft gemacht. Die Stadt wuchs, und Bauland war begehrt. Außerdem gab es die öffentlichen Bauaufträge, und die waren noch besser. Aber da brauchte man Freunde in der Stadtverwaltung, bei der Region oder in Rom. Und wer welche hatte, wollte sie nicht mit anderen teilen.

Im Januar killten sie Totò La Barbera. «Was ist mit La Barbera geschehen?» schrieben die Zeitungen. Ist er tot? Hat er sich versteckt? Wurde er entführt? Und alle suchten ihn. Aber selbst ich, der damals ein Niemand war, wußte, daß man ihn sofort beseitigt hatte. Auch sein Bruder wußte es, weil er wenige Tage später vor dem Haus von Totò Greco ein Auto in die Luft jagen ließ. Bis dahin war Dynamit höchstens verwendet worden, um den einen oder anderen ungezogenen Bauunternehmer zu erschrecken. Aber in den darauffolgenden Monaten mußte eine ganze Anzahl schöner Wagen dran glauben!

In diesem Jahr verhafteten sie auch Don Peppe Genco Russo. Ich weiß noch, daß die Nachricht mich wie ein Schlag ins Gesicht traf. Genausogut hätten sie meinen Vater verhaften können. Mir war bewußt, daß er alt war und nicht mehr viel zählte. Als er ihnen noch hätte zeigen können, was für ein Mann er war, haben sie sich nicht an ihn rangetraut, doch am Schluß haben sie einem halbblinden Rentner Handschellen angelegt. Auch ich war mir darüber im klaren, daß Don Peppe nichts mehr darstellte. Das Geld hatte den Respekt aufgefressen. Weil die Leute seinen Namen aber noch immer kannten, hatte die Polizei ihn ins Gefängnis gesteckt, um ihnen zu zeigen, daß sie Herr der Lage war.

Als der Sommer anfing, überredete mich ein Freund zu meinem ersten Bad im Meer. Er hieß Salvatore, aber man nannte ihn Cascittuni, was soviel heißt wie einer, der zuviel plappert und Sachen sagt, die man nicht aussprechen sollte. Er nahm mich mit nach Mondello. Der Sand war glühend heiß, ich sprang von einem Fuß auf den anderen, und er lachte. Das Wasser war bretteben, sonst hätte ich mich auch nicht reingetraut. Trotzdem schrie ich jedesmal vor Kälte und Angst auf, wenn eine Welle mir gegen den Bauch klatschte.

Von Schwimmen konnte keine Rede sein. Cascittuni, ein gebürtiger Palermer, sprang ins Wasser und zeigte mir, was er alles konnte; ich stand stocksteif bis zum Nabel im Wasser, und er hänselte mich. Wer weiß, mit der Zeit hätte ich es vielleicht lernen können. Aber am 22. Juni brachten sie Bernardo Diana um. Sie erschossen ihn abends, aus einem Alfa Romeo Giulietta heraus, als er mit einem Freund in einem Fiat 500 unterwegs war.

Niemand hatte mit so etwas gerechnet. Den ganzen Tag und die halbe Nacht wurde ich das Gefühl nicht los, es würde wieder das gleiche wie fünf Jahre zuvor in Corleone geschehen: die ganze «Familie» nach und nach niedergemetzelt, ohne jede Möglichkeit zur Verteidigung. Und ich im hölzernen Mantel unter der Erde oder wieder auf der Flucht. Dabei wußte man schon, wer Diana erschossen hatte, und seine Zeit sollte auch noch kommen. Aber das wußte wiederum ich nicht. Und ich wußte auch nicht, wie ich mich verhalten sollte. Ohne Diana war ich wieder zum Fremden geworden. Wenn er die ganze Zeit nicht mit seinen Chefs über mich gesprochen hatte, konnte ich bloß wieder zum Anfang zurückgehen, ins *Hotel Sole*.

Eines Abends in meiner Bar sehe ich einen Mann um die Vierzig aufkreuzen. Ich hatte es mir schon lange abgewöhnt, bloß herumzustehen und den Leuten beim Billardspielen zuzuschauen. Auch wenn ich in Gedanken vertieft war, hatte ich ein waches Auge für Leute, die plötzlich auftauchten; ich gab acht, ob Autos in meiner Nähe anhielten, und ging nie zweimal nacheinander durch eine dunkle Straße. Kurz gesagt, ich gebrauchte meine Augen, wie es sich gehört.

Als er ihn sah, zeigte der Mann an der Theke mit der Nase in meine Richtung, und der andere kam geradewegs auf mich zu.

«Bist du Giovanni?»

Ich antwortete arglos mit ja. Obwohl ich ihn noch nie gesehen hatte, begriff ich sofort, aus welcher Ecke er kam. Seinen echten Namen will ich nicht nennen, weil er heute im Knast sitzt und ich ihm keine zusätzlichen Schwierigkeiten bereiten will. Darum nenne ich ihn Cosentino.

«Also, *picciotto*, paß auf», sagte Cosentino. Und mit ein paar Worten erklärte er mir, was ich zu tun hatte, wo ich ihn finden konnte, wie ich mich verhalten sollte und alles weitere. Soldaten wurden gebraucht, und ich konnte ein wertvoller sein. Mit den Bescheinigungen auf der Stadtverwaltung und den Botschaften für die Baustellen war es vorbei.

Er wollte noch wissen, ob ich Carabinieri, Zollfahnder oder Verkehrspolizisten in der Verwandtschaft hatte. Er wollte damit sagen, ein Mann kann durchaus ehrbar sein, aber wenn er einen faulen Apfel in der Familie hat, weiß man nie, was geschieht. Außerdem wies er mich noch darauf hin, daß es eine Todsünde sei, Ehefrau, Schwester oder Tochter eines Freundes zu bumsen. Einem Mann die Frau bumsen ist wie auf ihn schießen, und man schießt nur auf Feinde oder auf fremde Leute. Auf einen, der dieselbe «Sache» ist wie wir, niemals.

Er fragte noch, ob ich ein Mann sei, der sein Wort hält.

«Wenn du dein Wort nicht hältst, macht uns das gar nichts: Es steht jedem frei, ob er ein Mann oder ein Umfaller sein will. Aber wenn du dein Wort nicht halten kannst, darfst du es auch nicht geben. Wehe, wenn du uns was vormachst. Sag entweder nichts oder nur die Wahrheit.»

Das ist die Moral eines Ehrenmannes. Cosentino wußte, daß ich diese Dinge fest eingeprägt in mir trug. Aber er mußte sie mir trotzdem sagen, weil ich nicht geschworen hatte. Schwüre habe ich erst später miterlebt. Immer bei frischen *picciotti*, die voller Begeisterung waren. Da bekamen es auch die Entschlossensten mit der Angst zu tun, und das ist kein Wunder: Alles spielte sich in einem Zimmer ab, das fast vollständig im Dunkeln lag; man sprach so schreckliche Worte wie der Priester bei der Firmung, und alle Anwesenden schauten finster drein. Aber ein Schwur ist kein Versprechen, wie die *picciotti* glaubten. Ich wußte das, weil ich älter war als sie und weil ich mich auskannte. Er ist eine Drohung. Die da um den Tisch stehen, meinen nicht: Schwöre, für immer treu zu sein. Sie meinen: Wenn du nicht treu bist, wirst du sterben.

Das Gespräch dauerte ganze zehn Minuten. Ich freute mich, aber er gab mir eine Warnung mit auf den Weg.

«Vergiß nie, daß du hier ein Fremder bist. Weißt du, was das heißt?»

«Ich weiß.»

«Wir vertrauen dir», sagte Cosentino, aber ich wußte, daß ich mir dieses Vertrauen täglich gleich nach dem Aufwachen verdienen mußte, noch vor dem Kaffeetrinken.

Aber fürs erste hatte ich im Handumdrehen mein Schäfchen ins trockene gebracht. Jetzt spürte ich wieder festen Boden unter den Füßen: Ich konnte ohne Furcht darauf gehen. Das dachte ich in meiner Unschuld; doch das Schlimmste stand noch bevor. Am 30. desselben Monats geschah der große Mist in Ciaculli: «Noch eine Giulietta ist den Bach runtergegangen», sagte einer, den ich manchmal in der Bar traf.

Bis dahin hatte sich der Staat um seinen eigenen Dreck gekümmert, aber nun fand er es an der Zeit, die Zähne zu zeigen. Alle Welt sprach von dem Gemetzel, die Zeitungen lamentierten und schrien nach Gerechtigkeit. Also begannen sie, Tag und Nacht Fangen zu spielen. Mich kriegten sie ausgerechnet in meiner Stammbar. Sie stopften fünfzehn Leute in einen winzigen Kleinbus, und dann ab aufs Präsidium zu Identifizierung und Verhör.

Es war das erste Mal, daß sie mich verhafteten. Ich machte mir keine Sorgen, und für die Pistole hatte ich meinen Waffenschein. Aber in solchen Zeiten und bei solchen Leuten konnte man nie wissen. Seit in Palermo der Krieg begonnen hatte, hielten sich nicht einmal mehr die Polizisten an die Regeln.

Erst nahmen sie meine Personalien auf. Es war wie Abfragen durch meine Lehrerin: ein Frage- und Antwortspiel. Wenn ich einen Fehler machte, setzte es statt des Stöckchens auf die Finger eine Ohrfeige. Nichts Großartiges, aber bloß mein Vater durfte straflos die Hand gegen mich erheben. Verhört wurde ich durch einen Brigadier und einen *maresciallo*, der raus- und reinlief, weil er in den Zimmern nebenan weitere Kunden sitzen hatte. Dann noch so ein alter Kommissar. «Du bist nicht von hier, du Schuft, warum hältst du für die anderen deinen Kopf hin?» sagte er. Oder: «Du bist intelligent, das sieht man gleich. Ich kann dich fertigmachen oder retten. Das hängt nur von dir ab.»

Weil das nicht funktionierte, setzte es Schläge. Sie waren überzeugt oder taten jedenfalls so, daß ich zusammen mit anderen Bernardo Diana umgebracht hatte, weil er mich bei einem Zigarettenschmuggel nicht zum Kompagnon machen wollte. Weil ich lachte, setzte es noch mal Schläge. Und dann beschuldigten sie mich, einen Wasserwärter namens Corsino um die Ecke gebracht zu haben. Das war der pure Blödsinn, aber ich wußte bei Gott nicht mehr, wo ich an diesem Tag gewesen war und was ich getan hatte. Ich konnte nur leugnen, also wieder Schläge.

Schließlich meinte der *maresciallo* zum Kommissar, am

besten wäre es wohl, mich sofort freizulassen, mir noch freundlich auf die Schulter zu klopfen und sich recht schön zu bedanken, damit meine Komplicen dächten, ich wäre ein Spitzel, und mich sofort umlegten. Der Kommissar hielt das für keine so gute Idee, denn bei allem, was ich auf dem Gewissen hätte, könnte mich nicht einmal der Herrgott persönlich vor ein paarmal «lebenslänglich» bewahren. Das war der einzige Moment, wo ich Angst bekam. Wenn wirklich das Gerücht umging, ich hätte mich ehrlos verhalten, war ich verloren. Sie würden denken: Natürlich, ein Fremder... Aber ich ließ mir nichts anmerken. Ich war inzwischen ziemlich aus der Puste und sagte nur:

«Gut, wenn Sie die Beweise haben, stellen Sie mich vor einen Richter, und damit hat sich's.»

In der Nacht dachte ich an meine Eltern. Beweise hin oder her, wenn ich verurteilt würde, war die arme alte Frau imstande, vor Schmerz und Schmach zu sterben. Und bei meinem Vater brauchte ich mich nicht mehr blicken zu lassen.

Aber statt des Richters kam ein Anwalt daher. Es war mein Anwalt, aber ich hatte ihn noch nie gesehen. Heute ist er ein gefragter Strafverteidiger: 1963 war er etwa dreißig Jahre alt, aber schon sehr tüchtig. Über die Schrammen in meinem Gesicht verlor er kein Wort. Sein Ton war höflich und nie laut, und er trug dauernd die Gesetzbücher mit sich herum, die *articulari*, wie die Palermer sie nennen. Er fragte, ob ein Geständnis vorliege, ob es Augenzeugen gebe. Der Kommissar ließ sich die ganze Zeit über nicht blicken. Am Schluß ließen sie mich ganz ohne Auflagen frei; nur der Waffenschein wurde mir vorübergehend entzogen. Der Anwalt hakte sich bei mir unter und sagte, ich wirke etwas überanstrengt. Ich brauche Ruhe: Zwei Wochen zu Hause würden mir guttun, viel Ruhe, nicht arbeiten und niemanden treffen. «Einsamkeit tut Wunder.»

«Ich habe verstanden.»

«Das ist fein. Brauchst du vielleicht etwas?»

Was sollte ich schon brauchen? Zusammen mit mir hatten sie völlig unschuldige arme Teufel verhaftet und dazu ein paar Lumpen, um die es nicht schade war. Drohungen und Schläge hatten auch sie abgekriegt, aber ich hatte einen Rechtsanwalt, ein Heim und brauchte nicht gleich wieder arbeiten, als ich aus dem Präsidium kam. Ein altes Sprichwort sagt: «Viele Freunde, wenig Sorgen.» Ich hatte viele Freunde – Freunde, die mich auch vor der Justiz schützen konnten. Vor einer Justiz der «Antimafia», die angeblich den flüchtigen Liggio nicht finden konnte und die Staatsfeinde in unseren Bars suchte anstatt in der Stadtverwaltung, und die dann einen Genco Russo ins Exil schickte, der sich nicht mal mehr selber die Nase putzen konnte. Die Leute lasen die Zeitung, sahen die Fotos eines alten Mannes in Handschellen und freuten sich sehr.

Ich erlebte das damals mit, begriff es aber erst sehr viel später, und heute möchte ich darüber reden. Nach so vielen Jahren denke ich nicht mehr an die Schläge. Aber ich denke noch daran, wie ich mich ausgeschlafen habe, als ich zu Hause ankam. Ich ging spätabends ins Bett und wachte erst auf, als es schon wieder Abend war.

Aber man konnte einfach nicht zur Ruhe kommen; gleich nach dem Sommer legten sie in Corleone weitere Männer des Doktors um, die bis dahin davongekommen waren. Einer hieß Streva. Ich dachte, er wäre tot, dabei war er einfach dort geblieben, ganz in der Nähe von denen, die all unsere Kameraden beseitigt hatten.

Das hieß, daß nichts vergessen war, daß die Corleonesen auch nach fünf Jahren noch bei mir anklopfen konnten. Ich sprach mit Cosentino darüber. Er war keiner wie der arme Diana: Er nahm alles ernst.

«Streva und die anderen gehörten zu keiner ‹Familie›. Dich darf keiner anrühren.»

Er redete wie damals der Aufseher auf dem Gutshof. Aber

die Zeiten hatten sich geändert, obwohl nur wenige Jahre vergangen waren. Cosentino und ich kannten uns noch nicht besonders gut, aber bei dieser Antwort konnte ich mir nicht verkneifen zu sagen:

«Dino Diana haben sie aber angerührt.»

«Aber das waren keine Männer.»

«Ehrenmänner?»

«Männer. Manche Dinge sollten nie geschehen und geschehen dann trotzdem. Wurde nicht auch Jesus Christus umgebracht? Hättest du dir so was vorstellen können? Waren das Männer, die ihn ans Kreuz geschlagen haben?»

Ich kapierte nicht ganz, was er meinte, und er war keiner, der einen bei der Hand nimmt und alles kleinweise erklärt. Aber auf seine Art war er ein Ehrenmann vom alten Schlag. Nicht wie Don Calò Vizzini oder Don Ciccio Di Cristina: Er war ein Ehrenmann aus der Stadt. Auch er verachtete die neuen Leute, die keine Prinzipien und Regeln kannten.

Solche wie die Gebrüder La Barbera, die im Zentrum von Palermo das Sagen hatten. Alle fürchteten sie, und um das zu rechtfertigen, sagte man ihnen nach, sie wären verrückt. So verrückt, daß sie sich mit den Grecos von Ciaculli anlegten, die stark waren und zu viele Freunde hatten. Sie seien schuld, meinte Cosentino, wenn gewisse Dinge auf der Titelseite des *Giornale di Sicilia* landeten, während man sie vorher höchstens im Lokalteil hatte lesen können. Und wenn über gewisse Dinge zu viel geredet wird, ist das ein sicheres Zeichen dafür, daß jemand etwas falsch gemacht hat. Deshalb beseitigten sie zuerst Salvatore La Barbera, der jetzt im Beton einer Baustelle der Geraci begraben liegt; danach Angelo, den seine Freunde Anciluzzu nannten und dem sie mit Hilfe von ein paar Gefängniswärtern im Zuchthaus seinen Teil gaben.

Oder Leute wie Michele Cavataio. Man hat mich gelehrt, über Tote nur Gutes zu sagen. Aber der war ein Bluthund; er hatte eine rabiate Art und empfand Vergnügen daran, gewisse Dinge zu tun. Als ich ihn kennenlernte, war er noch mit Pietro Torretta befreundet, und man merkte, daß er um jeden Preis groß herauskommen wollte. Mich würdigte er nicht mal eines Blickes, ich war ein Nichts gegen ihn. Deshalb konnte ich ihn jedesmal, wenn ich ihn traf, in aller Ruhe beobachten. Ich konnte sehr genau hören, was er sagte und wie er es sagte. Dabei wurde mir klar, daß aus mir nie ein großes Tier werden würde.

Nicht bloß, weil ich ein Fremder war. Nicht einmal als gebürtiger Palermer hätte ich das schaffen können. Ich war vernarrt in meine Verlobte, respektvoll gegenüber meinen Eltern, ich wollte der «Familie», die mich aufnahm, treu dienen, ebenso wie damals dem Doktor. Außerdem ging ich gern am Meer spazieren, unterhielt mich gern mit Menschen und tat noch viele andere Dinge gern, weil ich noch jung war und auch, weil das so meine Art ist.

Cavataio habe ich einmal rasend wie ein wildes Tier aus dem Auto steigen sehen, weil ein anderer Autofahrer ihm die Vorfahrt nehmen wollte. Der Mann trug einen Hut und sah aus wie ein Bankangestellter. Er muß über fünfzig gewesen sein. Cavataio hat ihn auf dem Gehsteig zu Boden geworfen und mit Fußtritten fast umgebracht; dabei nahm er nicht mal die Hände aus den Manteltaschen. Und als er es satt hatte, spuckte und schrie er ihn an, er solle die Prügel «auf der Bank umtauschen» gehen.

Ich sah zu und dachte an damals, als der Doktor und Cortimiglia mich nach Palermo gebracht hatten. Auf dem Weg hatte ein Motorradfahrer «Hahnrei!» gerufen, weil wir ihn beinah überfahren hätten. Ich war drauf und dran gewesen, auszusteigen und ihm eins in die Fresse zu geben, aber der Doktor fing an zu lachen, und Cortimiglia hielt mich fest und lachte ebenfalls. «Was soll das, Giovannino, willst du ihn gleich umbringen?»

Cavataio und seinesgleichen kannten weder Freunde noch Meer, noch «Familie». Leute wie die schossen um sich, ganz gleich, ob Frauen und Kinder in der Nähe waren; sie stopften Autos mit Dynamit voll und ließen die Maschinenpistole sprechen, ohne an die Folgen zu denken, die gewisse Dinge für ihre «Familie» und andere «Familien» haben konnten. Männer wie er, Filippo Marchese, die La Barberas und viele andere machten innerhalb weniger Jahre mit der Angst Karriere. Niemand konnte ihnen trauen. Niemand wußte, was sie dachten und was sie taten. Tiere waren sie.

Cosentino behielt recht, keiner kam mich suchen. Ich paßte auf und sah mich immer gut um, aber ich hatte nie den Eindruck, daß ich verfolgt oder überwacht würde. Auch die Polizei hatte mich laufenlassen, und den Waffenschein wiederzubekommen war nicht besonders schwer gewesen. Ich war zwar ein «verdächtiges Individuum», aber es lag nichts gegen mich vor, und ich war nach wie vor nicht vorbestraft. In den ersten Monaten des Jahres 1964 verhafteten sie dann Liggio und viele andere Corleonesen, fast alles tüchtige *picciotti*. Und das verschaffte mir, über Cosentinos Erklärungen hinaus, Ruhe. Ich glaubte nicht daran, daß sie lange im Knast bleiben würden. Aber solange ihr Bett dort drinnen stand, hatten sie ihre eigenen Sorgen und kümmerten sich nicht um mich. Und weil ich jetzt schon auf das dreißigste Lebensjahr zusteuerte, beschloß ich, es wäre Zeit zu heiraten.

Aber davon will ich später erzählen.

Ich begann mir langsam etwas Geld zu verdienen. Das Textilgeschäft hatte ich nach eineinhalb Jahren verlassen müssen, weil es geschlossen wurde. Diana hatte mir dann erlaubt, in die Firma eines Mannes aus Bagheria einzusteigen, die Bleirohre für das Bauwesen herstellte. Ich besuchte die kleinen Baustellen von Leuten, die keine Freunde im Rücken hatten, und erklärte ihnen, daß unsere Rohre besser seien als die der anderen. Leichte Arbeit, wenn auch am Schluß nicht viel Geld raussprang. Dann war mein Teilhaber bei einem Verkehrsunfall mit seiner Lambretta gestorben.

Inzwischen war ich aber schon in Cosentinos Einheit, eine *decina*, übergewechselt, und die Dinge hatten sich gewandelt. Damals blühte in Palermo der Zigarettenschmuggel. Die großen Lieferungen bekam ich nicht zu Gesicht. Sie beauftragten mich höchstens mit den Kontakten und dem Nachschub, und am Ende, wenn alles gut über die Bühne gegangen war und man gute Preise ausgehandelt hatte, erhielt man ein paar Zehntausend-Lire-Scheine als Prämie. Für kleine Lieferungen gab es gelegentlich Ausgang: Die für das Geschäft ausgewählten *picciotti* sprachen sich mit dem Bootsbesitzer ab; er mußte die Kisten draußen auf See abholen und sofort bezahlen. Nur einmal schnappte die Hafenkommandantur einen, und leb wohl, du schönes Geld. Aber gewöhnlich lief es wie am Schnürchen. Der Transport mit dem Lastwagen war immer eine ruhige Angelegenheit, und bei der Ankunft erwartete uns frisches Geld. Es war leicht: Schade, daß man es nicht dreimal die Woche machen konnte.

Ich hatte allerdings weniger Ausgang als die anderen. Cosentino hielt große Stücke auf mich, konnte mich aber nicht bevorzugen; bei solchen Dingen hatten die Älteren und die Palermer Vortritt. Manchmal schickte er mich zu jemandem, der einen verläßlichen Mann für eine «Abrechnung» brauchte. Leichte Sachen. Es ging um Streitigkeiten unter Geschäftsleuten oder Bauern, um Personen, die sich für einen Diebstahl oder eine Beleidigung rächen wollten. Solcher Kram. Preis nach Absprache, und ich durfte alles behalten. Ich verstand es, mich gut bezahlen zu lassen: Ohne zu direkt zu werden, ließ ich durchblicken, es sei eine schwierige, gefährliche Sache gewesen; ich hätte in eine Pistolenmündung geblickt. Aber mehr konnte man nicht tun, um den Preis hochzutreiben: Wenn einer um Schutz bat, auch gegen Bezahlung, mußte man ihn danach wie einen Freund behandeln.

Soviel stand fest, der Krieg war vorbei, und es begannen fette Zeiten für alle. Die Dirnen in der Via Roma kosteten 10000 Lire, und beim Spiel mit den drei Karten wurden sage und schreibe nicht weniger als 1000 Lire pro Einsatz verlangt. Aber ich spielte nicht einmal dieses einfache Spiel. Meine Abneigung gegenüber dem Glücksspiel hatte mich außerdem auf eine gute Idee gebracht. Mit Cosentinos Erlaubnis ging ich zusammen mit einem Freund namens 'Nzino (Vincenzo) in gewisse Bars, von denen jedermann wußte, daß dort um Geld gespielt wurde, und wir taten so, als wären wir Polizisten. Mit Razzien und der Feststellung von Personalien hatten wir Erfahrung: Wir wußten genau, wie man's macht. Vorname, Familienname, und dann wurden die Papiere und das Geld beschlagnahmt. Noch besser war es, wenn es einen zweiten Ausgang gab: Kaum roch es nach Bullen, hauten alle ab. Man hatte sein Vergnügen und tat niemandem unrecht, weil die Spieler x-beliebige Leute und keinen Pfifferling wert waren und die Bars nicht unter Schutz standen. Einmal blieben auf dem Tisch fast 800000 Lire liegen. Mein Geld, das ich auf die hohe Kante gelegt hatte, vermehrte und vermehrte sich.

Außerdem gab ich wenig aus. Ich sah Leute an einem Abend verschleudern, was ich in einem Monat verdiente. Ich konnte so was nicht. Daheim und in meinem Dorf hatte ich zu viel Elend gesehen. Im übrigen dachte ich noch mit Grauen an meine Flucht aus Corleone. Wenn wieder einmal Not am Mann war, konnte ich mich besser verstecken und so lange wie nötig bequemer leben, wenn ich etwas in der Brieftasche hatte.

Aber ich kaufte mir ein Auto, einen gut erhaltenen hellblauen Fiat 600. Wie soll ich erklären, was ein Auto für einen Bauernjungen bedeutet, der noch zehn Jahre zuvor in der Futterkrippe geschlafen und in Salz getunkte Zwiebeln gegessen hat? Jeden zweiten Tag wusch ich es, und wenn ich es unter aller Augen vor der Bar parktc, fühlte ich mich wie der *Cavaliere*, wenn er auf dem Gut auf dem Piano di Maggio ankam.

Das einzige war, daß ich nicht damit ins Dorf fahren konnte. Mein Vater hatte sich schon in Grund und Boden geschämt, als er mich wie aus dem Ei gepellt nach Hause kommen sah. Wie würde es ihn erst treffen, wenn ich mit einem solchen Auto aufkreuzte? Im Dorf sah man schon viele davon: die Angestellten der Gemeinde, des Krankenhauses und der Steuereinnahmestelle hatten eins. Aber ich war dort noch ein Bauer und der Sohn meines Vaters. In dem Hof, wo ich wohnte, hatte man noch nie ein Auto parken sehen. Was würden die Leute sagen?

Ich selber scherte mich einen Dreck darum. Aber einen Dreck darum scheren konnte ich mich in Palermo – im Dorf nicht.

9

Wir heirateten in Cefalù. Nicht in meinem Dorf, weil es zu weit weg war; außerdem schämte sich meine Mutter wegen der armseligen kleinen Wohnung. Auch nicht in Nuccias Dorf, weil man es dort noch nie erlebt hatte, daß sich der Bräutigam zur Hochzeitsfeier an den Wohnort der Braut begab, und wer weiß, auf was für Gedanken die Leute gekommen wären. So sind die Bräuche: in Sizilien hat jedes Dorf die seinen.

Weil es weit war und Reisen viel kostete, waren von mir nur wenige Verwandte da. Meine Schwester Gina wollte kommen, aber ihr Mann konnte nicht von der Arbeit weg. Von Nuccias Seite her kamen hauptsächlich Frauen. Es war eine Frauen-Familie: Sie gebaren lauter Mädchen und blieben dann als Witwen zurück. Wegen all dieser Trauerfälle gingen jung und alt in Schwarz, und die Leute flüsterten, sie brächten Unglück. Ich glaube nicht an diese Dinge, aber nachdem wir uns kennengelernt hatten, fragte ich meine Verlobte einmal in ihrem Dorf, als keiner zuhörte: «Wenigstens vierzig läßt du mich doch schon werden?»

Meine Mutter hatte sich ein neues Kleid genäht; mein Vater trug denselben dunklen Anzug, in dem schon er selbst geheiratet hatte. Manchmal ließ er ihn abändern, aber nach fünfunddreißig Jahren Ehe war seine Statur fast noch die gleiche. Beide freuten sich. Meiner Mutter merkte man es an, weil sie dauernd weinte. Er dagegen markierte den Ernsten. Aber manchmal sah er mich so komisch an. Am Schluß, bevor er in den Mietwagen stieg, umarmte er mich und sagte zu mir:

«Und jetzt warten wir auf einen Enkelsohn.»

Ich hatte etwa ein Dutzend Freunde aus Palermo eingeladen, und Cosentino erklärte sich bereit, mein Trauzeuge zu sein. Zu meiner Hochzeit waren zwei Alfa Giulietta und andere große Autos da. Bei unseren Verwandten hatte ich also etwas hergemacht. Nicht erwartet hatte ich dagegen ein Geschenk von 500 000 Lire. Es kam weder von Cosentino noch von den anderen *picciotti*, die alle, ein jeder nach seinen Möglichkeiten, etwas gegeben hatten. Es kam von einer Person, die ich noch nicht kannte. Ich wußte nicht einmal, daß sie existierte und daß sie in meinem Leben mehr zählte als damals Don Peppe in Mussomeli, Don Ciccio in Riesi und der Doktor in Corleone. Dieses Geschenk war eine Ehre für mich, und als Cosentino es mir heimlich überreichte, war ich gerührt.

«Ich danke von ganzem Herzen», sagte ich nach der Umarmung zu ihm.

«Damit kannst du dich besser einrichten.»

Ein Jahr meines Lebens hätte ich drum gegeben, wenn ich meinen Vater und meine Mutter beiseite nehmen und ihnen dieses Bündel aus lauter neuen Zehntausend-Lire-Scheinen hätte zeigen können. Aber das entsprach nicht den Regeln, und an die habe ich mich sogar vor meinen Eltern gehalten. Ich begnügte mich damit, meiner Mutter etwas zuzustekken, als wir uns verabschiedeten. Aber das tat ich immer.

Wir blieben vier Tage in Cefalù. Am Vormittag Sonnenbaden am Strand, danach ein gutes Essen mit Fisch, nachmittags und abends ein Spaziergang. Das war unsere Hochzeitsreise.

Ich sagte schon, daß der Krieg vorbei war. Seine Auswirkungen sah man aber noch immer. Sie schickten Don Peppe Genco Russo ins Exil, in ein Dorf nach Oberitalien, wo ihn keiner haben wollte. Sie schickten ihn dorthin, wo es nur Respektlosigkeit gibt, nachdem er von allen respektiert aufgewachsen und alt geworden war. Ich habe ihn nicht mehr lebend gesehen und konnte auch nicht zu seinem Begräbnis gehen, als er starb.

Die Justiz verhaftete weiterhin ohne Beweise, nur um zu zeigen, daß sie da war und in Sizilien noch mitzureden hatte. Es waren Leute, die ich dem Namen nach kannte: die Rimi aus Alcamo, Gaetano Filippone und Vincenzo Nicoletti, den ich nur einmal gesehen hatte, in seinem Gebiet in Pallavicino. Außerdem Leute, die ich persönlich oder flüchtig kannte, darunter ein Freund aus meiner Zeit in Corleone, ein gewisser Bonanno. Man sagte, er sei zu den Corleonesen übergelaufen: Deshalb war er so lange am Leben geblieben. Auch von den Corleonesen hatten sie viele geschnappt: Leoluca Bagarella, ein bekannter, tüchtiger *picciotto*, Criscione, Sparacio und andere. Sie verhafteten auch Pietro

Torretta, der mit Cavataio befreundet war und in Palermo eine Machtstellung innehatte. Endlich, ich glaube Anfang Mai, gelang es Polizeipräsident Mangano, Liggio zu schnappen, der sich in Corleone versteckt hielt. Ich erinnere mich noch an das Foto in den Zeitungen: er ganz erstaunt und Mangano stolzgeschwellt wie ein Truthahn.

«Na, Giovannino, jetzt bist du deine Sorgen los, nicht wahr?» wollte Cosentino noch am selben Abend wissen. Er sagte das im Spaß. Meine Sorgen waren damit bestimmt noch nicht zu Ende. Liggio war krank, jedermann wußte, daß er kaum gehen konnte. Aber er hatte zwei starke Arme, und selbst heute, wo er geheilt ist und wieder laufen kann, sind seine Arme noch immer besser als seine Beine. Sein rechter Arm heißt Totò Riina, der linke Bernardo Provenzano. Sie befanden sich schon damals in Freiheit und sind es heute noch immer. Man kann einen Mann sein ganzes Leben lang im Gefängnis festhalten, aber wenn seine Arme draußen sind und sich frei bewegen können, ist es, als wäre er selber auch draußen.

Wie sollte ich mir da keine Sorgen machen?

Wer mich statt dessen wieder verfolgte, waren die Polizisten. Sie konnten es nicht verwinden, daß sie mich fröhlich herumspazieren sahen und keinen Vorwand hatten, mir nette kleine Armreifen zu verpassen. Eines späten Abends kamen sie zu mir zur Hausdurchsuchung. Ich war nicht da. Als ich heimkam, war Nuccia ganz blaß, sie konnte nicht mal weinen, so erschrocken war sie. «Was wollen die denn von dir?» fragte sie mich immer wieder. Und ich machte ihr Mut, riß Witze und meinte, es müsse sich um einen Irrtum handeln, und ich wolle ins Polizeipräsidium gehen und Krach schlagen. Was erlaubten die sich, einfach so in die Wohnung von Leuten einzudringen? Aber sie ließ sich nicht überzeugen; sie merkte, daß da etwas war, und wußte nicht was.

«Wärst du Automechaniker oder Bäcker, wäre die Polizei

nicht gekommen. Was arbeitest du denn eigentlich?» fragte sie. Schließlich beruhigte sie sich ein bißchen und schlief ein, aber im Schlaf wälzte sie sich herum und redete. Vormachen konnte ich ihr nun nichts mehr, deshalb erzählte ich ihr tags darauf, weil ich entlassen worden wäre und keine Arbeit fände, würde ich manchmal halt dies oder jenes schmuggeln, um leben zu können. Sie schwor, sie würde jede Lira hundertmal umdrehen, bevor sie sie ausgäbe, und sie würde sich nichts mehr kaufen. Dann bräuchte ich so was nicht mehr zu machen, um Geld zu verdienen. Und sie ließ mich vor dem Kruzifix schwören, daß ich das Zigarettengeschäft aufgeben würde. Ich mußte lachen, wenn ich daran dachte, daß ich das ruhigen Gewissens versprechen konnte. Mit Zigaretten beschäftigte ich mich schon lange nicht mehr. Frauen sind wie kleine Kinder: Oft stellt schon eine kleine Lüge sie zufrieden.

Damals begriff ich den Unterschied zwischen Freisein und Gebundensein. Cortimiglia hatte es mir schon in meiner Zeit in Corleone gesagt: «Ein Mann der Tat sollte frei sein. Entweder die Frau oder die Pistole.» Ich wußte, daß er damit recht gehabt hatte. Aber, heiliger Gott, keine Frau und keine Kinder – was ist dieser Mann für ein Mann?

Drei Tage vor Weihnachten ließ mir Cosentino mitteilen, ich solle mich den ganzen Nachmittag in der *Eden Bar* zur Verfügung halten. Gegen vier kam einer, den ich kannte. Er hieß Tano, war jung, immer wie aus dem Ei gepellt und redete wenig. Wenn er Freunde antraf, fingen sie an, Billard zu spielen; ansonsten bestellte er ein Bier und betrachtete sich im Spiegel hinter dem Mann am Tresen. Er ließ sich nicht gern auf Gespräche ein. Jedesmal wenn wir uns begegneten, sagte ich *Salutiamo* und er auch. So brauchten wir uns nicht zwischen Du oder Sie zu entscheiden.

Cosentino kam gegen sechs. Zu der Zeit fuhr er einen roten, immer blitzblanken Fiat 128, den man schon von weitem sah. Als ich aus der Bar trat, ging auch Tano hinter mir hinaus. Das war nicht üblich, aber Cosentino hatte schon geparkt und kam uns ganz fröhlich entgegen. Er fragte, ob wir uns kannten, und bevor wir abfuhren, wollte er uns unbedingt den Kaffee zahlen. Zu mir, der ich älter war und vorn saß, sagte er, Tano und ich gehörten zur selben «Familie» und es sei an der Zeit, daß wir einmal eine Arbeit gemeinsam erledigten.

«Ihr habt doch nichts vor über die Feiertage, nicht?» fragte er. Und lachte.

Als er anhielt, um zu tanken, sah ich, daß der Tank noch halb voll war. Es mußte also eine ziemlich lange Fahrt sein. Tatsächlich schlugen wir die Richtung nach Trapani ein. Damals gab es noch keine Autobahn. In der Gegend von Calatafimi ermahnte uns Cosentino, wir sollten still sein und auf die Straße achten, weil wir den Weg auswendig lernen müßten.

Es war die Straße nach Salemi, aber wir fuhren nicht bis dorthin. An der ersten Kreuzung ließ er uns Zeit, uns umzusehen, und an der nächsten Kreuzung wieder. Es war dunkel, und man sah wenig, aber ein Straßenschild, eine Mauer oder ein Baum als Merkzeichen fand sich immer. Die Straße war schmal, und wir begegneten niemandem. Als wir an einem verlassenen Straßenwärterhaus vorbeikamen, hielt der 128er an.

«Für heut abend ist die Spazierfahrt zu Ende», sagte Cosentino. «Das nächste Mal fahrt ihr noch einen Kilometer weiter. Da stoßt ihr linker Hand auf eine kleine Abzweigung. Fahrt noch fünfzig oder hundert Meter weiter und parkt dann, so daß der Wagen von der Straße aus nicht zu sehen ist. Geht zu Fuß weiter, ungefähr einen Kilometer. Dort steht ein Johannisbrotbaum, und am Tag sieht man ein Gebäude. Nachts vielleicht nicht, aber ihr geht nach dem Baum einfach ein Stück weiter hoch. Es ist ein verfallenes Haus mit einem Schafpferch davor. Da wohnt ein Flüchtiger.»

Ich dachte, es müsse einer der Unsrigen sein, der sich mit Erlaubnis derer aus Salemi dort versteckthielte. Offenbar war seine Zeit jetzt um, und vielleicht hatte er nicht die geringste Ahnung davon. Während Cosentino das Auto wendete, sagte er noch, Probleme werde es keine geben.

«Der ahnt nichts und ist ganz ruhig.»

Sobald wir wieder auf der Straße nach Palermo waren, fragte Tano, wann die Sache steige.

«In der Weihnachtsnacht.»

Tags darauf kaufte ich eine Kleinigkeit für meine Mutter und ging auf die Post, um das Päckchen wegzuschicken. Ich wollte eigentlich um Erlaubnis zu einem Besuch im Dorf bitten, aber mit diesem Auftrag war das unmöglich. Ich wußte nicht, ob ich die Arbeit mit meinem Auto erledigen sollte, drum sah ich am Nachmittag alles daran nach, was so nötig ist. Als ich gerade zu Abend aß, riefen sie an und teilten mir mit, sie seien gerade dabei, ein «Unberührtes» herzurichten.

Unberührt ist ein Auto, wenn es benutzt und dann gleich wieder an seinen Platz zurückgestellt wird; sein Besitzer merkt also gar nicht, daß es weggewesen ist. Dafür gibt es die Parkgaragen von Freunden; die wissen genau Bescheid, wann der Besitzer eines bei ihnen untergestellten Wagens verreist ist, wann er zurückkommt und ob inzwischen Gefahr besteht, daß die Frau oder jemand anders das Auto holen kommt. Deshalb kann man mit einem Unberührten bedenkenlos herumfahren. Falls man in eine Polizeikontrolle gerät, kann man erzählen, man hätte es von einem Bekannten geborgt. Sobald es dann wieder in der Parkgarage ist, wird es von den Freunden durchgesehen, aufgetankt und der Tacho zurückgedreht. Ist dagegen was Schlimmes passiert, lassen sie es verschwinden und melden es als gestohlen. Das ist nichts Ungewöhnliches – in Palermo werden Autos sogar aus verschlossenen Garagenstellplätzen gestohlen.

Am Morgen des vierundzwanzigsten schlief ich noch, als

es bei mir klingelte. Ich erwartete niemanden. Ich ging ganz leise zur Tür und sah durch den Spion: Cosentino stand vor der Tür, die Hände in den Taschen und eine Zigarette im Mund. Er war noch nie zu mir nach Hause gekommen. Er war ein geselliger Mensch, gar nicht überheblich, aber unsere Wohnungen betrat er nie.

Nuccia war nicht da. Ich hatte sie in ihr Dorf gebracht, weil es ihrer Mutter nicht gut ging, und ihr versprechen müssen, daß wir den ersten Weihnachtstag gemeinsam verbringen würden. Sie wollte mich schon am Heiligabend bei sich haben, aber ich hatte ihr eine Ausrede erzählt.

«Giovannino, hast du noch geschlafen? Nun gut, heute ist ein Festtag, aber um diese Zeit liegt man doch nicht mehr im Bett, oder?» sagte Cosentino, als er hereinkam. Ich gab ihm zur Antwort, daß ich ausgeruht sein wolle für die Nacht, und er nickte zustimmend.

«Ach, genau, darüber wollte ich mit dir noch sprechen. Heute abend kommt Tano dich gegen acht in der Bar abholen...»

Gegen Mittag fing es an zu regnen. Ich dachte an die kleine Straße, die mitten durch die Johannisbrotbäume führte. Ich dachte an den Schlamm, die Dunkelheit und die Kälte. Schon in Palermo, der Stadt mit dem angenehmsten Klima der Welt, war es kalt: In der Gegend von Salemi schneite es vielleicht. Ich besaß eine dicke Jacke mit einer Kapuze. Aber Stiefel hatte ich keine. In der Abstellkammer mußten noch ein Paar alte Gummistiefel rumliegen; ich hatte sie in einem Geschäft für Militärkleidung in der Nähe der Kathedrale gekauft. Aber sollte ich am Weihnachtsabend in der *Eden Bar* mit Gummistiefeln aufkreuzen?

Tano war pünktlich. Er trug ein wunderschönes Paar Lackschuhe und bloß einen Regenmantel.

«Du bist ganz schön leicht angezogen», sagte ich. Er verzog das Gesicht.

«Wirst sehen, es wird schon noch besser.»

Statt dessen regnete es immer stärker, je weiter wir uns vom Meer entfernten, und die Scheiben waren alle fünf Minuten beschlagen. Tano fuhr zu schnell für solche Straßen, und an der ersten der beiden Kreuzungen fuhr er geradeaus weiter und ärgerte sich dann, weil ich ihn darauf aufmerksam machte. Ich glaube, er war sauer wegen der Lackschuhe.

Als wir zu Fuß weitergingen, hatte der Regen aufgehört, aber der Boden war ein einziger Matsch; man sah nichts, und es war schwer, sich überhaupt auf den Beinen zu halten. Die Gummistiefel hatte ich in einer Plastiktüte mitgebracht und auf der Fahrt angezogen. Tano hatte eine Taschenlampe dabei, aber wir wollten sie erst im letzten Moment anknipsen, erst wenn wir in dem verfallenen Haus waren. Da war noch das Problem mit der Tür, aber Cosentino hatte gesagt, sie hinge nur noch lose im Rahmen: Ein kräftiger Fußtritt würde genügen.

Plötzlich rissen die Wolken auf, und ein Stückchen Mond wurde sichtbar. Das reichte, um zu sehen, wohin man den Fuß setzte; es bestand keine Gefahr, gesehen zu werden, denn eines der beiden Fenster war zugemauert und das andere mit Brettern vernagelt. Dieses verfallene Haus war ein Sarg. Tano schaute mich an.

«Gehen wir?»

Ich antwortete, wir würfen uns besser gemeinsam gegen die Tür. Dann solle er mit der Taschenlampe unser Ziel suchen, und ich würde schießen.

«Es ist besser, wenn wir beide schießen», meinte er und stürmte los. Weil er in beiden Händen etwas hielt, konnte er nur seinen Rücken benutzen. Doch kaum lehnte er sich dagegen, ging die Tür auch schon auf. Drinnen stank es nach nassem altem Heu.

Tano machte die Taschenlampe an und leuchtete alles ab. Ich stand unmittelbar hinter ihm und sah ihn ziemlich gut; aber um wirklich sicherzugehen, packte ich ihn bei einer

Schulter, hielt ihm den Lauf der Pistole in den Nacken und feuerte zweimal. Er flog gegen die Wand, und die Taschenlampe zersprang auf einem Stein am Boden. Ich hatte ein Feuerzeug dabei. Aus Angst, das Heu in Brand zu stecken, hielt ich es ganz hoch. Ich sah kaum etwas, aber trotzdem genug, um erkennen zu können, daß sein halber Kopf weg war.

Glücklicherweise mußte nicht ich den Dreck wegputzen. In Salemi war jemand früh schlafen gegangen, um am Weihnachtsmorgen rechtzeitig mit einem Müllsack der städtischen Müllabfuhr zur Stelle zu sein. Als ich noch jünger war, hatte ich das auch ein paarmal tun müssen.

Kurz vor Palermo hielt ich bei einer Telefonzelle an. Autos voller Leute auf dem Rückweg vom Weihnachtsessen fuhren vorbei, müde und zufriedene Leute. Cosentino meldete sich. Auch bei ihm waren fröhliche Stimmen und Kindergeschrei zu hören.

«Ich bitte um Entschuldigung, wenn ich so spät noch störe, ich wollte nur frohe Weihnachten wünschen...»

«Ah, das ist nett, daß du an mich denkst. Danke, Giovannino. Frohe Weihnachten auch dir und deiner Frau. Und wie geht's, geht es dir gut?»

Ich antwortete, daß es mir gutginge und ich einen schönen Abend verbracht hätte. Vor meiner Haustür stand schon einer von der Parkgarage und wartete auf das Auto. Ich ging sofort ins Bett, weil ich fürchtete, ich hätte mich erkältet; außerdem wollte ich gleich in der Früh zu meiner Frau fahren.

Doch ich war nicht müde. An Tano dachte ich nicht: Den hatte ich kaum gekannt. Er war kein Freund. Ich dachte vielmehr an Cosentinos Trick, an die präzisen Anordnungen, die er mir gegeben hatte. Ich dachte daran, daß man Tano das Auto anvertraut hatte, was soviel hieß wie: Den Vertrauensteil erledigst du. Er mußte ein gefährlicher Kerl gewesen sein, wenn sie sich für eine solche Abrechnung entschieden hatten, anstatt ihn vor seinem Haus abzupassen, wie es sonst üblich ist.

Vielleicht hatte er auch ohne Blut und Aufsehen verschwinden müssen, um alle im Zweifel zu lassen, die ihn am Leben wissen wollten. Tano hatte jedenfalls nichts geahnt, soviel war sicher. Und das war es auch, was mich nicht einschlafen ließ. Tano war schlau, aber er hatte nicht gemerkt, daß man ihn um die Ecke bringen wollte. An seiner Stelle wäre es mir ebenso ergangen. Ich wußte jetzt, daß es auch mir passieren konnte: in der Weihnachtsnacht, am Ostermorgen genauso wie an jedem anderen Tag.

Ich hatte geglaubt, derjenige, der sich in dem verfallenen Haus versteckt hielt, hätte keine Ahnung. Statt dessen war da drinnen gar niemand versteckt, und bloß Tano hatte nichts geahnt. Auch Cosentino hatte ja noch morgens bei mir zu Hause gesagt: «Er ahnt nichts und ist ganz ruhig. Sieh zu, daß du auch ruhig bleibst. Tu so, als wäre in dem verfallenen Haus wirklich ein Flüchtiger. Laß ihn vor dir reingehen und schieß ihm von hinten in den Kopf, damit du ganz sichergehst...»

Das hatte ich getan, und leb wohl, Tano.

10

Als nach meiner Rechnung das Geld reichen mußte, entschloß ich mich, das Stück Land zu kaufen, das an unseres grenzte. Wenn ich daran dachte, nannte ich es *'u setti tùmmina*, weil es genau sieben *tumoli* groß war. Der Bruder des Eigentümers hatte ein paar Bemerkungen fallenlassen; offenbar waren andere benachbarte Grundeigentümer schon an dem Geschäft interessiert. Die Sache eilte also.

Meine Schwiegermutter mußte operiert werden und war

zu uns nach Hause nach Palermo gekommen. Aus verschiedenen Gründen wollte ich Nuccia nicht ins Dorf mitnehmen, und das war die passende Ausrede. Auch meine Mutter fand nichts Sonderbares daran, daß ich ohne meine Frau kam: Bei uns ist es Tradition, daß sich immer die Töchter, ob ledig oder verheiratet, um die gesundheitlichen Angelegenheiten ihrer alten Eltern kümmern. Sie empfing mich gleich mit der Frage, warum bei uns denn keine Kinder kämen. In den drei Tagen, die ich zu Hause war, kam sie wohl zehnmal darauf zu sprechen. Immer wenn wir allein waren. Ich hielt es bald nicht mehr aus.

Ohne zu Hause etwas zu sagen, ging ich den mit dem Grundstück aufsuchen. Er meinte, mit den anderen sei bisher bloß geredet worden, und ich merkte, daß man mit *piccioli* in der Hand gleich zum Abschluß kommen konnte. Bauern brauchen lang für eine Entscheidung und fürchten immer, daß sie einen Fehler machen. Aber er wußte, daß ich in der Ferne arbeitete und wenig Zeit hatte; als er merkte, daß meine Hand schon auf der Brieftasche lag, sagte er ja, und wir tranken ein Glas von seinem Wein. Ich führte meinen Vater zum Notar. Er war eher verwirrt als überzeugt. Er konnte nicht glauben, daß er tags darauf mit seinen Füßen auf diesem Grund – auf seinem Eigentum – herumstapfen würde. Dann schlossen wir mit dem Vermittler ein Geschäft über ein zusätzliches Maultier ab, ein junges, gutmütiges Tier. Meine Mutter weinte vor Freude und machte *pasta e fagioli* mit einem schönen Stück Fleisch drin.

Mein Vater berührte sie nicht einmal. Unnötig zu sagen, daß Männer stets Männer bleiben müssen, was auch immer geschieht. Doch dieser arme Alte, der sein ganzes Leben lang gedient hatte, war von einem Augenblick auf den anderen Herr geworden. Schluß mit dem Elend und Schluß damit, immer bitten zu müssen. Nie mehr würde er sich als Tagelöhner verdingen müssen; wenn er es im Winter einmal nicht schaffte, am frühen Morgen aufzustehen, durfte ihn keiner einen Faulpelz schimpfen. Wie sollte er da jetzt Hunger haben? Er schaute auf die Nudeln und seufzte. Meine Mutter sah ihn an und weinte. Und dazwischen saß ich, den Löffel in der Hand, und wußte nicht, was ich sagen sollte. Dann begann er darüber zu sprechen, was seiner Ansicht nach auf dem neuen Land zu tun sei – angefangen bei der Grenzlinie, die er sofort selbst mit der Hacke beseitigen wollte. Schließlich gingen wir schlafen, aber die ganze Nacht lang wälzte er sich im Bett herum, und manchmal hörte ich meine Mutter sagen, er solle ein bißchen Ruhe geben, damit er einschlafen könne.

Am nächsten Morgen gingen wir zusammen aufs Feld hinaus. Mein Vater hüpfte herum wie eine Heuschrecke – das mußte man gesehen haben. Immer wieder sagte er «Da, schau!» und zeigte mir Dinge, die ich sehr wohl kannte. Auch die Nachbarn waren da, diejenigen, die versucht hatten zu kaufen. Es waren zwei Brüder, einer ständig krank und mit einem Totengesicht, der andere untersetzt und stark wie ein Stier. Man sah ihnen schon von weitem an, daß sie sauer waren. Kaum daß sie uns grüßten. Ich merkte, daß mein Vater betroffen war.

«Euer Gnaden dürfen sich nicht darum kümmern. Die sind bloß neidisch.»

«Ach», sagte er. Er schien nicht überzeugt. Es war das erste Mal, daß jemand ihn beneidete.

Heute kann ich es sagen: Zehn Jahre lang, bis man ihn umbrachte, bin ich der Vertrauensmann von Giuseppe Di Cristina in Palermo gewesen.

Indem ich ihm dankbar war, bewahrte ich seinem Vater ein ehrendes Andenken. Wenn ich allein im Dorf gewesen war, fuhr ich auf dem Rückweg manchmal über Riesi, und wenn er da war, empfing er mich immer. Er war inzwischen ein mächtiger Mann geworden: Es hieß, er sei mit Abgeordneten und Ministern befreundet. Dennoch war er mir gegenüber in keiner Weise überheblich. Im Gegenteil, er sagte, er habe nicht von meiner Heirat erfahren, und wollte mir unbedingt ein Hochzeitsgeschenk machen, auch wenn seitdem schon viel Zeit vergangen war.

Gegen Ende 1968 führte er einmal mit mir ein Gespräch. Er sagte, er brauche mich vielleicht für eine wichtige, höchst vertrauliche Sache. Ich schämte mich in Grund und Boden, weil ich nein sagen mußte. Es ist streng verboten, Dinge außerhalb der «Familie» zu tun. Aber er fing an zu lachen.

«Glaubst du vielleicht, ich will einen Ehrlosen aus dir machen? Ausgerechnet ich? Keine Sorge, Giovannino, dein Chef und ich sind wie Brüder. Ich rede mit ihm, und du wirst sehen, daß er ja sagt.»

«Cosentino?» fragte ich. Wieder fing er an zu lachen.

«Wieso denn Cosentino! Der ist natürlich ein guter Mann. Aber der Chef ist Stefano Bontate, wußtest du das nicht?»

Wer hätte mich einweihen sollen? Ich hatte inzwischen das Leben kennengelernt und stand nicht mehr mit offenem Mund da, wenn ich gewisse Dinge hörte. Aber jetzt war ich sprachlos, und Di Cristina erklärte mir, was Sache war.

Er sagte mir, wer Stefano Bontate war: der Sohn von Don Paolino Bontà, wie ihn alle nannten, den ich als einen der Sargträger bei Don Calò Vizzinis Begräbnis gesehen hatte. Don Paolino habe immer an Diabetes gelitten, und Stefano habe ihn mit einer Hingabe gepflegt, wie man sie bei einem männlichen Nachkommen selten erlebe. Daneben habe er an der Universität von Palermo ein Studium absolviert. Mit zwanzig sei er schon ein tüchtiges Mitglied der Gesellschaft gewesen, so daß die «Familie» ihn zum Chef wollte, als Don Paolino sich wegen seiner Krankheit um nichts mehr habe kümmern können. Das sei ein weiser Entschluß gewesen, denn der junge Mann habe sich als sehr geeignet erwiesen.

Er erklärte mir auch eine Sache, die ich nur halb verstanden hatte. Ich war ein Sonderfall. Ich war Mitglied der «Familie», aber wie eine Art Adoptivsohn. Er sagte genau das, Adoptivsohn. Sie und ich waren nicht dieselbe «Sache», keine «Verwandten». Der Beweis dafür war, daß Stefano mich nicht persönlich kannte und ich nicht einmal wußte, daß er der Chef war. Das stimmte genau. Ich habe nie alle Männer der «Familie» kennengelernt, Cosentino sagte, es seien hundertsechzig. Und nur wenige von ihnen haben sich mit mir abgegeben.

«Hast du verstanden?» fragte Di Cristina schließlich. «Du bist ein Sonderfall. Du zählst weniger als die anderen, bist aber freier. Deshalb sei ganz unbesorgt...»

Ich merkte sofort, daß etwas geschehen war. Etwa einen Monat nach diesem Ereignis brachte mich Cosentino aufs Land, an einen Ort, den ich nicht kannte.

Dort war eine schöne Mandarinen-Plantage, und da war Stefano Bontate. Ich sah ihn zum erstenmal. Sofort bedankte ich mich für das Hochzeitsgeschenk, das er mir geschickt hatte, und konnte dabei meine Augen nicht mehr von ihm abwenden. Er mußte ein paar Jahre jünger sein als ich und hatte eine schlichte, kein bißchen feierliche Art. Er drückte sich noch gewählter aus als der Doktor – wie einer, der wirklich studiert hat, und manchmal gebrauchte er Worte, die ich gar nicht kannte. Auch der alte Fuchs Cosentino zeigte sich ganz besonders respektvoll. Und wenn er gerade etwas sagte, hörte Stefano aufmerksam zu und unterbrach ihn nie. Bei dieser Gelegenheit sagte Cosentino etwas, das mich stolz machte. Er sagte, ich sei ein erstklassiger «Mann der Tat». Stefano antwortete, das habe er gleich gemerkt.

Als ich abends heimkam, lachten meine Augen von allein, und Nuccia fragte mich immer wieder, was denn mit mir los sei. Seit ihre Mutter bei der Operation gestorben war, redete sie wenig und war oft traurig. Und es war noch etwas Schlimmeres geschehen: Sie war endlich schwanger gewesen, aber nur kurz. Im Krankenhaus hatte mir der

Doktor erklärt, sie habe die Gebärmutter eines kleinen Mädchens und werde nur schwer Kinder bekommen können. Zu ihr hatte er nichts gesagt, aber vielleicht ahnte sie etwas, denn sie strickte nicht mehr. Wie hätte ich ihr erzählen können, warum ich an diesem Abend so froh war?

Wenn Di Cristina nach Palermo kam, ließ er mich jetzt manchmal rufen. Wir unterhielten uns, und er stellte mir Fragen, auch über Dinge der «Familie». Aber er fragte ohne Hintergedanken, und seine Freundschaft mit denen aus Villagrazia wurde dann auch immer durch die Tatsachen bestätigt. Er sagte, ich hätte auf Stefano einen guten Eindruck gemacht, und bald schon würde es etwas für mich zu tun geben. Und dieser Tag kam, obwohl meine Rolle am Ende nicht die war, mit der ich gerechnet hatte.

Zu der Zeit liefen große Prozesse. Bücher habe ich nie welche gelesen, aber mit den Zeitungen kannte ich mich aus, und was mich interessierte, ließ ich mir nicht entgehen. In Catanzaro und Bari wurden jedenfalls mehr Leute freigesprochen als verurteilt. Und die Verurteilten waren ausgerechnet Männer, die ihre Schlacht schon vor dem Urteil verloren hatten. Zum Beispiel Pietro Torretta und Angelo La Barbera. Sie auf freien Fuß zu setzen, bedeutete, sie zum sicheren Tod zu verurteilen. Freigesprochen oder nur mit niederen Strafen belegt wurden dagegen Michele Cavataio, Liggio und ein Großteil der Corleonesen.

Nach vielen Jahren in Palermo hatte ich inzwischen einiges kapiert und wußte, daß alle Chefs sich in einem einig waren: Cavataio war verantwortlich für den Krieg von 1963. Als ich erfuhr, daß er draußen war, dachte ich: Der macht's nicht lange. Ein paar Tage darauf hörte ich im Auto ein Gespräch zwischen Cosentino und Mimmo Teresi mit an.

«Jetzt haben wir ihn wieder am Hals», sagte Teresi. Cosentino, der wohl schon etwas wußte, drehte sich um und schaute ihn an.

«Ich weiß schon, wie Leute wie der enden.»

«Ach ja? Wie enden sie denn?»

«Lebendig jedenfalls nicht.»

Etwa zehn Tage später kam dann Di Cristina an, und ein Treffen fand statt. Mit dabei waren Cosentino, Angelo Federico, einer der Unsrigen, den ich nicht kannte, und ein Mann von Di Cristina, den ich schon ein paarmal gesehen hatte. Es wurde eine Aktion gegen Cavataio vorbereitet, und «Männer der Tat» aus allen «Familien» waren beteiligt. Sie sollten sich als Polizisten oder Zollfahnder verkleiden. Di Cristina und Bontate jedoch hatten heimlich vereinbart, ein zweites Grüppchen zu bilden, das die Angelegenheit erledigen sollte, falls die erste Aktion schiefging.

Die zweite Gruppe sollte sich vor Cavataios Haus postieren. Das klang, als wäre es ein Kinderspiel. Wenn er bei der Schießerei entkäme, würde er sich doch wer weiß wo verstecken, wandte Di Cristina ein. Aber meiner Ansicht nach hatte Cosentino recht: Die Mannschaft in Uniform war mit Maschinenpistolen bewaffnet. Ob es nun gut oder schlecht ausginge – das Spektakel würde in ganz Palermo zu hören sein. Nicht einmal ein Schlitzohr wie Cavataio käme auf die Idee, daß eine Viertelstunde nach dem Attentat, wenn es auf den Straßen von Bullen wimmelte, noch weitere Leute bereitstanden und die Sache wiederholten.

«Ihr werdet zu dritt sein», sagte Di Cristina zu mir. «Einer von mir, einer von Stefano und einer von uns beiden, nämlich du. Mach deine Sache gut.»

«Ja, Exzellenz.»

«Ich wollte dich in der ersten Gruppe einsetzen, aber alle meinen, du gehörst zu Stefano, und ich brauche jemanden, von dem man auch weiß, daß er von mir ist. Kennst du Caruso?»

«Nein, Exzellenz.»

«Der ist ein ausgefuchster *picciotto*. Du wirst noch von ihm reden hören.»

Und ich hörte wirklich von ihm reden, allerdings anders, als Di Cristina gemeint hatte. Er war nämlich verschwunden, obwohl er unter Hausarrest stand, und die Polizei vertrödelte ihre Zeit damit, ihn zu suchen. Man hatte ihm den Mund mit Salzwasser gestopft. Ich war aber nicht beleidigt, weil Di Cristina mir einen anderen vorgezogen hatte, sondern fühlte mich sogar geehrt, weil er mir seine Gründe hatte auseinandersetzen wollen. Doch ich bin immer der Meinung gewesen, daß ein Mann nur einen Herrn haben kann, so wie die Hunde, und mein Herr war Stefano. Wenn Di Cristina mir einen Knochen gab, wedelte ich mit dem Schwanz, und wenn er zu mir sagte «Hau ab», ging ich sofort. Aber wenn er und Stefano sich geprügelt hätten, hätte ich sicherlich nicht Stefano gebissen.

Basta. Am Abend des 10. Dezember machten wir es uns in einem nagelneuen, erst kurz zuvor gestohlenen Fiat 125 gemütlich. Es war kalt, aber wir konnten nicht den Motor anlassen, um zu heizen, sonst wäre womöglich jemand auf uns aufmerksam geworden. Eine Unterhaltung kam nicht zustande, weil wir uns nicht kannten. Zigarette um Zigarette verglomm; es wurde neun Uhr. Um diese Zeit war Michele Cavataio bereits tot, und obwohl wir das nicht wissen konnten, dachten wir es uns. Dann kam schließlich, wenn ich mich recht erinnere, Giuseppe Di Franco, um es uns mitzuteilen. Und der Hinterhalt war zu Ende. «Die Bestie», wie ihn die Zeitungen nannten, hatte das Ende gefunden, das sie verdiente. Sie schrieben auch, daß damit Bernardo Diana gerächt sei. Aber das war ein Vorwand, um Stefano die ganze Schuld für die Aktion zuzuschieben. Eine Vendetta erst nach sechs Jahren ist ungewöhnlich. Sie kann vorkommen, aber sie ist ungewöhnlich.

Die Wahrheit ist, daß Cavataio für jedermann zu gefährlich war. Alle waren in Sorge, und keiner wollte ihn am Leben wissen. Ich kann nur sagen: Wenn es wahr ist, daß er die Aktion gegen den armen Bernardo Diana angeordnet hat, dann tut es mir leid, daß nicht auch ich ihm eine Kugel reinjagen konnte. Die Dankbarkeit, die ich für einen empfinde, der mir in einem schwierigen Augenblick geholfen hat, vergesse ich nie. Ich will gar nicht wissen, ob Diana mich nur aufgenommen hat, weil Don Ciccio Di Cristina ihn darum bat. Wäre er nicht gewesen, hätte ich als gewöhnlicher Verbrecher das Gefängnis kennengelernt, und das ist eine Laufbahn, die nie gut endet.

Nach dem Sommer geschah etwas Unerwartetes, das mich in große Verlegenheit brachte. Ich mußte jetzt nicht mehr den ganzen Tag in der *Eden Bar* verbringen und auf Anordnungen warten. Meist war ich mit Cosentino oder mit anderen Freunden unterwegs. Nebenbei kümmerte ich mich um meine eigenen geschäftlichen Dinge in der Stadt: noch immer Zigaretten, einige Läden und eine Firma von Leuten, die Qualitäts-Zitrusfrüchte kauften und nach Deutschland schickten. Und wenn ich konnte, ging ich einen Blick aufs Meer werfen.

Um es kurz zu machen, eines Abends ging ich kurz auf ein Bier in der Bar vorbei. Der Wirt war im Jahr zuvor am Herzinfarkt gestorben, und es war ein neuer, jüngerer da, der aber eine Glatze hatte, darum nannte ihn jeder Testa munnata. Er sagte mir, ein Mädchen habe nach mir gefragt. Sie sei dreimal dagewesen.

«Und wer ist sie?»

«Woher soll ich das wissen!»

Ich ging wieder und dachte nicht weiter darüber nach. Aber am Sonntag darauf sagte er es mir noch mal.

«Ist sie wenigstens hübsch?»

«Und wie!»

Ab und zu dachte ich daran, aber mir fiel niemand ein. Außerdem war das kein Lokal, in das Frauen gehen. Es war nicht einmal eine Dirnengegend. Ein paar Tage später fragte ich ihn bei passender Gelegenheit wieder danach.

«Hast du es noch mal gesehen, das Mädchen?»
«Ich seh es immer noch.»
Ich drehte mich um. Sie saß allein an einem Tisch, und alle schauten sie an, taten aber so, als unterhielten sie sich oder spielten Billard. Ich hatte sie nicht bemerkt, weil ich geradewegs auf den Tresen zugegangen war. Ich ging zu ihr rüber, und alle, die mich kannten, fingen an zu hüsteln und zwinkerten mir zu.
«Haben Sie wirklich mich gesucht, Signorina?» fragte ich höflich. Sie war ein moderner Typ, mit kurzem Haar und geschminkt. In Sizilien nennt man die einfachen, häuslichen Mädchen *facci di mugghieri*, «Ehefrauengesicht»: Man merkt ihnen sofort an, daß sie einen guten Ruf haben und daß sie, wenn sie keinen anständigen Jungen finden, lieber mit gar keinem gehen. Das Mädchen, das hier in der Bar saß, war keine *facci di mugghieri*.
«Können wir uns draußen unterhalten?»
Ich höre es noch heute, das Hüsteln, die halblauten Pfiffe und das Stühlerücken, während ich ihr zur Tür folgte. Wir gingen zu meinem Auto. Ringsum war nichts Ungewöhnliches zu sehen, aber ich war inzwischen auf der Hut. Meines Wissens hatte man für die ernsten Sachen noch nie Frauen verwendet. Aber es gibt immer ein erstes Mal.
Es ging aber um etwas ganz anderes.
«Ich bin die Freundin von Tano.»
Wer hätte damit gerechnet? Sie sagte, sie habe ihn schon lange nicht gesehen und sei sehr in Sorge. Ob ich vielleicht etwas wisse? Damit hatte sie mich überrumpelt; ich wußte nicht, was ich sagen sollte. Schließlich erzählte ich ihr, Tano sei tatsächlich verschwunden, aber wir seien keine dicken Freunde, wieso sie da ausgerechnet zu mir käme?
«Er hat mir selber gesagt, daß Sie gemeinsam ein Geschäft erledigen sollten. Und seither habe ich ihn nicht mehr gesehen.»
Schöne Scheiße! Wenn ich sagte, das sei nicht wahr, und

Tano es ihr aber wirklich erzählt hatte, kam sie sofort dahinter. Wenn ich zugab, daß es stimmte, mußte ich danach noch andere Dinge erklären; und je mehr man redet, desto mehr Fehler macht man, sagt ein altes Sprichwort. Da ich ihr wohl oder übel antworten mußte, erzählte ich ihr, wir hätten tatsächlich etwas gemeinsam abzuwickeln gehabt: eine Lieferung amerikanischer Zigaretten, die sofort bei der richtigen Person abgesetzt werden mußte. Aber dann sei das Geschäft nicht zustande gekommen.

«Dann wissen Sie also nichts?»

«Nein.»

Wir fuhren ganz langsam im Auto dahin und waren in der Gegend der Favorita angekommen. Als sie mich so reden hörte, fing sie an zu weinen. Ich lieh ihr mein Taschentuch und wußte noch nicht mal, wie sie hieß. Sie wollte nicht getröstet werden, und nach und nach beruhigte sie sich von selbst.

«Ich muß ihn finden. Und wenn er tot ist, muß ich wissen, wie er gestorben ist und wer ihn umgebracht hat.»

Ich setzte sie bei ihr zu Hause ab, notierte mir die Adresse und ging sofort zu Cosentino, der sich gerade mit Mimmo Teresi über eine Knieoperation unterhielt, die er machen lassen wollte. Teresi riß gleich seine Witze darüber und sagte, wenn ich wirklich so ein toller Hecht wäre, hätte *ich* dafür sorgen müssen, daß sie Tano vergaß. Cosentino dagegen war sauer. Er konnte es nicht fassen, daß einer wie Tano sich irgendeiner Pute anvertrauen konnte.

«Schau an, dieses Waschweib», sagte er zwei- oder dreimal leise vor sich hin. Teresi machte kurzen Prozeß. Er befahl mir, Auskünfte über das Mädchen einzuholen. Wenn sie sich als Gefahr herausstellte, müsse man Vorkehrungen treffen.

«Wie heißt sie?» wollte Cosentino wissen.

«Lucia. Sie wohnt im Vicolo Castelnuovo.»

«Was für ein Gebiet ist das, Mimmo?»

«Das von Pippo Calò, glaube ich», antwortete Teresi.
«Wo liegt dann das Problem?»
«Wo soll das Problem schon liegen? Sie ist eine Frau.»
Ich hörte zu und war gar nicht glücklich. Wenn es wegen dieser Sache Probleme gab, würde ich sie ausbaden müssen. Das war klar.

11

1971 ist das tragischste Jahr meines ganzen Lebens gewesen. Ich war sechsunddreißig und kam mir vor wie ein Frührentner mit einem ruhigen, sorgenfreien Leben. Und dann wurde innerhalb von ein paar Monaten alles anders.

Es hatte gut angefangen. Die Geschäfte liefen, und es herrschte Ruhe. Ich hatte mir ein anderes Auto gekauft, einen gebrauchten Alfa Giulia, der aussah wie neu. Mit meiner Frau hatte ich eine Abmachung getroffen: Ich brachte ihr das Autofahren bei und sie mir das Schwimmen. Ersteres war kein Problem. Aber was das Schwimmen betraf, so war ich mir ganz sicher, daß ich es niemals hinkriegen würde. Manches lernt man entweder als Kind oder nie. Außerdem mußte ich immer an das Schicksal eines Bekannten von mir denken, der Reitano hieß. Er war im Jahr zuvor an einem Strand an der Straße nach Messina einem Hitzschlag erlegen. Mit dem Meer ist nicht zu spaßen.

Im Mai legten sie den Generalstaatsanwalt Scaglione um. Eine nie dagewesene Sache. Selbst ich als ungebildeter Mensch wußte, daß man von hohen Staatsdienern die Finger lassen mußte. Davon abgesehen, daß Scaglione nicht irgendein Amtsrichter auf dem Land war; er war eine Exzellenz. Mit eigenen Ohren hörte ich Stefano sagen: «Jetzt wird der Unschuldige für den Schuldigen zahlen.» Er meinte, daß durch die Schuld eines Mannes viele, die nichts damit zu tun hatten, mit hineingerissen würden. Wie Jagdhunde stürzten sich die Journalisten auf die Nachricht. Bei jeder Zeile, die ich las, machte ich mir mehr Sorgen. Dieses ganze Spektakel bedeutete Schwierigkeiten, und die konnte ich gerade zu der Zeit nicht brauchen. Nuccia war endlich wieder schwanger, und diesmal schien es zu klappen.

Anfangs machte ich mir Sorgen, weil ich wußte, daß sie mit ihrer Gebärmutter nur schwer ein Kind austragen konnte. Aber als die Wochen vergingen und nichts geschah, dachte ich schon: Soll das heißen, daß ich wirklich Vater werde? Und im stillen lachte ich mir eins. Zur Vorsicht ließ ich meine Frau nicht einmal mehr auf den Balkon gehen. Aus ihrem Dorf hatten wir eine jüngere Schwester von ihr kommen lassen; sie war potthäßlich und darum unverheiratet geblieben. Aber sie war ein gutes Mädchen und kümmerte sich um alles. Und obwohl man zu der Zeit wegen der Sache mit Scaglione in Palermo nicht arbeiten konnte, lebte ich zufrieden vor mich hin.

Doch am 10. Juli kam die Nachricht vom Tod meines Vaters. Mit einem Anruf bat ich um Urlaub und fuhr gleich ab, allein. Wenn ich meine Frau der Strapaze der Reise aussetzte und sie in ein Trauerhaus unter lauter weinende Leute brachte, würde sie sicher das Kind verlieren.

Am Nachmittag traf ich im Dorf ein. Es war ein heißer Tag, und die Straßen waren menschenleer. Mitten in der kleinen Wohnung lag der Tote, so daß kein Platz mehr war. Es roch nach Tränen und Pfaffen. Meine Mutter wirkte wie eine alte Frau von achtzig Jahren. Sie umarmte mich und hielt meinen Kopf ganz fest, wie man es bei kleinen Kindern tut. Verwandte waren kaum da: Manche waren gestorben, andere ausgewandert; es war fast keiner mehr übrig. Meine Schwester traf am nächsten Tag ein, und ich erkannte sie kaum wieder. Einst war sie ein Pfirsich und nun eine vertrocknete Feige. Ihr Mann war nicht mitgekommen, weil sie einem für einen Schwiegervater in der Fabrik nicht so viele Tage Urlaub gaben.

Ich kümmerte mich um alles, was in solchen Fällen zu tun ist, aber ohne unangebrachten Prunk: einfach eine würdige Sache, und dazu ein schöner Sarg aus dunklem Holz. Am Abend darauf war mein Vater schon unter der Erde, und ich konnte es noch nicht fassen.

«Wie ist es eigentlich passiert?» fragte ich alle, die zum Beileidsbesuch kamen. Er war vom Maultier gefallen und auf dem Boden liegengeblieben. Man hatte ihn ins Krankenhaus gebracht, und er schien nicht allzu schwer verletzt. Doch mitten in der Nacht war er dann gestorben. Das Maultier war ausgerissen, und man mußte zwei Tage nach ihm suchen, bis man es fand. Ein solcher Tod war eine Seltenheit, weil Tiere nicht mehr als Fortbewegungsmittel dienten. Alle fuhren mit der Vespa, der Motorhacke oder dem Traktor aufs Feld.

«Er ist gestorben, weil er am Althergebrachten hing», sagte der Priester, der ihn schon viele Jahre kannte.

Meine Schwester fuhr gleich wieder nach Grugliasco zurück. Ich blieb noch kurz, machte mir aber auch Sorgen um meine Frau und ging jeden Abend telefonieren. Aber am zweiten Abend ging niemand ran. Bei der Auskunft meinten sie, es sei keine Störung gemeldet. Ich wählte die verdammte Nummer immer wieder, bis das Telefonamt schloß, dann ging ich heim und zermarterte mir das Hirn, was wohl geschehen sein mochte. Tags darauf fuhr ich früh ab. Meine Mutter mußte sich zusammenreißen, um nicht zu weinen; sie segnete mich immer wieder und küßte mich aufs Haar.

Zu Hause war niemand. In der Wohnung herrschte das reinste Chaos: Das Bett war zerwühlt, alles mögliche lag auf dem Boden. Aber die Tür war nicht aufgebrochen worden, sie war ganz normal zugesperrt, als ich kam. Wie ein Wolf stürzte ich mich aufs Telefon. Cosentinos Frau sagte mir, ihr Mann sei nicht da, und sie wisse nicht, wo er sich aufhalte. Doch als ich mich zu erkennen gab und ihr meine Lage schilderte, fing sie an zu weinen.

«Was, Sie wissen nicht, was passiert ist? Diese gottverdammten...»

Die Journalisten, die immer alles mit einem Etikett versehen müssen, nannten es die «Nacht der Handschellen». Nicht nur in Palermo, sondern in ganz Italien hatte es eine großangelegte Razzia gegeben. Eine Sache, die ganz im geheimen vorbereitet worden war. Große und kleine Namen: einfach alle, die sie finden konnten.

Ein Nachbar sagte, Nuccia sei es gleich übel geworden, als sie zu uns kamen. Sie war mit ihrer Schwester im Krankenhaus. Ich war sicher, daß sie mich verhaften würden, wenn ich hinging. Aber in diesem Augenblick war mir sogar meine Freiheit egal. Ich wedelte mit Geld herum, und in Begleitung von Ärzten und Pflegern bahnte ich mir ohne Schwierigkeiten den Weg. Manche wurden streng bewacht, aber in dem Krankensaal, wo meine Frau lag, waren keine Bullen zu sehen.

Sie sah aus wie eine Leiche und konnte nicht sprechen. Der Doktor ermahnte mich, sie dürfe sich nicht anstrengen.

Bevor ich ging, fragte ich auf dem Flur meine Schwägerin, wie alles abgelaufen war. Sie war eine dumme Gans, die keine zwei zusammenhängenden Worte herausbrachte. Sie hatte sich noch nicht von dem Schrecken erholt. Stammelnd und unter Tränen erzählte sie, sie hätten die Tür mit einem Dietrich geöffnet und wären hereingekommen, als sie beide schliefen. Sie waren mit Maschinenpistolen und Pistolen bewaffnet. Sie hätten sie beide aus den Betten gezogen und alles auf den Kopf gestellt. Sie wollten nicht glauben, daß ich um zwei Uhr nachts nicht zu Hause war. Nuccia hatte ihnen aber nicht gesagt, wo ich war, und sich dafür ein paar Ohrfeigen eingefangen. Sie war hingefallen. Alle schrien ihr Fragen und Beleidigungen ins Gesicht, um sie einzuschüchtern, und ein *maresciallo* verpaßte ihr einen Stoß mit dem Knie, so daß sie nochmals hinfiel. Schließlich kapierten sie, daß nichts zu machen war, und gingen.

Nuccia verlor bereits Blut, aber meine Schwägerin bemerkte es nicht gleich, und im Nu war eine Stunde vergangen. Hätte nicht eine Nachbarin das Rote Kreuz verständigt, sie hätte sie auf dem Fußboden liegengelassen, ohne irgend etwas zu tun. Der zuständige Arzt meinte, sie sei noch in Gefahr, aber es würde schon werden. Doch das Kind war verloren.

Cosentino hatte mir zwei Verstecke gezeigt (sie heißen *pirtusi*, Löcher); eins auf dem Land und eins in der Sadt. Ich wußte nicht, ob sie noch gut waren oder nicht. Mit größter Vorsicht probierte ich es bei dem in der Stadt, einer Neubauwohnung am Viale della Regione. Es waren schon zwei flüchtige Freunde dort. Den ganzen Nachmittag und Abend redeten wir über das, was geschehen war, und tauschten Nachrichten aus. Es hörte sich an wie ein Bericht aus dem Krieg. Später ging ich raus, um einzukaufen und ein paar Zeitungen zu holen. Da stand es in allen Einzelheiten drin: Namen und Städte. In Palermo war die Sache von Oberst Giuseppe Russo organisiert worden. Ich las die Nachrichten laut vor, denn an Schulbildung hatten meine beiden Freunde wenig bis nichts abgekriegt.

In der folgenden Nacht ging ich wieder ins Krankenhaus. Ich wollte es nicht noch mal während der Besuchszeit riskieren. Für ein weiteres Trinkgeld brachte mich der Oberpfleger in den Krankensaal. Aber Nuccia war schon entlassen worden, und in ihrem Bett schlief eine alte Frau mit offenem Mund. Bloß war Heimgehen noch gefährlicher, und anrufen kam nicht in Frage. Deshalb ging ich in mein *pirtusu* zurück, um in Ruhe nachzudenken. Und ich konnte es gar nicht abwarten, das arme Mädchen wiederzusehen. Jetzt war es mit den Lügen vorbei. Ich mußte ihr die Wahrheit sagen und wollte, eines nach dem anderen, die richtigen Worte dafür finden.

Am Nachmittag kam mir eine Idee. Nicht weit entfernt von meiner Wohnung gab es eine Fleischerei. Sie gehörte einer Witwe, Luigina, genannt *'a catanisa*, weil sie aus Catania stammte: eine anständige Frau. Ich hatte ihr mal einen kleinen Gefallen erwiesen, als ihr jüngster Sohn in Schwierigkeiten steckte, und jedesmal wenn sie mich sah, begrüßte sie mich aufs herzlichste. Ich ging hin und sah mich dabei gut um. Einer der Unsrigen, dem ein Zeitungskiosk gehörte, hatte gesagt, alles wirke ruhig, aber für den späten Abend müßte man mit einiger Bewegung rechnen. Kaum stand ich in der Fleischerei, gab ich der Inhaberin Zeichen, daß wir miteinander zu reden hätten. Sie führte mich sofort ins Hinterzimmer.

«Ich muß um einen Gefallen bitten», sagte ich. Ich wolle nur meiner Frau mitteilen, daß ich in Sicherheit sei, und wissen, ob es ihr gut ginge und ob sie etwas brauchte.

«Soll ich ihr ein Stückchen Fleisch mitbringen?» fragte mich Za Luigina und schnitt gleich zwei schöne Scheiben Kalbfleisch ab. Sie wickelte sie in das gelbe Papier, das man damals benutzte, und ging. Ihr Sohn stand an der Theke und drehte Hackfleisch durch, und ich blieb im Hinterzimmer, damit mich kein Kunde sah. Inzwischen dachte ich darüber nach, wie ich meine Verbindungen wiederaufnehmen konnte, ohne jemanden in Gefahr zu bringen. Ob Cosentino verhaftet war oder nicht, hatte ich aus dem Anruf bei seiner Frau nicht erfahren. Es blieb nur, mich mit einem Mann von uns im Polizeipräsidium in Verbindung zu setzen und mir sagen zu lassen, wer im Knast war und wer nicht.

Als Za Luigina zurückkam, standen viele Kunden im Laden; ich dachte, sie würde eine Zeitlang an der Theke bleiben und ihrem Sohn helfen. Statt dessen kam sie aber gleich ins Hinterzimmer und schloß die Tür. Sie war eine dicke, ältere Frau. Den ganzen Weg war sie gelaufen; jetzt mußte sie erst verschnaufen. Mit einer Hand griff sie sich ans Herz, und mit der anderen wischte sie sich den Schweiß von der Stirn. Ich werde nie vergessen, wie sie mich anschaute.

«Tot ist sie!»

Nuccia war im Krankenhaus gestorben, verblutet. Deshalb war ihr Bett frei geworden, nicht weil man sie entlassen hatte. Za Luigina redete auf mich ein, hielt mich am Arm fest und sagte: «Die Arme, die Arme», und alles mögliche. Tränen standen ihr in den Augen. Ich hörte gar nicht zu. Ich rückte die Pistole im Halfter zurecht und ging hinaus.

Erst ging ich daheim vorbei. Die Verwandten waren schon da: lauter Frauen, bis auf den frisch angetrauten Ehemann von einer von Nuccias Schwestern, ein arbeitsscheuer Kerl, der sich von seiner Frau, einer Schneiderin, aushalten ließ. Auch die Tante, die Nuccia in dem Lokal untergebracht hatte, wo ich sie kennengelernt hatte, war gekommen.

«Paß auf, Giovanni: Sie haben zweimal nach dir gesucht», sagte sie, während mich alle umarmten und etwas daherschwätzten. Sie war die einzige ernst zu nehmende Person unter all diesen Fischköpfen. Ich nahm sie beiseite und legte ihr etwas Geld in die Hand. In die Leichenhalle des Krankenhauses konnte ich nicht gehen. Sie mußte alles für mich erledigen. Ich sagte ihr, Nuccia solle in ihrem Dorf begraben werden, wo schon ihre Eltern lagen.

«Sei unbesorgt.»

«Niemand hier darf ihre Sachen anrühren. Außerdem sollen sie alle schnellstens gehen.»

«Sei unbesorgt.»

Sie war eine starke Frau, hatte Format. Nuccia und ich hatten unter ihren Augen miteinander angefangen. Ich weiß noch, wie sie mich musterte, ob ich der übliche Gast wäre, der nur anbändeln will, oder ob es mir ernst war. Sie hatte ihre Nichte wirklich lieb gehabt. Von Nuccias gesamter Verwandtschaft habe ich bloß noch mit ihr Kontakt.

Ich kehrte ins Versteck zurück. Eine Nachricht von Cosentino war eingetroffen: Um zehn Uhr abends sollte ich mich vor der Kirche San Giovanni degli Eremiti einfinden. Die beiden Freunde hatten von ihm schon alles gehört und umarmten mich. Sie wollten mir unbedingt helfen: Ob ich irgend etwas bräuchte? Sie hätten es mir sogar aus dem Büro des Polizeipräsidenten geholt. Als sie merkten, daß ich nur meine Ruhe wollte, ließen sie mich ins Bad zum Rasieren gehen. Ich hörte, wie sie leise miteinander redeten und die Türen vorsichtig schlossen, um mich nicht zu stören.

Es war acht Uhr abends. Ich ging zum Auto und steckte die Pistole zwischen die Vordersitze. Wenn sie mich anhielten, würde ich nicht abhauen. Ich fuhr zum Porto Sant'Erasmo und setzte mich auf eins der Eisendinger, an denen man die Fischerboote festbindet. Es war noch hell, und die letzten Fischer räumten ihre Angelgeräte und Eimer weg. Ich schaute auf das stehende, schmutzige Wasser und dachte über mein Leben nach. Auf einmal hatte ich Vater, Frau und Kind verloren. Jetzt war nur noch meine Mutter da, und danach würde ich nurmehr fürs Essen und Schlafen leben. Hätte mich einer ins Wasser geworfen, ich wäre untergegangen wie ein Stein. Bloß noch ein «Christus hilf!», und meine Pein hätte ein Ende gehabt. Dann dachte ich an alle, die mich mit der Waffe in der Hand gesucht hatten, um mich aus dem Weg zu räumen. An die Polizisten, die mich geschlagen hatten, und an die, die meine Frau geschlagen hatten. Sollte ich sterben und diese Hunde glücklich machen?

Cosentino kam pünktlich um zehn. Er saß im Auto eines gewissen Greco, der ein Freund von ihm und Teresi war. Wortlos stieg er aus und drückte mich mit aller Kraft an sich. Ich weiß es noch, als wäre es heute. Dann schob er mich in den Wagen. Wir fuhren raus aus der Stadt. Auf dem Weg sagte er, sie hätten ihn geschnappt und fast sofort wieder freigelassen, wie viele andere ebenso. Mimmo Teresi dagegen sitze noch im Gefängnis. Und ich sei in Gefahr, weil einer gesungen und meinen Namen genannt habe. Solange ich noch keinen Rechtsanwalt hätte, müsse ich mich verstecken.

«Jetzt kommst du erst mal mit mir.»

Er brachte mich in ein Haus auf dem Land zu seiner Familie. Alle behandelten mich sehr rücksichtsvoll. Die Signora wollte etwas von Nuccia erfahren, und als sie hörte, daß sie schwanger gestorben war, fing sie an mit: «Die Arme, die Arme», wie vorher Za Luigina. Die anderen hörten stumm zu. Sie bestanden darauf, daß ich etwas aß, Auberginen mit Käse und alles mögliche. Zum Schlafen gaben sie mir ein eigenes Zimmer. Am Morgen fuhr Cosentino sehr früh weg und kam erst gegen zwei am Nachmittag wieder zurück.

Nach dem Essen und bis spätabends kamen Leute, und Nachrichten wurden ausgetauscht. Alles war blockiert, die Razzien gingen weiter, und die Geschäfte ruhten. Um mich für die Gastfreundschaft zu revanchieren, machte ich mich in der Landwirtschaft nützlich: Sie hatten eine Zitronenplantage, einen kleinen Gemüsegarten, Obstbäume und Bäume, die den Schatten spendeten. Ich arbeitete, schnitt zu und düngte und vertrieb mir so die Zeit, ohne an all die schlimmen Dinge zu denken.

Ich weiß nicht mehr, ob sie Stefano und seinen Vater in diesen Tagen verhafteten oder später, während ich mich im Dorf bei meiner Mutter aufhielt. Don Paolino lag in Neapel im Krankenhaus, und sein Sohn pflegte ihn. Ich wußte inzwischen, wie gefestigt die «Familie» war. Durch die Verhaftung änderte sich fast gar nichts, weil Stefano seine Anordnungen aus dem Gefängnis gab. Man erklärte mir, daß man einen «Regenten» nur ernennt, wenn der Chef stirbt, ansonsten bleiben die Dinge beim alten.

Ich wohnte fast eine Woche bei Cosentino, und sie ließen mich schließlich nur gehen, weil ich sagte, meine Mutter sei im Dorf allein und wisse noch nicht, daß meine Frau tot sei. Ich mußte ihr die Nachricht überbringen.

«Brauchst du Geld?» fragte mich Cosentino. Durch den Erwerb des Landes, die Hochzeit und die beiden Begräbnisse war ich völlig blank. Aber ich wußte, daß die «Familie» wegen all der Leute, die im Gefängnis saßen, in Schwierigkeiten steckte: Es kam wenig rein, und die Ausgaben für Anwälte und für Hilfen an die Männer im Knast und ihre Angehörigen draußen waren hoch.

«Es geht schon, es fehlt mir an nichts.»

«Hör dich sofort um, wenn du im Dorf bist; finde raus, ob sie nach dir gesucht haben...»

«Seid unbesorgt, Euer Gnaden», versicherte ich ihm. Er verabschiedete sich mit einem scherzhaften Ausdruck, der damals manchmal gebraucht wurde:

«*Acqua davanti e ventu darreri*... Wasser von vorn und Wind im Rücken...»

Mir tut nur leid, daß ich in all den Jahren meine Dankesschuld ihm gegenüber nie habe begleichen können.

12

Im Dorf fand ich ein altes Weiblein vor, das sich nichts mehr zu Essen machte und den ganzen Tag vor der Haustür saß oder Sachen meines Vaters flickte, die jetzt keiner mehr trug. Die Lebenskraft hatte meine Mutter verlassen. Manchmal, wenn sie auf ihrem Stuhl wie gewohnt dasaß, schloß sie die Augen; ich konnte nicht erkennen, ob sie schlief oder nachdachte. Sie muß sich gefühlt haben wie ich damals auf der Mole am Hafen: allein und ohne jeden Lebenszweck.

Ich fragte sie nach vielen Dingen, bloß um sie reden zu hören, denn sie redete gern. Um sie zu beschäftigen, stellte ich alle möglichen Ansprüche, wie es Männer so tun: Hosen mußten gebügelt, Hemden geflickt und Lieblingsgerichte gekocht werden. Und sie versuchte, es mir recht zu machen. Sie fragte jetzt nicht mehr, ob ich bliebe. Sie wußte, daß ich weggehen mußte, daß ich ein anderes Leben führte. Wir sprachen auch über das Stück Land. Da ich mich nicht darum kümmern konnte, mußte man es entweder verkaufen oder an eine Vertrauensperson verpachten. Ich erkundigte mich, ob die Grundnachbarn schon gekommen wären und sich dafür interessiert hätten. Wollten sie sich vielleicht die Gelegenheit entgehen lassen, auf die sie schon so lange warteten?

«Es hat sich keiner blicken lassen», sagte meine Mutter und wechselte das Thema. Ich war mir sicher, daß es ihr leid tat, den Grund zu verkaufen, wo ihr Mann doch so froh gewesen war, als ich ihn gekauft hatte. Darum beschloß ich, dieses Thema nicht mehr anzuschneiden. Ansonsten machte ich mir keine Sorgen. Die Carabinieri waren mich nicht suchen gekommen. Offenbar hatten sie in Palermo Wichtigeres zu tun.

Ich ging jeden Tag aufs Feld. Mein Vater hatte noch die eine oder andere Arbeit erledigen und mähen können. Bevor ich die Stoppeln abbrannte, wollte ich mich mit den Nachbarn unterhalten: Wir hätten uns zusammentun können – vielleicht einen Traktorbesitzer suchen, ihn beide Grundstücke bearbeiten lassen und damit etwas Geld sparen. Aber auf dem Feld waren sie nicht, und im Dorf sah ich sie auch nie.

In der Nacht vor meiner Abreise konnte ich vor Hitze keinen Schlaf finden. Ich wälzte mich ständig im Bett herum, hatte den Kopf voller Gedanken, und auf einmal kam mir unversehens eine Idee, die mir den Schlaf endgültig raubte. Ich saß im Bett und versuchte rauszufinden, ob meine Mutter schlief.

«Mama...»

Sie war wach. Ich ging zu ihr und setzte mich auf den Bettrand. Wieso hatten unsere Grundnachbarn noch nichts unternommen, um zu kaufen? Und warum waren sie nicht auf ihrem Feld, wenn ich hinkam? Warum waren sie nicht mal zur Beerdigung und zum Beileidsbesuch gekommen?

«Schlaf, Giovannino. Es ist spät», antwortete sie und wandte sich ab. Da begriff ich, daß ich die richtige Eingebung gehabt hatte.

«Euer Gnaden *müssen* mir sagen, wie mein Vater gestorben ist», sagte ich leise. Aber so viel Schmerz hatte ich nicht erwartet. Sie weinte und klagte und sagte immer wieder, daß sie jetzt nach dem Ehemann und der schwangeren Schwiegertochter auch noch den Sohn verlieren würde. Sie flehte ihren Schöpfer an, er möge sie doch in den Himmel an die Seite der gesegneten Seele rufen. Schließlich begriff ich, warum sie so verzweifelt war. Sie dachte an meine Pistole und an das, was ich damit tun konnte. Sie erzählte, mein Vater habe sie noch an seinem Bett im Krankenhaus schwören lassen, daß sie schweigen würde.

Er war nicht vom Maultier gefallen. Unsere Grundnachbarn hatten ihn aus Neid verprügelt. Aus Wut über das entgangene Geschäft hatten sie sich an einem alten Mann vergriffen. Vielleicht hatten sie ihn nicht umbringen wollen, aber als sie dann merkten, was sie angerichtet hatten, trauten sie sich nicht zur Beerdigung; sie konnten ja nicht wissen, ob mein Vater vor seinem Tod geredet hatte. Kaum hatten sie erfahren, daß ich im Dorf war, waren sie von der Bildfläche verschwunden.

Ich brauchte die halbe Nacht, bis ich die arme Frau getröstet hatte und sie ein wenig ruhiger geworden war. Ich schwor ihr beim Andenken an meine Frau und ihr Kind, daß ich ihr nie den Kummer bereiten würde, mich wegen dieser feigen, ehrlosen Leute ins Gefängnis wandern zu sehen. Endlich schlief sie ein, und ich mußte die restliche Nacht über an meinen Vater denken. Das letzte, was er vor seinem

Tod noch getan hatte, war, sich Gedanken um mein Leben zu machen. Er wollte nicht gerächt werden. Und vielleicht wollte er nicht mal, daß ich etwas über sein Ende erfuhr. Es ist eines alten Menschen nicht würdig, so zu sterben, wie er gestorben ist.

Mehr sage ich nicht. Wenn einer diese Dinge versteht, braucht es keine Worte. Wenn er sie nicht versteht, reichen alle Wörter nicht, die in den Büchern stehen.

In Palermo roch es nach mageren Zeiten. Das Ucciardone-Gefängnis war voll, und eine Menge Leute hatten sie in die Sommerfrische aufs Festland geschickt. Auch Di Cristina saß ein. Ich hatte ihn lange nicht gesehen. Draußen waren Liggio, Riina, Provenzano und fast alle Corleonesen. Richtig flüchtig waren sie eigentlich nicht: Jedermann wußte, daß Liggio sich den Weihnachtskuchen in Mailand schmekken ließ, und ein Freund hatte mir erzählt, er hätte Riina in Partinico gesehen. Provenzano hielt sich teils in Sizilien und teils in Rom auf.

Bei mir zu Hause roch es nach Schlimmerem. Ich konnte es nicht ertragen, am Abend dorthin heimzukommen, wo es dunkel, die Küche kalt und das Bett leer war. Das hielt ich einfach nicht aus. Ich räumte alle Zimmer aus und gab die Wohnung auf. Ich brauchte jetzt zwar keine Angst mehr um meine Frau zu haben, aber ich wollte nicht, daß die Bullen bei mir zu Hause eindrangen, wann immer es ihnen gerade einfiel, und mich in die Kaserne oder aufs Polizeipräsidium schleppten, um mir nach Belieben eine Abreibung zu verpassen. Ich sagte Cosentino, daß ich freier leben wollte, mal in einer Pension, mal bei Freunden, mal in unseren *pirtusi* – je nachdem.

Zehn Jahre früher wäre so etwas nicht denkbar gewesen. Aber jetzt ging es in den «Familien» zu wie bei der Armee: Die Regeln hatten sich nicht verändert, aber die Disziplin war schlechter geworden. Ich sah neue *picciotti*, die Hände in den Hosentaschen und die pure Überheblichkeit im Gesicht, die sich für toller als Turi Giuliano hielten und einem Antworten gaben, ohne auch nur die Zigarette aus dem Mundwinkel zu nehmen.

Meine Probleme mit der Justiz waren inzwischen von allein in Ordnung gekommen. Der Anwalt, den man in meinem Namen hingeschickt hatte, kam zurück und sagte, daß sie nicht gegen mich vorgehen könnten, weil das Corpus delicti fehle. Er erklärte mir persönlich, was das bedeutete: Sie fanden die Leiche nicht. Er hatte allerdings nicht in Erfahrung bringen können, wie der Tote hieß, den sie suchten. Cosentino, der sich in diesen Dingen auskannte, setzte mir die Lage auseinander.

«Da hat keiner richtig ausgepackt – jemand, der schon im Gefängnis sitzt, hat ihnen einen vertraulichen Hinweis gegeben. Sie haben sich Mühe gegeben, aber nichts gefunden. Weil sie wissen, daß du kein Geständnis ablegen würdest, können sie bloß hoffen, daß sie die Leiche finden. Wenn sie nicht auftaucht, kann niemand sagen, daß sie tot ist. Hast du verstanden?»

Allerdings war es auch so noch schwierig genug zu erfahren, wer der ehrlose Schwätzer war und um welche Sache es ging. Cosentino versprach, sich darum zu kümmen; doch die Zeiten waren schwer, und es gab Wichtigeres zu tun. Stadt, Leute und Mentalität wandelten sich. Das Geld war im Anmarsch, das große Geld. Zuvor, mit dem Bauwesen, hatte man Jahre gebraucht: Da waren Baugenehmigungen, Baustellen, Arbeiter und Wechsel nötig gewesen. Jetzt dagegen kassierte man mit einer einzigen Entführung mühelos Milliarden. Und das war noch gar nichts. Langsam kamen die Drogen in Mode. Manche handelten schon damit, andere wußten noch nicht mal, was das war, und jeder gab ihnen einen anderen Namen. Aber davon will ich später reden.

Eines Abends höre ich auf der Straße, wie mich jemand

ruft. Ich hatte schon lang keine Pizza mehr gegessen und richtig Lust darauf bekommen. Ich drehe mich um und sehe die Freundin von Tano. Ich hatte nicht mehr an sie gedacht; sie war unverändert. Tano habe sich nicht mehr blicken lassen, sagte sie, vielleicht sei er in die Vereinigten Staaten gegangen, um aus irgendeiner Klemme rauszukommen. Das taten ja viele.

Ich ging mit ihr in eine Pizzeria in der Gegend des Politeama. Sie arbeitete nun als Verkäuferin in einer Parfümerie. Sie denke nicht mehr an Tano, sie habe Verständnis: Wenn er ins Ausland abhauen mußte, habe er bestimmt seine guten Gründe gehabt. Beim Essen erinnerte ich mich daran, daß sie Lucia hieß. Ich fragte sie, ob sie einen festen Freund habe.

«Ich bin noch frei.»

Sie wohnte in einem alten Palazzo im Vicolo Castelnuovo. Die Treppe nach oben war schmal und lang, führte um den ganzen Hof herum und über Balustraden und Korridore. Ganz oben an dieser Treppe lag ein Zimmer mit einer kleinen Terrasse. Von dort oben sah man auf alte Palazzi und Kirchen, die ich nicht kannte. Ich weiß nicht, warum Lucia allein lebte, wo sie doch Eltern und Geschwister hatte. Sie war ein seltsames Mädchen und erzählte nie etwas von sich. Ich hatte schon damals zu Cosentino gesagt: «Als Mann wäre aus der ein tüchtiger Soldat geworden.»

Inzwischen konnte man wieder arbeiten. Ich hatte mir überlegt, bei uns zu Hause im Dorf noch ein Stockwerk und zwei Zimmer anzubauen. Jetzt bauten alle mit Betonsteinen; aus manchen ebenerdigen Ein-Zimmer-Wohnungen, die ich noch aus der Zeit vor ein paar Jahren kannte, waren schmucke dreistöckige Mehrfamilienhäuser mit Fensterläden aus poliertem Holz geworden. Jeder wollte eine neue Wohnung mit gefliestem Bad und Tapeten an den Wänden. Deshalb war ich sicher, daß sich niemand mehr wundern würde, wenn die Maurer auch zu uns kämen.

Meine Mutter freute sich und glaubte, ich wollte Platz schaffen für den Fall, daß ich mich wieder verheiratete und zurück ins Dorf käme. Ich weinte jetzt nicht mehr um meine arme Frau, aber ich war mir sicher, daß ich nicht noch einmal heiraten würde. Aber sollte ich das einem armen alten Weiblein sagen, das nur noch für mich lebte? Damit sie beschäftigt war, ließ ich in kleinen Abschnitten bauen, und sie hatte ständig ihre Sorgen mit den Schreinern, Klempnern und Maurern. Da blieb keine Zeit, um an anderes zu denken.

Stefano war inzwischen wieder freigekommen. In seiner Villa auf dem Land hatte ein großes Freßgelage mit *pasta al forno* und Fleisch vom Grill stattgefunden. Aber ausgerechnet zu der Zeit lag ich mit einer Kugel im Bein in unserem *spitaleddu*. Das war meine einzige Verwundung in dreißig Jahren; aber so, wie sie mich überrumpelt hatten, hätte ich auch draufgehen können.

Und das kam so: Ich lebte damals in der schönen Wohnung eines Freundes, der in Oberitalien einsaß. Er hatte mir die Schlüssel gegeben und mich gebeten, mich um alles zu kümmern. Da ich möblierte Zimmer und neugierige Hauswirtinnen satt hatte, wollte ich mich dort mindestens für ein halbes Jahr häuslich niederlassen. Lucia wohnte nach wie vor bei sich zu Hause, aber gelegentlich nahm ich sie mit zu mir. Sie kochte Sachen, die ich mochte, und sie kochte wirklich gut. Anschließend sahen wir fern, und dann schliefen wir miteinander. Mit einer Frau schlafen ist schön. In den schwierigsten Zeiten war ich auch mit einer Dirne zufrieden und hatte trotzdem Spaß daran. Ich finde es hauptsächlich wegen der Gesellschaft schön; vielleicht kommt das daher, weil ich zu viele Nächte in der Futterkrippe unseres Maultiers verbracht habe oder in einem Bett mit meinen Geschwistern, oder mit den Ratten zusammen. Oder auch ganz allein, was das Schlimmste von der Welt ist.

Eines Abends kam Totuccio Federico. Wenn er so ein geheimnisvolles Gesicht machte, hieß das, daß es Arbeit gab. Während Lucia in der Küche abwusch, erklärte er mir, es gebe eine Angelegenheit zu bereinigen. Ein gewisser Lo Presti, von Beruf Automechaniker, war regelwidrig auf eigene Rechnung ins Schmuggelgeschäft eingestiegen. Bei der ersten Warnung hatte er die Pistole gezogen. Er wollte nicht zur Vernunft kommen.

Wir besprachen die Einzelheiten. Totuccio fragte, ob ich Unterstützung brauche; aber ich kannte meine Arbeit wie meine Westentasche, und wenn ich die Wahl hatte, erledigte ich meine Sachen am liebsten allein. Für Lucia erfand ich eine Ausrede, weil ich eigentlich versprochen hatte, am nächsten Abend mit ihr ins Kino zu gehen.

Lo Presti hatte eine kleine Autowerkstatt in einer Straße, die es heute nicht mehr gibt. Ein altes Viertel, schmutzig und feucht, und in jeder Haustür ein kleiner Laden. Am Nachmittag stellten sie mir ein «unberührtes» Auto in die übliche Parkgarage. Ich machte einen Ausflug bis zur Wallfahrtskirche oben am Monte Pellegrino. Es war ein Fiat 127, der bloß um die 1000 Kilometer drauf hatte, und er lief so gut, daß ich bei dieser Gelegenheit beschloß, mir selbst einen zu kaufen.

Federico hatte mir den Automechaniker beschrieben, und als ich ihn aus der Tür der Werkstatt kommen sah, erkannte ich ihn sofort. Ich fand, daß er Michele Cavataio ähnlich sah, aber er war viel jünger: höchstens zweiundzwanzig, gedrungen und breitschultrig. Er wischte sich die Hände an einem Lappen ab und redete mit einem Rothaarigen. Er wirkte unruhig. Der redet sich was von der Seele, der arme Junge, dachte ich, während ich ihn aus meinem Versteck in dem 127er beobachtete. Als der Rothaarige gegangen war, stieg ich sofort aus. Der Automechaniker wischte sich noch immer die Hände ab. Er warf mir einen Blick zu und trat wieder in die Werkstatt. Ich ging ganz ruhig hinüber, die Hände in den Hosentaschen und den Blick gesenkt. Bevor ich eintrat, sah ich mich um: Eine Horde Kinder spielte am Straßenrand Fußball, und ein alter Mann saß vor seiner Haustür und hatte eine halbe Zigarre im Mund. Keine Autos zu sehen. Die Gelegenheit war günstig. Aber als ich in dieses nach Öl stinkende Loch kam, war Lo Presti nicht zu sehen. Drinnen standen zwei bewaffnete Männer, und beide feuerten auf mich, noch bevor ich meine Pistole ziehen konnte.

Mir fiel nicht einmal auf, daß ich verwundet war. Ich fing an zu laufen; aber ich merkte, daß keine Zeit mehr blieb, ins Auto zu steigen; sie hätten mich eingeholt und außer Gefecht gesetzt. Zum Glück fuhr in diesem Moment ein kleiner Lieferwagen vorbei, der Obstkisten geladen hatte. Der Fahrer beschleunigte, als er die Schüsse hörte; er wollte schnell weg. Als er an mir vorbeikam, sprang ich auf die Ladefläche. Die beiden schossen auf mich, aber als sie sahen, daß ich eine Waffe in der Hand hielt, warfen sie sich zu Boden. Ich konnte aber überhaupt nicht zielen, weil der Schmerz mich halb wahnsinnig machte.

Der Lieferwagen raste, daß es eine Freude war. Der arme Hund in der Fahrerkabine drehte sich alle naslang zu mir um und starrte mich durch das Fensterchen an. Er schaute sich die Augen aus dem Kopf und bekam den Mund nicht zu. Er wußte nicht mehr, was er machen sollte: Er floh und floh, aber ich war immer noch da. Auf einmal bremste er, stieg aus und sauste los. Ich machte das gleiche, biß die Zähne zusammen und dachte nicht an die Wunde. Schnell durch zwei Nebenstraßen, und weg war ich. Aber wo ich ging, ließ ich eine Blutspur zurück. Beim nächsten Telefon rief ich Federico an, der auf Nachrichten wartete. Ich erklärte ihm, wo er mich auflesen konnte.

Erst als ich es ihm gesagt hatte, merkte ich, daß es zu weit weg war, als daß ich es in diesem Zustand und ohne Hilfe bis dorthin schaffen konnte. Ab und zu begegnete ich jemandem, der die Wunde und das Blut, das ich verlor, bemerkte und sich nach mir umdrehte. Obwohl ich die Palermer nie ausstehen konnte, muß ich zugeben, daß sie imstande sind, sich um ihre eigenen Angelegenheiten zu kümmern. Keiner sagte etwas, und als ich am ausgemachten Ort ankam, wartete der Wagen schon. Federico war selbst gekommen, zusammen mit einem ganz jungen *picciotto*, den ich nicht mal vom Sehen kannte und der wie ein Wahnsinniger fuhr.

«Wie ist es gegangen?» fragte Totuccio. Ich versuchte, es ihm zu erklären, aber vor lauter Blutverlust war ich nicht mehr ganz da. Ich kam halb ohnmächtig in unserem *spitaleddu* an. Ich hörte, wie der Arzt zu den beiden sagte:

«Wir müssen ihm unbedingt eine Narkose geben.»

Nach der Operation blieb ich zwei Wochen im Bett. Deshalb konnte ich an Stefano Bontates Fest nicht teilnehmen.

Gewiß, *'u spitaleddu* war keine Poliklinik. Den Doktor sah man nur zwei Minuten morgens und abends. Seine Frau gab mir die nötige Pflege, und ansonsten war ich allein. Nachts schlief ich wie ein Stein, am Tag schaute ich zur Decke und dachte nach. Sobald ich wieder etwas bei Kräften war, kamen die Besucher. Als erster kreuzte Cosentino auf. Auch er war ziemlich mitgenommen; er war in seinem Wagen mit einem Lastauto zusammengestoßen und hatte einen Schnitt an der Stirn abgekriegt.

«Wie fühlst du dich, Giovannino?»

«Schon besser.»

«Gut, daß es *dir* passiert ist», sagte er im Spaß. So scherzte man auch in meinem Dorf, und ich mußte lachen. Er überbrachte Grüße und gute Wünsche von seiner Familie, von den Freunden und von Stefano persönlich. Wir redeten über die Schießerei. Ich begriff nicht, woher die *compari* des Automechanikers gewußt hatten, daß ich aufkreuzen würde, um ihm das Licht auszublasen. Cosentino ließ mich nicht ausreden.

«Woher denn, *compari*. Bullen waren das.»

Ich sah doof aus der Wäsche. Nicht wegen ihrem Verhalten: Inzwischen sah man Polizisten in Zivil rumlaufen, die derartige Verbrechervisagen hatten, daß man versucht war, auf die andere Straßenseite zu wechseln. Und vor lauter Krimis im Fernsehen hatten sie gelernt, zuerst auf den Abzug zu drücken und dann erst Hallo zu sagen.

Aber wer hatte mich verpfiffen? Die einzig mögliche Erklärung war, daß Lo Presti heimlich mit denen im Präsidium unter einer Decke steckte. Als er sich in Gefahr glaubte, hatte er dort Hilfe gesucht.

«Doppelt ehrlos», meinte Cosentino.

«Gleich wenn ich wieder auf den Beinen bin, kümmere ich mich darum.»

«Du kümmerst dich um gar nichts. Jetzt kurier dich erst mal aus. Kann dieser Hurensohn vielleicht nicht warten, bis er an der Reihe ist? Dich schicken wir erst mal in Ferien.»

Und so verbrachte ich eine Woche in Rom. Ein Freund der Familie Bontate brauchte einen Leibwächter. Wenn von einem Leibwächter gesprochen wurde, fragte man teils im Spaß, teils ernsthaft: «*Di cumparsa o di sustanza?*... Einer, der so aussieht, oder ein echter?» Ein Leibwächter *di cumparsa* ist nur dazu da, Eindruck zu schinden und einzuschüchtern, auch wenn er unter der Jacke statt des Revolvers ein belegtes Brötchen trägt. Einer *di sustanza* dagegen schützt Leben, kann schießen und ist absolut verläßlich.

Stefanos Freund war Nino Salvo. Ich hatte ihn noch nie gesehen und hatte keine Ahnung, wer er war. Er machte auf mich den Eindruck eines wirklich vornehmen Herrn, und so wie er mich behandelte, wußte er offenbar nicht, wie man mit Leuten aus meinen Kreisen umging. Wir reisten im Schlafwagen, und er erklärte mir ganz langsam, was ich tun sollte, wenn er sich mit den Leuten traf, die ihn erwarteten. Gehen sollte ich immer drei Schritte hinter ihm; wenn er in ein Haus trat, sollte ich mich neben dem Eingang postieren wie einer von der Schweizer Garde, und im Restaurant sollte ich am Tisch neben ihm sitzen und mich am Schluß um die Rechnung kümmern. Bis dahin hatte ich noch nie Theater gespielt. Aber es war eine schöne Erfahrung nach all den schlimmen Dingen, und am Schluß sagte mir Signor Salvo, ich sei tüchtig gewesen.

Sie hatten mich ausgesucht, weil ich anständig auftreten konnte und nicht vorbestraft war. Bei der Ankunft in Rom nahm er sich auch eine Sekretärin mit rotem Haar, bei deren Anblick selbst die Uhren stehenblieben. Eine Sekretärin *di cumparsa*, versteht sich, und überall, wo er hinging, nahm er auch sie noch mit. Mit mir und der Sekretärin hinterließ er bei seinen römischen Bekannten, glaube ich, einen tollen Eindruck. Wenn seine Gastgeber mich anschauten und dachten, ich würde es nicht merken, mußte ich mir das Lachen verkneifen; hätte ich einmal «Wau!» gesagt, wären sie bestimmt davongelaufen.

Am Abend im Hotel unterhielten wir uns ein bißchen. Er war neugierig und stellte mir Fragen. Aber wenn er merkte, daß ich nicht antworten wollte, hörte er gleich auf. Am dritten Abend nahm er sich die rothaarige Sekretärin mit aufs Zimmer, und wir unterhielten uns nicht mehr. Tags darauf sagte er, ich solle mich in ein Taxi setzen und mir die Stadt anschauen, ohne mich um den Preis zu sorgen. Es war ein sonniger Tag, und es gab viel zu sehen. Rom war schöner als Palermo, größer und nicht so arm. Aber man merkte, daß das Meer fehlte.

Es war ein schöner Ausflug. Bei meiner Rückkehr war Signor Salvo fröhlich, ein Zeichen, daß er erreicht hatte, was er hatte erreichen wollen. Er wollte mir ein Geschenk machen, und da ich keine gegenteilige Anordnung hatte, nahm ich es an. Geld hatte ich bis dahin genug in den Fingern gehabt, aber wenn ich mich nicht irre, war es das erste Mal, daß ich mit einem Scheck entlohnt wurde. Und es war ein schöner, fetter Scheck. Am Ende sagte er zu mir:

«Danke für alles, Giovanni. Und alles Gute.»

Ich dachte mir schon, daß ich Glück gehabt hatte, ihn kennenzulernen. Aber ich konnte noch nicht wissen, daß diese Bekanntschaft mir einmal das Leben retten würde.

13

Gleich nach meiner Genesung fand ich eine Überraschung vor. Der 127er, den ich mir kaufen wollte, war schon bestellt und bezahlt. Ich konnte ihn gleich Montag morgen abholen. Er war ein Geschenk der «Familie» für die erlittene Verletzung.

Es war Freitag nachmittag und sehr windig. Ich suchte einen Freund auf, der mir den Alfa Giulia abkaufen wollte, und wir wurden sofort handelseinig. Dann schaute ich in der Wohnung vorbei, wie es dort lief. Man hatte mir gesagt, sie werde nicht überwacht; ich bräuchte mir keine Sorgen zu machen. Im Wohnzimmer goß ich eine Topfpflanze, die genauso arg zugerichtet war wie ich, und ging dann gleich wieder. Weil ich ja angeblich halb tot gewesen war, hatten sie mir im *spitaleddu* nur Brühwürfelsuppe und durchsichtige Scheiben Fleisch gegeben. Nun wollte ich gut und reichlich essen gehen und das Meer sehen.

Cosentino traf ich erst Sonntag vormittag, weil er sich außerhalb von Palermo aufhielt. Er mußte mit mir reden, aber auch ich hatte ihm etwas zu sagen. Deshalb schlossen wir uns mehr als zwei Stunden in seinem Wohnzimmer ein, zuerst allein und später noch mit anderen. Am Abend duschte ich ausgiebig und ging zu Lucia. Sie machte sich gerade zum Ausgehen fertig. Weil sie so elegant war, zog ich sie auf und sagte, sie hätte sich wohl einen neuen Verlobten gesucht, noch bevor sie wußte, ob sie Witwe war oder nicht. Sie sah mich unentwegt an und streichelte mein Gesicht.

«Hast du dich wieder erholt? Wo warst du denn die ganze Zeit? Hättest du mir nicht etwas ausrichten lassen können, he?»

«Offensichtlich nicht.»

«Das ist ja nett. Ich laufe wie eine Blöde herum und suche dich in allen Krankenhäusern, und du kommst daher, mit Anzug und Krawatte, und parfümiert bist du auch.»

«Freust du dich denn gar nicht?» fragte ich lachend. Sie schwor, sie freue sich, und ich sagte, nein, ich sei wie der heilige Thomas, und wenn ich ihre Freude nicht mit den Händen greifen könnte, glaubte ich nicht daran. Schließlich war es schon zu spät für eines der Restaurants, in die ich sonst ging. Darum aßen wir in einem Lokal, das bis nach Mitternacht offen hatte, bloß ein paar *arancini*, gefüllte Reisbällchen, und was Süßes. Gegen eins waren wir wieder bei ihr zu Hause. Lucia fing gleich an, sich auszuziehen. Ich tat nichts und sah ihr schweigend zu. Auf einmal drehte sie sich zu mir um.

«Was ist denn?»

«Es ist Zeit, daß ich dir etwas beichte...»

Ich erzählte ihr von der Sache mit Tano; von dem Auftrag, den ich erhalten hatte, und von dem, was in dieser Nacht in dem verfallenen Haus geschehen war. Sie stand nackt da, hörte mir zu und wurde ganz blaß. Sie fragte, ob er gelitten hätte.

«Keine Sorge: Er hat nichts gespürt.»

«Und wo ist er jetzt?»

«Woher soll ich das wissen? Wahrscheinlich liegt er in einem aufgelassenen Brunnen, oder...»

Noch nie hatte ich eine Frau so fluchen hören, nicht einmal im Dorf. Sie fing an, mir den Hals zu zerkratzen. Ich hielt sie fest, und sie versuchte, mir in die Hand zu beißen. Sie schrie und spuckte. Ich konnte sie nicht von mir weghalten, und schließlich mußte ich ihr zu meiner Verteidigung einen Faustschlag in den Magen geben. «Ich wußte es doch, du Bastard! Immer hab ich es gewußt!» kreischte sie, und dann: «Armer Schatz! Mein armes Kind!» unter so vielen Tränen und so viel Gefühl, daß der arme Tano wirklich glücklich gewesen wäre, wenn er sie hätte hören können.

Als sie merkte, daß sie mit Händen und Füßen nicht gegen mich ankam, suchte sie nach einem Messer. Aber ich ließ sie nicht bis zur Küche kommen. Ich schnappte sie mir und warf sie aufs Bett. Dann erklärte ich ihr, wenn man Tano den gleichen Auftrag gegeben hätte, wäre er es gewesen, der auf mich geschossen hätte.

«Da wäre dir recht geschehen!» schrie sie. Schließlich beruhigte sie sich. Zusammengekauert wie ein Hund lag sie auf dem Bett, preßte den Mund ins Leintuch und murmelte leise Dinge vor sich hin, die ich nicht verstehen konnte. Als sie mich hinausgehen hörte, hob sie nicht einmal den Kopf. Ich lehnte die Tür an und ging die schmale Treppe hinunter, die kein Ende nehmen wollte. Ich dachte an Tano. Als Mensch war er ein aufgeblasener Niemand gewesen, der nur schöne Kleidung im Kopf hatte und sich alle fünf Minuten mit dem Kamm durchs Haar fuhr. Wie ein Ehrenmann konnte er sich auch nicht benommen haben, wenn sie sein Ende beschlossen hatten. Aber Lucia liebte ihn mindestens so sehr, wie Nuccia mich geliebt hatte. So sind die Frauen. Sie urteilen nicht: Sie nehmen einen an oder lehnen einen ab, aber wenn sie einen annehmen, dann richtig.

Der kleine Hof am Fuß der Treppe lag in Dunkeln. Ich blieb stehen, und hinter einem Bogen traten Emanuele D'Agostino und der junge Mann vor, der mich zum Arzt gefahren hatte, als ich verwundet gewesen war. Später erfuhr ich, daß er Carmelo hieß und seine Freunde ihn Melo oder Muluzzu nannten. D'Agostino sagte nichts; mit dem Kopf machte er ein Zeichen, das soviel bedeutete wie: Na und?

«Ihr könnt hinaufgehen. Die Tür ist angelehnt.»

«Ist recht.»

«Gute Nacht», sagte ich und hob eine Hand; dann ging ich weg, mit gesenktem Blick und die Hände in den Taschen.

Nur Lucia hatte das Polizeipräsidium von der geplanten Aktion gegen Lo Presti benachrichtigen können. Sie hatte an dem Abend davon erzählen hören, als Totuccio Federico zu mir nach Hause gekommen war und mir den Befehl überbrachte. Das war die Gelegenheit, auf die sie lange gewartet hatte. Erst hatte sie in der *Eden Bar* nach mir gesucht und gehofft, sie würde mich dazu bringen, daß ich ihr sagte, was ich wußte. Schließlich beschloß sie, meine Freundin zu werden, und schwor mir, sie denke nicht mehr an Tano, ja, sie sei sauer auf ihn, weil er sie verlassen habe, ohne sich auch nur dazu zu bequemen, ihr irgend etwas mitzuteilen.

«Hast du dich wieder erholt?» hatte sie mich gleich gefragt, als ich bei ihr zu Hause aufgekreuzt war. Ich war ihr schon vorher dahintergekommen, sonst hätte ich sie gefragt, woher sie wüßte, daß ich mich von etwas erholen mußte. Vor den Augen der Welt war ich verschwunden, und basta. Niemand hatte ihr von mir berichten können, außer den Polizeibeamten, die auf mich geschossen und mein Blut auf die Straße fließen gesehen hatten. Und sie hatten ihr auch von mir berichtet, denn Tanos Freundin war ein Polizei-Spitzel.

Ich hatte mit Cosentino darüber gesprochen, aber ich wollte selber sichergehen, bevor ich dieses Kapitel abschloß. Darum hatte ich ihr die Sache mit Tano gebeichtet. Welche Zweifel hätte ich noch haben sollen, nachdem ich ihr Gesicht gesehen hatte? Ich sah nicht das erste Mal in die Augen eines Menschen, der meinen Tod wollte. Liebe kann man verheimlichen – Haß nicht.

Darauf hatten D'Agostino und Carmelo gewartet: ob sie hinaufgehen sollten oder nicht. Ich hatte ja gesagt, und leb wohl, Lucia.

Aus dieser Zeit erinnere ich mich noch an das, was die Journalisten den Fall Leonardo Vitale nannten. Sie machten viel Lärm darum, weil sie nichts anderes hatten, was die Titelseite mit riesigen Überschriften und großen Fotos hätte füllen können – Fotos von der Sorte, daß jedermann «Heilige Mutter Gottes!» rief. Damals schienen die guten alten Zeiten der sensationellen Massaker von Ciaculli und vom Viale Lazio vorbei zu sein. Vitale war ein Halbverrückter, der beschlossen hatte, all seine Freunde zu verraten und auszupacken. Sie nannten ihn «den ersten *pentito*».

Ich hatte ihn gut gekannt. Wir waren uns einmal in der *Cuba Bar* begegnet. Nach ein paar Worten merkten wir, daß wir derselben «Familie» angehörten, und schon war er nicht mehr zu bremsen. Er setzte zu einer Predigt an wie ein Pfaffe am Karfreitag. Ich konnte nur noch mit den Ohren schlakkern. Erst fand ich es noch unterhaltsam, weil er eine unbeschreibliche Art zu erzählen hatte: Er redete in einem

Mischmasch aus Italienisch, Palermisch und unserem Jargon, *baccagghiu*, so daß man kaum noch verstand, was er sagen wollte. Dann aber machte ich mir Sorgen, weil er wirklich sehr viel schwatzte und alles mögliche ausplauderte. Am Ende war ich überzeugt, daß er verrückt sein mußte, und noch am selben Tag erzählte ich Cosentino davon. Aber der hatte seine eigenen Sorgen und fing gleich an zu schreien, ohne mich ausreden zu lassen.

«Was, dieser Verrückte? Dieser Trottel?»

Später war ich Vitale noch mal begegnet, und er hatte wieder so vertraulich getan, daß man meinen konnte, wir hätten an derselben Mutterbrust gelegen. Und ich merkte, daß er neidisch war. Er hatte etwas gegen Curiano: Überall hörte er sagen, Curiano und Scarpuzzedda seien die tüchtigsten Ehrenmänner von Palermo, und er verzehrte sich fast vor Neid. Bloß war Scarpuzzedda nicht sympathisch. Ich kannte ihn nicht und hatte nur gehört, er sei einer von der Sorte, die nicht lange fackelt und niemanden besonders glücklich macht. Curiano hingegen war berühmt, jeder bewunderte ihn. Und Vitale versprühte Gift und Galle deshalb.

Als kleiner Junge war er Ministrant gewesen; er hatte, glaube ich, auch einen Priester in der Verwandtschaft. Jetzt fing er auf einmal an zu predigen und im Namen des Herrgotts zu sprechen, der ihn allerdings bestimmt nicht mal vom Hörensagen kannte. Weil niemand ihn ernst nahm, weinte er sich schließlich beim erstbesten Kommissar aus, der ein offenes Ohr für ihn hatte.

Das, worüber ich hier rede, ist bloß fünfzehn Jahre her, also gar nicht lange; trotzdem waren das noch andere Zeiten. Damals konnte sich niemand vorstellen, daß ein hergelaufener Vitale einfach loslegen, sein gesamtes Wissen ausplaudern und damit seinen Schwur als Ehrenmann vergessen würde. Deshalb hatte Cosentino nichts davon hören wollen, als ich ihn darauf hinwies. Nicht einmal die Polizei hatte ihren Ohren trauen wollen. Vitale redete, und alle lachten. Es wäre gar nicht nötig gewesen, ihn umzubringen, als er viele Jahre später aus dem Gefängnis kam. Aber wer das getan hat, hatte schon die neue Einstellung, die heute die allein seligmachende geworden ist: Erst schießen und dann nachdenken, denn ein Toter kann niemanden verraten und keinen Schaden anrichten – nach dem Motto: Erst bring ich dich um, mal schauen, was du dann tust.

Ich dachte nicht mehr an Vitale, als sie im Mai 1974 Liggio wieder verhafteten. Sie schnappten ihn in einem Haus in Mailand. Ich hatte von Teresi, von Stefano persönlich und auch von anderen gehört, daß er sich in Mailand versteckte, aber nicht gewußt, ob es stimmte. Als Polizeipräsident Mangano ihm die Handschellen anlegte, freute ich mich. In meiner Naivität glaubte ich, ich wäre sicherer, wenn er im Knast saß. Aber Riina und Provenzano waren ja schon vorher auf freiem Fuß gewesen, waren es 1974 noch immer und sind es noch heute. Ich habe nie verstehen können, wieso Liggio in den Knast kam und seine beiden Vertrauensmänner immer draußen blieben. «Irgendwann einmal erkläre ich es dir», sagte eines Abends der gute Mimmo Teresi selig zu mir. Und er lachte.

Endlich kam Di Cristina wieder frei. Ich hoffte, ihn in Palermo zu sehen, aber das war nicht möglich. So wartete ich eine Gelegenheit ab und ging ihn in Riesi besuchen.

Seine Frau, eine schöne, bebrillte dunkelhaarige Dame, die ich nie zuvor gesehen hatte, machte mir auf. Er war etwas älter geworden und sah müde aus. Aber er begrüßte mich herzlich, und wir tranken miteinander Kaffee.

«Nun, wie geht es dem Falken?»

Er meinte Stefano Bontate. Ich wußte, daß manche Freunde ihn so nannten. Aber was sollte ich ihm sagen? Ich stand mit Stefano nicht in direkter Verbindung: Mein Chef war Cosentino. Von ihm, von D'Agostino, Teresi und anderen wußte ich etwas. Von Stefano konnte ich nur eines sagen: Er war ein tüchtiger Junge, er war ernsthaft, aufrichtig, ein wirklicher Ehrenmann. Mein Grundsatz war immer: keinen Verrat begehen. In meinem ganzen Leben habe ich nie einen Verrat begangen. Für Stefano empfand ich außerdem auch Zuneigung, die ich anderen nicht entgegenbrachte. Für ihn hätte ich, wenn nötig, mein Leben aufs Spiel gesetzt. Das sagte ich Di Cristina, und er gab mir zu verstehen, daß er meine Worte guthieß.

«Jedes Werkzeug ist so gut wie der, der es gebraucht. Ich weiß, daß du treu bist, Giovannino. Und alles, was du über Stefano gesagt hast, ist richtig. Deshalb sind er und ich so gute Freunde. Aber unsere Zeit neigt sich dem Ende zu...»

Ich fragte respektvoll, was er damit meine. Er sagte, die Zeiten von Ehre und Treue seien vorbei, und wer noch daran glaube, sei ein Dummkopf oder wolle sterben. Wo Geld ins Spiel kommt, weicht alles andere, und wenn es viel Geld ist, bleibt gar kein Platz mehr für anderes.

«Stefano und ich haben ein abgeschlossenes Studium hinter uns. Wußtest du das?»

«Ja, Exzellenz.»

«Das ist das Schlimme: Wir haben zu viel studiert. Die Löwen zerfleischen die Büffel, weil sie nicht studiert haben. Wenn man aber einen Löwen studieren läßt, taugt er nachher nichts mehr, und die Schakale machen sich über ihn her. Verstehst du das?»

«Nein, Exzellenz.»

«Weil die Schakale lauter Analphabeten sind; die scheren sich einen Dreck um Bücher. Stefanos und mein Vater haben uns etwas lernen lassen. Wir sollten es besser haben als sie. Das war ihr Fehler, Giovannino: Sie hätten uns keinen schlechteren Dienst erweisen können. Ich habe das verstanden. Aber ich weiß nicht, ob Stefano es verstanden hat...»

Es ist lange her, und an die genauen Worte erinnere ich mich nicht. Aber das war der Inhalt des Gesprächs. Es war

Abend, wir waren allein, und ich war sehr beeindruckt. Dieser Eindruck ist mir geblieben. Wie könnte er je ausgelöscht werden? Die tragischen Dinge, die anschließend geschahen, haben ihn mir ganz lebendig ins Gedächtnis zurückgerufen. Am Ende hat die Wirklichkeit dieses abendliche Gespräch in Riesi vollauf bestätigt.

Als ich mich von ihm verabschiedete, gab er mir verschiedene Aufträge, die ich in Palermo und Trapani heimlich für ihn erledigen sollte. Und er gab mir viel Geld, so viel, daß ich verwirrt war und nicht wußte, was ich sagen sollte.

«Leg es auf die hohe Kante. In etwa einem Monat werden Bombengeschäfte kommen, und du wirst alle deine *pìccioli* brauchen können. Mit ein bißchen Kapital und ein bißchen Glück kannst du reich werden.»

Aber das stimmte mich nicht wieder fröhlich. Ich machte mir Sorgen über das, was er gesagt hatte. Wenn es zutraf, würden bald Dinge geschehen, die für alle schlimm waren. Zum erstenmal kam ich auf den Gedanken, mich zurückzuziehen. Ich wußte, daß man das nicht konnte, und ich wollte es auch gar nicht richtig. Aber falls die «Familie» verschwinden sollte wie damals die des Doktors, wollte ich mir keine neuen Herren mehr suchen. Ich war jetzt zweiundvierzig, aber ich fühlte mich schon recht alt. Und alte Menschen haben ein Recht darauf, in Pension zu gehen.

Mit diesen trüben Gedanken kam ich bei Einbruch der Dunkelheit in Palermo an. Weil ich die Scheinwerfer noch nicht eingeschaltet hatte, hielt mich eine Motorradstreife an und gab mir die erste Verwarnung meines Lebens. Es war ein grüner Zettel, den ich als Glücksbringer aufgehoben habe. Ich weiß nicht warum.

14

Gott nahm auch meine Mutter zu sich. Diesmal ließ er mir wenigstens den Trost, daß ich ihr am Sterbebett beistehen konnte. Sie war fast ein Jahr lang krank und stand inzwischen nur noch vom Bett auf, um ihre Bedürfnisse zu verrichten. Ich ging sie jede Woche besuchen; wenn ich nicht von Palermo wegkonnte, fuhr ich schnell heimlich hin. Spätnachmittags setzte ich mich ins Auto, kam zu Hause an, schlief ein paar Stunden und fuhr dann sehr früh zurück.

In ihren beiden letzten Wochen war sie nicht mehr ganz bei sich. Sie erkannte mich nicht mehr. Eines Abends, ich war eben angekommen, setzte ich mich zu ihr ans Bett und fragte, wie es ihr gehe, ob sie etwas brauche. Und sie sagte mit einer Stimme, die man kaum hörte, «danke, gut», «danke, nichts». Als ich aufstand, um auf die Toilette zu gehen, hörte ich sie eine Nachbarin, die auf der anderen Seite des Betts saß, fragen:

«Wer ist das denn?»

Das Haus war schön geworden: Im oberen Geschoß gab es zwei Schlafzimmer und ein Bad. Aber meine Mutter hatte nie hinaufgehen wollen. Sie schlief immer im Erdgeschoß, obwohl es dort feuchter war. Sie sagte, das sei sie gewöhnt; die neuen Zimmer wolle sie nicht in Besitz nehmen, denn wenn man drin wohne, nützten sie sich ab. Auch das Erdgeschoß war nicht wiederzuerkennen: Bodenfliesen und ein schöner Kristalleuchter. Wer hätte gedacht, daß die Ecke, wo der Fernseher stand, einst der Platz des Maultiers gewesen war, wo es fraß, schlief und seine Bedürfnisse verrichtete? Wenn es sie nachts in der Dunkelheit verrichtete und wir Kinder lachten, sagte mein Vater manchmal im Spaß, so hätten wir es wärmer.

Diesmal kam auch der Mann meiner Schwester mit. Meinen Schwager hatte ich viele Jahre nicht gesehen. Er war immer noch derselbe: ein wenig magerer, aber immer noch ein Lump ohne jede Würde. Diesmal war er nicht aus Liebe zur Schwiegermutter zum Begräbnis gekommen, sondern er wollte sofort seinen Daumen auf das kleine Erbe legen.

Gleich nach dem Leichenzug nahm er mich zur Seite und sagte, wir müßten ein Gespräch unter Männern führen.

«Das ist sowieso die einzige Art, auf die man mit mir sprechen kann», antwortete ich, aber für solche Feinheiten hatte er kein Verständnis. Er hakte sich bei mir unter und fragte, was ich denn mit Haus und Grund vorhätte. Ich meinte, das Haus sei nicht mehr der Stall, an den er sich noch erinnere, weil ich es mit meinem Geld gekauft und dann renovieren und ausbauen lassen hätte. Und *'u setti tùmmina*, das neue Stück Land, hätte ich bezahlt und meinem Vater überschreiben lassen, weil ich nicht selbst in Erscheinung treten wollte. Ich sagte ihm das in aller Deutlichkeit, obwohl ich wußte, daß ihm das alles längst bekannt war.

«Trotzdem will ich meine Schwester nicht mit leeren Händen dastehen lassen. Ich will ihr nicht nur das Wenige geben, das ihr zusteht», sagte ich gleich und machte eine Rechnung auf. Ich bewertete alles zu den im Dorf üblichen Preisen und unter der Annahme, meine Mutter und mein Vater hätten gekauft und gebaut. Die runde Summe bot ich ihm dann in bar. Er zündete sich eine Zigarette an und sagte, er wolle einen Moment drüber nachdenken.

«Da gibt es nichts zu denken. Wenn es dir nicht reichen will, *muß* es dir eben reichen.»

Er senkte gleich den Blick. Ich wußte, daß es reichte, daß er ins Dorf gekommen war und gefürchtet hatte, nicht einmal eine Lira zu kriegen. Aber er war der Typ, dem man eine Milliarde anbieten kann und der dann immer noch versucht, weitere 100000 Lire rauszuschlagen. Sie wollten zwei oder drei Tage bleiben, aber ich wollte allein sein. Nach vierundzwanzig Stunden konnte ich meinen Schwager nicht mal mehr auf einem Foto ertragen. Ganz zu schweigen von seinen Töchtern, die inzwischen groß waren und sich nicht die Mühe gemacht hatten, ihren Opa oder ihre Oma zum Friedhof zu geleiten. Gina zeigte mir Fotos von ihnen: am Strand, halb nackt und mit einem Freund dabei; auf dem Land mit einem anderen; in der Po-Ebene mit wieder einem anderen. Sie arbeiteten nicht, sie heirateten nicht, sie hatten keine Pflichten – nur Rechte. Gott sei Dank, daß so ein Mann vom alten Schlag wie mein Vater sie höchstens zweimal zu Gesicht gekriegt hat, als sie noch ganz klein waren.

Basta. Ich sagte, man erwarte mich wegen dringender Angelegenheiten in Palermo, und daher müsse ich schnellstens abreisen und das Haus schließen. Meine Schwester fing beim Abschied an zu weinen.

«Wie sollen wir uns jetzt noch sehen, wir beide?» Sie umarmte mich. Sie war eine von den Frauen geworden, die sich in einem Augenblick freuen und gleich darauf losheulen können. Ich bin sicher, sie heulte auch bei Filmen im Fernsehen und bei jeder anderen Kleinigkeit. Aber auf ihre Weise hatte sie mich gern. Ich sagte, ich würde sie nie vergessen, und so ist es auch gekommen.

Als sie abgefahren waren, kehrte ich auf den Friedhof zurück, um meiner Mutter allein Lebwohl zu sagen. Ich hatte ein schönes Grab herrichten lassen, mit den ovalen Schwarzweißfotos darauf, wie sie früher üblich waren. Mein Vater trug seine Mütze und den immer gleichen dunklen Anzug mit Weste; meine Mutter hatte das Haar im Nakken zusammengeknotet und ein ausgeruhtes Gesicht: einer neben dem anderen, wie sie gelebt hatten.

«Kommst du nicht mehr zurück?» wollte ein älterer Cousin von mir wissen. Ich sah ihn nur bei Begräbnissen und Hochzeiten. Nicht daß er befürchtete, mich nie mehr in die Arme schließen zu können: Er wollte bloß wissen, was ich mit dem Stück Land vorhatte. Er war von Natur aus dumm, aber ein besonnener und tüchtiger Bauer. Wir setzten einen Vertrag auf, mit dem ich ihm das Land für drei Jahre verpachtete.

Durch die Krankheit meiner Mutter war ich das Kommen und Gehen inzwischen gewohnt: Ich kannte alle Kurven auswendig. Aber als ich frühmorgens aus dem Dorf hinausfuhr, dachte ich daran, daß ich vielleicht ein halbes oder gar ein ganzes Jahr nicht mehr zurückkommen würde. Und wenn es soweit wäre, konnte ich nicht mehr bloß klopfen. Ich würde aufsperren müssen. Das würde das erste Mal sein: Nie hatte ich die Schlüssel zu diesem Haus besessen.

Ohne meine Mutter war mein Kopf leer. Ich hatte keine eigenen Gedanken mehr. Ich konnte jetzt in diesen Kopf hineinstopfen, was immer ich wollte. Und die Zeit des Geldes hatte begonnen. Die des großen Geldes, genau wie es Di Cristina vorausgesagt hatte.

Mit Drogen handelten manche schon seit etwa zehn Jahren; diejenigen, die Freunde in den Vereinigten Staaten hatten. Sie ließen sie von wer weiß woher kommen. Das System war das gleiche wie bei den Zigaretten: Schiff, Fischerboot, Lastwagen. Anschließend ließen sie die Drogen nach Amerika weitertransportieren, und was ihnen bei einem Mal in der Tasche blieb, war so viel wert wie fünfzig Zigarettenladungen. Das Geschäft dehnte sich immer weiter aus, und schließlich tunkten alle ihr Brot in diese Soße.

Da ich in meiner nächsten Umgebung weder *pìccioli* noch Säckchen voller Pulver sah, fragte ich einmal Cosentino, wieso die «Familie» ein so einträgliches Geschäft nicht betrieb. Er erklärte mir, daß Stefano diese Ware nicht mochte, es aber jedem freistellte, was er damit tun wollte.

«Ich stecke hie und da ein paar Kröten rein. Aber selber tue ich nichts.»

Diejenigen, die den Stoff brachten, nannte man die «Türken». Sie verlangten einen bestimmten Preis. Diejenigen, die dann mit Dollars aufkreuzten und kauften, nannte man die «Cousins», weil es fast durchweg Amerikaner sizilianischer Abstammung waren. Die bezahlten einen anderen Preis. Die Differenz war der Gewinn. Zu den Zeiten, als man nur die Vermittlung und den Transport betrieb, steckte man eine Million rein und holte je nach Qualität zehn, fünfzehn oder zwanzig heraus. Dann begannen die Chemiker mit ihrer Arbeit. Ich weiß nicht, wo sie es gelernt hatten, aber sie konnten die Lieferungen der «Türken» verarbeiten und zu so hoher Qualität veredeln, daß sie fertig für den Endverkauf waren. Andere transportierten sie dann in Orangen, Möbeln, Särgen und allem, was man sonst noch dafür nehmen konnte.

Da fingen die «Cousins» an, ganz andere Preise zu bezahlen. Bis dahin hatte ich das Wort «Milliarden» nur in der Zeitung gelesen. Da stand es, wenn von Staatsgeldern die Rede war. Auf einmal hörte ich es aus dem Mund von Leuten, die noch fünf Jahre zuvor das Wechselgeld auf einen Tausend-Lire-Schein nachgezählt hätten. Ich kam mir vor, als wäre ich in einer Kneipe, wie es sie einst in meinem Dorf gegeben hatte. Wenn ich spätabends reinging, war sie voll. Alle redeten laut, keiner hörte zu. So gut wie niemand konnte mehr klar denken. Vor lauter Wein in Kopf und Bauch waren sie jederzeit bereit, sich zu prügeln oder ein Liedchen anzustimmen, wie's gerade kam.

So ging es in Palermo ungefähr zehn Jahre lang zu, bis ich fortging. Alle waren berauscht von den Milliarden. Es gab Labors in Bagheria, Partinico, Isola delle Femmine und in vielen Stadtrandgebieten. Sie waren nicht unabhängig; ein jedes gehörte einer «Familie» oder lag zumindest in ihrem Gebiet, stand also unter ihrem Schutz. Im Dunstkreis der «Familien» bewegten sich nun Leute, wie man sie in Palermo noch nie zuvor gesehen hatte. Alle hatten Partner: neapolitanische, kalabresische, französische, griechische, amerikanische. Wegen mir, der ich aus einer Provinz in der Nähe stammte, hatten sie damals ein Riesenspektakel veranstaltet; und jetzt ließen sie sich mit den schlimmsten Fremden ein, obwohl sie genau wußten, daß das keine Ehrenmänner waren und daß sie jederzeit zu plaudern beginnen konnten, wenn ihr Interesse nachließ.

Ich tat wenig. Zum einen wollte ich es nicht, weil ich wußte, daß Stefano sich von diesen Geschäften fernhielt und daß Cosentino ebenso dachte wie er. Deshalb drängte ich mich auch nicht vor und fragte alle Augenblicke nach, ob eine Gelegenheit im Anzug war, und keiner wandte sich an mich, um mir davon zu erzählen. Drum kam es höchstens mal zu einem Geschäft um ein halbes Kilo, und immer mit denselben Freunden. Sichere, schnelle Sachen. Dann legte ich den Gewinn auf die hohe Kante, und ein paar Monate lang lief nichts mehr. Bei dieser Gelegenheit habe ich das eine oder andere dieser Labors gesehen; sie lagen immer auf freiem Feld, von schützenden Bäumen umgeben, denn bei der Verarbeitung gab es einen ziemlichen Gestank.

Drinnen sah man seltsame Leute; Gesichter, die mir unbekannt waren. Keiner kümmerte sich um irgendwas, bloß um das weiße Pulver. Niemand wollte sehen, wer ich wohl war. Die standen mehr unter Drogen als diejenigen, die sich das Zeug in die Venen jagten. Mit ein wenig Ausrüstung und zwei kleinen Zimmern, sagte mir D'Agostino, machte man vierzig, fünfzig Kilo «Gips» die Woche. Milliarden. Wer da hineinging, hatte die gleichen hungrigen Augen wie diejenigen, die ich zu Zeiten des Doktors im Palazzo dei Normanni, dem Sitz der Regionalregierung, gesehen hatte. Auch dort ging es um Milliarden. Dort machten sich die Leute auf die Jagd nach Abgeordneten, weil sie wußten, daß ein Wort von den richtigen Leuten genügte, um ihr eigenes Schäfchen lebenslang ins trockene zu bringen.

Manchmal gab ich zusammen mit anderen Freunden Geleitschutz. Die Säckchen legten wir dann in den Kofferraum des Wagens, ohne sie zu verstecken. Die Regel war, daß man im Falle einer Kontrolle schoß und basta. Dabei habe ich zum erstenmal eine Maschinenpistole aus der Nähe gesehen. Eines Abends wollte Carmelo, der später ausgerechnet durch eine Maschinenpistolen-Salve umkam, mir beibringen, wie man sie benutzte. Er meinte, sie sei besser als die Pistole. Carmelo war ein junger Bursche von zwanzig, aber mit Maschinenpistolen kannte er sich aus. Er hatte mehr als zwei Milliarden auf der Bank liegen, allerdings verteilt auf etwa dreißig verschiedenen Banken, weil bekanntlich die Direktoren ab einem Betrag von 100 Millionen die Carabinieri verständigen und den Namen des Kontoinhabers angeben mußten. Jetzt wurde nur noch so gerechnet: in Maschinenpistolen-Salven und Milliarden.

Zu Beginn dieser fetten Jahre entführten sie Luigi Corleo. Nino Salvo hatte seine Tochter geheiratet. Es war eine schlimme Sache. Die Leute können nicht begreifen, was eine Beleidigung dieser Größenordnung bedeutet. Inzwischen war ich einiges gewohnt, aber ich schäme mich nicht zu sagen, daß ich ziemlich beeindruckt war, als man mir die Nachricht überbrachte.

«Eine Frage von Tagen», sagte Teresi zu Cosentino eines Abends, als ich dabei war. Aber Cosentino machte ein verkniffenes Gesicht.

«Meiner Meinung nach ist der schon kalt.»

Er hatte recht, aber das konnten wir noch nicht wissen. Nun vergingen die Tage, und nichts geschah. Bis Stefano persönlich eines Tages zu mir sagte, er wolle drei oder vier zuverlässige *picciotti* beauftragen, Corleo und seine Häscher zu suchen. Stefano wußte, daß es mir nichts ausmachen würde, wenn er mir befahl, mich für längere Zeit der Geschäfte zu entledigen; andere hätten sich wegen des entgangenen Gewinns beschwert. Ich komme später noch darauf zurück, aber in seiner Gutherzigkeit legte dieser Bursche nicht die Autorität an den Tag, die in Zeiten wie diesen nötig gewesen wäre. Bei ihm zu Hause unter Freunden konnte sich ein jeder erlauben, ihn zu kritisieren, und er war niemandem böse.

Ich wußte, daß er mir diesen Auftrag auch als Beweis von Vertrauen und Sympathie gegeben hatte, und ich war stolz darauf. Cosentino drückte mir ein dickes Bündel mit 100000-Lire-Scheinen in die Hand und gab mir ein paar Ratschläge mit auf den Weg. Ich sollte in Trapani beginnen, wo die «Familie» noch aus Don Paolinos Zeiten alte Freunde hatte.

Ein ganzes Jahr lang habe ich Corleo gesucht. Ich tat die Arbeit eines Carabiniere: Überwachungen, Verhöre, geheime Informationen. Tagsüber arbeitete ich an nichts anderem als an dieser Sache; nachts, wenn ich im Dunkeln im

Bett lag, dachte ich an nichts anderes. Eines Sonntagmorgens traf ich in Erice Nino Salvo. Er fragte mich, wie die Dinge vorangingen, aber ich merkte, daß er schon fast resigniert hatte.

«Seien Sie unbesorgt, Exzellenz, Sie werden sehen, es kommt etwas heraus», sagte ich schließlich. Er klopfte mir auf die Schulter.

«Stefano hat mir gesagt: Wenn du es nicht schaffst, schafft es keiner... Ah, Giovanni: Als wir in Rom gewesen sind, war es besser, weißt du noch?»

Ich begriff, daß dies ein wichtiger Moment war. Jeder wußte, daß die Corleonesen diese Arbeit erledigt hatten. Gelang es mir wirklich, den Fall zu lösen, würde ich innerhalb der «Familie» viel Prestige gewinnen. Aber ich schaffte es nicht: Das ist eine der großen Niederlagen meines Lebens gewesen. Wir fanden nicht einmal das Versteck, und das war ein sicheres Zeichen dafür, daß sie ihn sofort umgebracht hatten. Es war keine echte Entführung gewesen. Aus dem Lösegeld machten sich diese Leute nichts. Es kam ihnen nur auf die Beleidigung an.

Als ich endgültig nach Palermo zurückkehrte, empfing mich Cosentino herzlich.

«Na, sind deine Ferien zu Ende?»

Im Spaß sprach er ein wahres Wort. Das waren die letzten Ferien. Der Krieg hatte noch nicht begonnen, aber alle wußten, daß es sich nur noch um Monate handeln konnte. Und inzwischen gingen die Geschäfte Schlag auf Schlag weiter, die Freunde kauften sich Eigentumswohnungen wie Kleingebäck: im Dutzend.

Das letzte schöne Erlebnis, an das ich mich aus dieser Zeit erinnere, war ein Ausflug auf einem Fischerboot. Ohne Ware – ein richtiger Ausflug. Nie zuvor hatte ich einen Fuß aufs Meer gesetzt, und das wollte ich genießen. Einladungen hatte ich genug erhalten, weil mehrere meiner Bekannten sich ein Motorboot angeschafft hatten. Aber ich mochte nicht so weit hinausfahren mit Leuten, die sich mit dem Meer kaum auskannten; schließlich konnte ich nicht schwimmen. Mit Fischern zusammen machte ich mir dagegen keine Sorgen; ich half ihnen auch gern bei der Arbeit. Die Arbeit von Bauern und Fischern ist fast die gleiche, beide haben die gleichen Schwielen an den Händen.

Der alte Mann am Ruder ähnelte ein wenig meinem Vater, aber statt der *coppola*, der Schirmmütze, wie man sie bei uns trägt, hatte er eine rote Wollmütze auf und sah damit jungenhaft aus. Er war nicht sehr gesprächig, aber ein paar Dinge erzählte er mir doch. Auch er hatte seinen *Cavaliere*, dem gehörten Boot und Netze, und außerdem zahlte er das Dieselöl, die Reparaturen und die nötige Ausrüstung. Er bezahlte die Männer aber nicht nach Tagen, sondern nach ihrem Fang. Der alte Mann klagte nicht. Solange ich gesund bin, sagte er, fahre ich zur See.

«Und wenn Sie es nicht mehr sind?»

«Dann habe ich meine Kinder», antwortete er. Er hatte vier Söhne und drei Töchter. Und er wußte, daß alle sieben ihre Pflicht tun würden.

So muß es sein. Nicht wie bei mir: Ich war von zu Hause und vom Dorf weggegangen und glaubte, nur wegen der paar Kröten, die ich heimschickte, ein reines Gewissen haben zu dürfen. Deshalb war mein Vater gestorben, weil er in der Familie allein geblieben war und weil diejenigen, die ihm Böses wollten, glaubten, ihn ungestraft verprügeln zu können. Die Stärke eines Mannes ist sein Mut; die Stärke eines Vaters sind seine Söhne.

Als wir uns ausschifften, hatte ich beschlossen, es wäre an der Zeit, ihn zu rächen. Meiner Mutter hatte ich versprochen, ihr diesen Kummer nicht zu bereiten. Jetzt war auch sie unter der Erde, und ich war nicht mehr an das Versprechen gebunden. Zuviel Zeit hatte ich verschwendet: Jetzt wollte ich keine mehr verschwenden.

Ich ging zu Cosentino und bat ihn um Erlaubnis. Er

wußte schon von der Sache und zeigte sich nicht verwundert. Er sagte, es sei meine Pflicht, und er werde mit Stefano darüber reden: Aber er war sicher, daß es keine Probleme geben würde. Er besorgte mir eine andere Pistole, eine 7,65 mit abgefeilter Registriernummer.

«Wenn du sie später eventuell wegwerfen mußt, brauchst du dir keine Sorgen zu machen. Hast du verstanden?»

«Ja, Exzellenz.»

Ich suchte Giuseppe Di Cristina auf. Mein Dorf war nicht sehr weit von seinem entfernt, und es bestand die Gefahr, daß es einem *maresciallo* in den Sinn kam, meinen Toten ihm anzulasten. Ich fand ihn in Palermo, im Haus von Totuccio Inzerillo. Er hörte mich an wie ein Vater. Die Sache konnte ihm Unannehmlichkeiten bereiten, und er sagte, er wolle Auskünfte über die Angelegenheit einholen. Wenn er mir nicht innerhalb von zehn Tagen etwas mitteilen ließe, könne ich unbesorgt losfahren.

«Brauchst du vielleicht Hilfe?»

«Nein, Exzellenz.»

Weil er mir nach zwei Wochen noch nichts hatte mitteilen lassen, packte ich Anfang Dezember meinen Koffer und fuhr ins Dorf.

15

Als ich ankam, fiel Schnee. Ich hatte seit vielen Jahren keinen gesehen. Wenn es schneite, als ich noch ein Kind war, gab uns meine Mutter Glühwein mit Schnee zu trinken. Daraus wurde eine Art *granita*, die wir mit Brot aßen. Aber meine Mutter war nicht mehr, und im Haus war kein Wein da; gar nichts war da. Ich kaufte ein und begrüßte die Nachbarn, die Licht gesehen hatten und mich besuchen kamen. Abends ging ich meinem Cousin einen Besuch abstatten.

Er schämte sich, weil die Ernte nicht befriedigend ausgefallen war. Ich hörte ihm schweigend zu, und auch am Schluß sagte ich kein Wort. Ich hatte gemerkt, daß er aus lauter Sorge so viel redete, und brachte ihn Schritt für Schritt dazu, mir etwas über unsere Feldnachbarn zu erzählen. Ich erfuhr, daß der kranke Bruder im Sommer gestorben war. Er war mir entwischt, aber das machte nichts: Er war ein armer Teufel gewesen, ein Komplice aus der Verwandtschaft. Der andere Bruder dagegen war am Leben und bei bester Gesundheit.

Ich begegnete ihm tags darauf auf der Piazza. Es war Sonntag, und das Wetter war wieder schön geworden. Er begrüßte mich freudig. Inzwischen hatte er vergessen, was er vergessen wollte, und war sich sicher, daß ich keine Ahnung hatte, wie die Sache gelaufen war. Er wollte mir unbedingt etwas anbieten. Ein paar Schritte weiter war eine Bar, aber er brachte mich in ein anderes, weiter entferntes Lokal, «zu seinem Gevatter». Und dort stellte ihm der Junge am Tresen unaufgefordert ein Glas Weißwein hin. Er trank in einem Zug aus, ohne daß er husten mußte. Offenbar war er einiges gewohnt. Der Wirt der Bar muß nur deshalb sein Gevatter geworden sein, weil er ihn anschreiben ließ, was die beste Gevatterschaft von der Welt ist.

«Na, wie geht's dir denn?» wollte er schließlich wissen. Ich mußte lachen. Hoffte er denn immer noch, mir *'u setti tùmmina* entreißen zu können? Aber ich hatte mich getäuscht. Kaum hatte ich zu ihm gesagt, mit Gottes Hilfe ginge es mir gut, machte er keineswegs ein unzufriedenes Gesicht, sondern nahm mich beim Arm und führte mich aus der Bar. Seine Frau war schwer krank gewesen, dann der Tod des Bruders und die ganzen Kosten für die Beerdigung. Der Bruder hatte ihm Schulden und zwei kleine Kinder hinterlassen, die es zu unterhalten galt.

«Sorgen und Schulden...»

Er hörte gar nicht mehr auf, aber mit Gottes Hilfe kam er

endlich auf sein eigentliches Anliegen zu sprechen: Er war bereit, mir sein Stück Land zu verkaufen. Natürlich bot er es mir nicht etwa an, weil keine anderen Interessenten dagewesen wären. Die Leute standen schon frühmorgens vor seiner Tür Schlange, um diesen steinigen Besitz zu kaufen, wo der jüngste Mandelbaum mehr Jahre auf dem Buckel hatte als Methusalem. Er bot ihn mir aus Rücksicht auf die gute Nachbarschaft an und wegen der Freundschaft der Familien, die immer bestanden hätte.

«Wenn das so ist, läßt sich über den Preis reden», sagte ich und tat nicht sehr überzeugt.

Wieder zu Hause, kochte ich ein wenig Nudelsuppe und dachte mir, daß der Herrgott wohl beschlossen hatte, sich in dieser Angelegenheit auf meine Seite zu schlagen. Der Feldnachbar hieß Paolino. Seit er meinen Vater umgebracht hatte, hatte Paolino tüchtig trinken gelernt, arbeitete wenig und verschwendete sein Geld. In einem einzigen Augenblick wurde mir sonnenklar, wie ich vorgehen mußte. Heimlichkeit war gar nicht angebracht. Im Gegenteil, alle sollten uns zusammen sehen, immer Arm in Arm wie zwei Gevatter.

Ich brauchte seine Nähe gar nicht zu suchen. Er hängte sich wie eine Küchenschabe an mich. Viermal täglich klopfte er an meine Tür; er begleitete mich hinaus, um mir sein vernachlässigtes Stück Land zu zeigen, dessen Schönheit er rühmte, als wäre es eine heiratsfähige Tochter. Er bot mir einen Kaffee nach dem anderen an, und während ich meinen trank, soff er Wein, Aperitif und Magenbitter durcheinander. Obwohl stets er die Brieftasche zückte, zahlte inzwischen fast immer ich; eines Abends hatte der Gevatter von der Bar vor allen Leuten zu ihm gesagt, wenn er nicht bald Geld auf dem Tresen sähe, würde er ihm nicht mal mehr ein schnapsgefülltes Bonbon geben.

Am Samstagmorgen gingen wir wegen dem Vorvertrag zum Notar, und in Gegenwart von Zeugen gab ich ihm 500000 Lire bar auf die Hand. Vor lauter Freude standen ihm Tränen in den Augen. Er, Paolino Guida, wollte mich küssen, und alle fingen an zu lachen, auch der Notar. Dann schleppte er mich zu sich nach Hause zum Essen, und auf dem Weg begann er, sein Geld in alle Winde zu zerstreuen: zwei Kilo Schweinslendchen von der guten Qualität; Bananen für den Fremden, Feinkost; ein Tablett voll frischem Kleingebäck und natürlich Wein, zwei Riesenflaschen. Da war ihm die Qualität egal, bloß viel mußte es sein.

Gegen vier Uhr nachmittags sagte ich, ich müsse meine Abreise vorbereiten. Er küßte mich von neuem. Das wurde bei ihm nun schon zur Gewohnheit. Ich ging nach Hause, verabschiedete mich von den Nachbarn und packte den Koffer. Bei dieser Kälte waren um acht schon alle Türen zu. Ich stellte den 127er auf einen Platz am Ortsausgang unter anderen Autos ab, die schon für die Nacht geparkt waren. Gegen elf postierte ich mich in einem dunklen Hauseingang, an dem Paolino auf dem Rückweg von der Bar nach Hause vorbeikommen mußte. Ich stellte mir vor, wie er da in der Bar stand, die Taschen voll mit meinem Geld, und sich brüstete, wie er den Auswanderer dazu gebracht hatte, den von ihm festgesetzten Preis zu zahlen: Der Wirt, der *pìccioli* gesehen hatte und damit wieder sein Gevatter geworden war, füllte ihm eins nach dem anderen zehn Gläser und ließ ihn zwölf bezahlen.

Ich wartete und zitterte ein wenig. Nach Jahren am Meer war ich diese Kälte nicht mehr gewohnt. Ich hatte nicht mal Handschuhe, und meine Schuhe waren zu dünn. Außerdem war ich nicht besonders ruhig: Wenn ich in Palermo ausging und 300 Meter gelaufen war, kannte mich keiner mehr. Und wenn mich einer kannte, wußte er, daß es seine Pflicht war, mich nicht zu kennen. Im Dorf war das anders. Ich mußte aufpassen.

Er kam gegen Mitternacht. Aber er war nicht allein. Sie waren beide betrunken, gingen Arm in Arm und waren in ein Gespräch vertieft. Den anderen kannte ich nicht. Glücklicherweise begleitete Paolino seinen Freund nach Hause. Dort blieben sie noch mal eine Viertelstunde stehen und schwatzten, bis eine Frau herauskam und ihren Mann hineinholte.

«Gute Nacht», rief Paolino vor verschlossener Tür. Dann pißte er ausgiebig gegen die Hauswand und machte sich auf den Weg. Er steuerte geradewegs heim, ging aber sehr langsam. Er kam an einer Stelle vorbei, die günstig schien, aber da war ein erleuchtetes Fenster, und man hörte Stimmen. Ich wartete, bevor ich um die Ecke bog, und fing an zu laufen, um ihn einzuholen. Er drehte sich um. So betrunken war er gar nicht, und kaum hatte er mich gesehen, breitete er freudig die Arme aus.

«Lieber Gevatter, bist du noch da?»

Seit Jahren dachte ich darüber nach, was ich in diesem Augenblick zu ihm sagen würde. Ich hatte mir viele Worte ausgedacht, eines grimmiger als das andere. Ich wollte ihn erschrecken, ich wollte zusehen, wie er sich vor Angst in die Hosen schiß, auf die Knie fallen sollte er vor mir...

Doch inzwischen war ich lang genug im Geschäft. Das war keine Vendetta. Es war ein Gelübde, ein Akt des Respekts vor dem Andenken meines Vaters. Deshalb gab es nichts zu sagen. Ich setzte ihm die Pistole aufs Herz, und leb wohl, Paolino.

In Palermo richtete ich mich sofort auf alles ein. Es gab Zeugen, die beim Haupt ihrer Kinder geschworen hätten, daß ich bereits um zehn Uhr abends angekommen war und daß wir *sfincione*, die palermische Spezialität aus gefüllten Teigstücken, miteinander gegessen hatten. Bevor ich ging, hatte ich Paolino die Geldbörse und den Trauring weggenommen. Jedermann wußte, daß ich ihm wenige Stunden vorher das Geld gegeben hatte, und man konnte glauben, irgendein böser Bube wäre auf die Idee gekommen, sich auf seine Kosten ein schönes Weihnachtsgeschenk zu machen.

Ich hatte einfach an alles gedacht. Doch mehr als ein Jahr lang geschah gar nichts. In der Zwischenzeit regelte ich alles mit seiner Witwe, die mir das Eigentumsrecht an dem Stück Land übertrug. Das Stückchen Land meines Vaters und das von Paolino zusammengenommen, hatte ich jetzt fast zwei *salme* Land, was ungefähr sechs Hektar entspricht. Es gab Freunde in Palermo, die bis zu fünfzig Eigentumswohnungen besaßen, aber mit diesen beiden *salme* fühlte ich mich wie ein rechter Herr und hätte nicht einmal Villa und Garten der Familie Bontate dagegen eintauschen wollen.

Vierzehn Monate nach dem Vorfall luden mich die Carabinieri aus der Kaserne an der Piazza Verdi vor, in der Nähe des Teatro Massimo. Ich war noch nie dort gewesen, hatte aber davon reden hören. Es ist ein Kloster, das zu einer Kaserne umgebaut wurde. Der Eingang liegt in einer ganz engen Gasse, in der Nähe eines antiken Torbogens. Ich hatte gehört, daß dieser Ort in der Nacht schauerlich war. Aber ich leide nicht unter solchen Ängsten, und außerdem war es heller Tag.

Für alle Fälle ging ich in Begleitung des üblichen Rechtsanwalts hin. Aber die Zeit der *marescialli* mit Schnurrbärten und Händen wie Schaufeln war vorbei. Da saß ein kleiner Oberleutnant mit einer Menge Doktortitel, der aussah, als besuche er das Priesterseminar. Er siezte mich und war sehr höflich. Er fing an, mich über meine Reise ins Dorf in den Tagen vor dem Unglück zu befragen, so daß mein Anwalt nach einiger Zeit zurückfragte, ob denn Beschuldigungen gegen mich vorlägen.

«Vorläufig möchten wir den Hergang ermitteln, weil die Untersuchung noch nicht abgeschlossen ist», sagte der Seminarist ein wenig ärgerlich. Wie denn, er siezte mich, und der Anwalt hatte immer noch etwas auszusetzen?

«Zu Ihrer Verfügung», sagte ich. Ich erklärte, Paolinos Tod hätte mir alle möglichen Schwierigkeiten bereitet, weil ich die Eröffnung der Erbschaft abwarten mußte, um das

Geschäft zum Abschluß bringen zu können; da minderjährige Kinder vorhanden waren, war eine richterliche Genehmigung nötig. Und die Richter brauchten bei solchen Dingen so lange, daß man darüber alt und grau werden konnte.

«Die Sache ist die», erklärte mir der Rechtsanwalt, als wir aus der Kaserne draußen waren und einen Cappuccino trinken gingen, «daß die sehr wohl wissen, wer du bist, auch wenn du keine Vorstrafen hast; und dann läßt sich dein Gevatter ausgerechnet dann umbringen, wenn du gerade im Dorf eingetroffen bist...»

Er lachte. Ich fragte ihn, ob seiner Meinung nach für die Zukunft eine Gefahr bestünde.

«Wenn sie dich erst mal wegen Mitgliedschaft in einer kriminellen Vereinigung einlochen, bezahlst du das mit – und noch anderes, was du nicht getan hast. Aber solange das nicht geschieht, können sie sich das alles an den Hut stecken.»

Deshalb dachte ich nicht mehr daran.

Wer hatte auch noch Zeit, sich um so etwas zu kümmern? Der Ausbruch eines neuen Krieges stand kurz bevor, und ich kannte mich inzwischen gut aus und wußte, daß es kein Kinderspiel sein würde.

Die Toten waren keine x-beliebigen Leute mehr. Erst sprachen die Zeitungen von «Abrechnungen», ein Begriff, den man verwendet, wenn die Toten vorbestraft waren, selbst wenn die Schießerei wegen eines Ehebruchs oder einer Streitigkeit unter Autofahrern zustande gekommen ist. Erst schien es, als würde die Sache mit Exzellenz Scaglione ein Einzelfall bleiben. Statt dessen brachten sie dann nacheinander Oberst Russo, den Christdemokraten Reina, Richter Terranova, Hauptmann Basile und den Abgeordneten Mattarella um. Ich weiß nicht mal, ob mir noch alle einfallen. Jedesmal lasen die Leute die Zeitung und sagten: «Ein Wahnsinn!» Ein oder zwei Monate vergingen, dann geschah wieder etwas.

Eine Überschrift im *Sicilia* lautete: «Angriff auf den

Staat». Ich schaute mir auch die Titelseiten anderer Tageszeitungen an, die an den Kiosken aushingen, weil ich wissen wollte, was man in Rom und im Norden von diesen Ereignissen hielt. Alle sangen sie das gleiche Lied wie der *Sicilia*, und ich konnte es nicht fassen, daß sie so blöd waren. Was für ein Angriff auf den Staat denn? Was erreicht man, wenn man den Staat angreift?

Die Sache ist die, daß zur Zeit der Zigaretten und der anderen Geschäfte keiner auf die Idee gekommen wäre, einen Kommissar, Obersten oder Ermittlungsrichter, der einem auf die Nerven zu gehen begann, einfach um die Ecke zu bringen. Für ein paar Millionen lohnte sich das nicht. Wer im Knast landete, wartete mit heiliger Geduld ab, bis er rauskam; wer draußen war, fand sich damit ab, etwas weniger zu verdienen. Nach kurzer Zeit kamen die Dinge dann wieder ins Lot, und alles begann von vorn.

Aber bei dieser Unsumme Geld auf dem Tisch und einer lebenslänglichen Zuchthausstrafe immer im Hintergrund, wer ließ sich da noch bitten zu schießen? Glaubten diese Obersten, diese Ermittlungsrichter vielleicht, sie brauchten nur zu sagen: He, du Schmutzfink, leg diese zehn Milliarden sofort wieder hin; und der Betreffende legte die zehn Milliarden hin und entschuldigte sich? Wenn sie, statt in ihren warmen Büros zu sitzen, eine Runde in der Kalsa oder in Tommaso Natale gedreht hätten, um mit eigenen Augen das Elend und den Hunger zu sehen, hätten sie vielleicht manche Dinge besser verstanden. Wenn einer von diesen jungen Burschen die ersten *pìccioli* seines Lebens zu schnuppern kriegte, reichte es danach nicht mehr, ihm das Strafgesetzbuch vor die Nase zu halten und zu hoffen, daß man damit Eindruck auf ihn machte.

In Palermo haben sie alle und jeden in die Machenschaften mit hineingezogen, weil jeder Geld brauchen kann. Ich habe selbst gesehen, wie Cosentino Polizeibeamten, Angestellten der Stadtverwaltung und Schutzpolizisten die

Scheinchen in die Hand drückte. Stefano war befreundet mit Abgeordneten, Richtern und Bürgermeistern. Stefanos Vater selig pflegte sogar enge Bekanntschaften in Rom. Ein jeder hatte seinen Nutzen davon: Bündel von Geld, aber auch andere Vorteile, Eigentumswohnungen, sogar begünstigte Kredite bei den Banken oder Ausmusterung der Söhne vom Wehrdienst. Was einer eben brauchen konnte.

Doch dann kreuzten gewisse Richter und Offiziere der Carabinieri mit ihrer hochnäsigen Genügsamkeit auf, kotzten ihre Ehrbarkeit über ganz Palermo aus und verlangten, daß man ihnen Waffen, Macht und Geld im Tausch gegen eine schöne Zuchthausstrafe übergab. Sie haben viele Unschuldige verhaftet und gesagt: «Du geh erst mal in den Knast, und dann schauen wir uns die Sache näher an.» Sie haben viele unglückselige Pechvögel, die keinerlei Schuld traf, verprügelt, angefangen bei meiner armen Frau. Die Anständigen können sich das erlauben, ihr Gewissen bleibt rein, weil niemand ihnen vorwerfen kann, sie hätten sich bereichert. Sie verdienen nichts daran – sie tun es für die Gerechtigkeit.

Als man sonstwo auf der Welt auf die Brüder Kennedy schoß, auf den Präsidenten von Ägypten und auf den polnischen Papst, waren auch die überzeugt gewesen, daß niemand ihnen ein Haar krümmen würde, was immer sie auch taten. Beim Sterben dachten sie vielleicht: Was? Wie kann das mir passieren?

Der eine oder andere war ein feiner Mensch, und es ist schade, daß er umgebracht wurde. Aber zwei von diesen berühmten Opfern habe ich kennengelernt, den einen kurz vor seinem Ende und den anderen viele Jahre zuvor, als ich noch in Corleone für den Doktor arbeitete. Nur aus Respekt vor den Familien nenne ich keine Namen. Der eine hat seine Stellung ausgenutzt, um seine Söhne dorthin zu hieven, wo es ihm dienlich war: Er und seine Freunde brauchten nie Strafzettel zu zahlen; er konnte den ganzen Tag im Dienstwagen herumfahren und seelenruhig einstecken, was man ihm zu Weihnachten und Silvester an Geschenken schickte. Aber er war anständig: Geld nahm er von niemandem an. Der andere war eine Null. Obwohl ich bloß bis zur dritten Grundschulklasse gekommen bin, merkte sogar ich, wenn er redete, daß er eine Null war. Seine Frau kannten in Palermo viele – und nicht bloß vom Sehen. Außerdem hatte die Signora noch ein Laster. Sie spielte Poker, und zwar in einem bekannten Zirkel, der von anständigen Leuten besucht wurde. Jedesmal wenn eine anonyme Anzeige kam, benachrichtigte der Mann die Ehefrau, die Ehefrau benachrichtigte die Freunde, und wenn die Polizisten zur Razzia kamen, fanden sie plaudernde, Bridge spielende Herrschaften vor, und Bridge ist kein Glücksspiel.

Jetzt sind sie Helden, beide sind im Dienst gefallen. Wo man sie umgebracht hat, stehen Gedenksteine. Als ich mir die einmal anschauen ging, dachte ich, wenn man im Tod Glück haben kann, dann haben sie welches gehabt. Lebendig waren sie nichts wert und zählten nichts. Als Tote kann keiner sie mehr kritisieren.

Ende Mai 1978 erschossen sie Giuseppe Di Cristina. Es geschah am frühen Morgen, in der Via Leonardo da Vinci. Ich lag im Krankenhaus. Nicht in unserem, dem staatlichen. Man hatte mich gerade am Blinddarm operiert, und ich war noch ganz benebelt, so daß ich gar nicht wußte, ob ich richtig gehört hatte oder nicht, als Cosentino mir davon erzählte.

«Aber warum denn?» fragte ich schließlich, und er sah mich verkniffen an.

«Woher soll man das wissen?» Jedenfalls hatte Totuccio – es war nämlich in Inzerillos Gebiet geschehen – mittlerweile seine liebe Not damit.

Später habe ich gelesen, Di Cristina sei ein Spion der Carabinieri gewesen und habe all die bekannteren Corleonesen verpfiffen. Aber das glaube ich nicht. Meiner Ansicht nach war das wegen der alten Freundschaft zwischen seiner und Bontates «Familie». Sie haben Stefano einen wertvollen Verbündeten weggenommen und einen weiteren kompromittiert, indem sie die Sache in seinem Territorium geschehen ließen.

«Hat man nichts herausgefunden?» fragte ich Cosentino schließlich.

«Bis jetzt nichts. Aber die Handschrift scheint mir die der Corleonesen zu sein.»

«Was sagt Stefano dazu?»

«Er ist ziemlich niedergeschlagen, der arme Junge. Zur Zeit diskutiert er die Sache mit einem Haufen Leute. Sie haben dauernd Besprechungen. Ich kann nicht mehr mit ihm reden: Zu Hause ist er nie. Auch seine Frau beklagt sich...»

Ich dachte, ich käme binnen weniger Tage heraus, aber weil der Mensch nichts ausrichten kann, wenn die Dinge schlecht laufen sollen, bekam ich eine Komplikation und blieb weitere zwei Wochen im Krankenhaus. So war ich nicht zum Begräbnis des Vaters gegangen und konnte auch nicht zu dem des Sohnes gehen.

Aber ich dachte an ihn, still für mich in meinem Bett. Ich dachte an all diejenigen, die um mich herum gestorben waren, Jahr um Jahr. Einer nach dem anderen: üble Subjekte und feine Menschen; Menschen, die wichtig waren, und solche, die nicht viel zählten. Am Schluß gewannen diejenigen, die zu allem bereit waren: die Männer ohne Gott, ohne Wort, ohne Ehre. Einst waren die Corleonesen wenige an der Zahl, ein Häuflein Männer. Aber nach und nach fanden sie überall Verbündete und Diener. Wer nicht bereit war, sich zu verbünden oder zu dienen, endete wie Di Cristina.

Aus diesem Grund habe ich nie daran denken wollen, mich selbständig zu machen oder die Leute, die mit mir arbeiteten, zu befehligen. Man hat es mir angetragen, aber ich habe abgelehnt. Ein paar Jahre früher hätte ich mich gefreut und ja gesagt. Dann habe ich begriffen, woher der Wind wehte, und gerade Di Cristina hat mir geholfen, es zu begreifen. Er sagte im Spaß, es sei kein Platz mehr für Leute mit Studium. Ich meine, es war nur noch Platz für die Corleonesen. Was seither geschah, gab mir recht. Wenn ich heute noch am Leben bin, dann auch deshalb, weil ich es früher als viele andere begriffen habe.

16

Im Sommer 1979 geschah etwas Seltsames. Ich bin von Natur aus nicht neugierig und dachte deshalb in dem Augenblick nicht über das nach, was ich sah; eine Woche später hatte ich es schon vergessen. Es verging eine ganze Weile, bis mir die Sache wieder in den Sinn kam.

Es war an einem Sonntag. Ich weiß das noch, weil es fürchterlich heiß war und ich mit zwei Freunden ans Meer fahren wollte: mit einem gewissen Gambino, der vor ein paar Jahren an Krebs gestorben ist, und einem gewissen Saro, der wegen einer Operation, der er sich als Kind unterziehen mußte, Menzapinna, «Halber Penis», genannt wurde. Ich und Saro waren auch hinsichtlich des Meeres dieselbe «Sache». Auch er konnte nämlich nicht schwimmen, und auch er war unfähig, es zu lernen. Während die anderen herumplanschten und ihren Spaß hatten, wateten wir deshalb bis zum Bauch im Wasser herum und nahmen uns in acht vor den ankommenden Wellen. Wenn einer von uns beiden ausrutschte oder umgeschubst wurde, sollte der andere ihm helfen. So war unsere Abmachung.

Sie teilten mir mit, daß Stefano mich persönlich suchte, und ich rief ihn sofort an. Ich sollte schnell zu ihm nach Hause kommen. Zu der Zeit war er mit seiner Familie auf dem Land, in der Contrada Magliocco. Als ich kam, lag er im Unterhemd unter einem Baum. Er ließ mich auf einen Klapphocker Platz nehmen, wie man sie am Strand benutzt.

«Also, Giovannino, paß auf. Diese Woche findet ein Treffen in den Büros von Spatola statt. Ich weiß noch nicht, an welchem Tag. Du mußt dich bereithalten und innerhalb einer Viertelstunde vor dem Haus sein...»

Ich glaubte, ich solle Leibwächter spielen, aber es war etwas anderes. Ich mußte herausfinden, ob jemand das Treffen ausspionierte; wenn es zu Ende war, sollte ich dem Auto des Ehrengastes folgen und schauen, ob ihm weitere Autos folgten. Eine leichte Sache. Das Schlimmste war, zu Hause in der Wohnung neben dem Telefon sitzen zu müssen, wo es doch so heiß war und nicht einmal nachts abkühlte. Ich war auf den Geschmack von Bier gekommen und öffnete eine Dose nach der anderen. Schließlich kam der Anruf.

Der besagte Mann war klein, dünn, hatte ein eingefallenes Gesicht und ein paar weiße Haare auf dem Kopf. Spatola war bei ihm. Anschließend kamen Stefano und Totò Inzerillo, der verärgert aussah. Aber der war immer verärgert. Dann einer mit einem Schnurrbart, der laut redete und sich anhörte, als käme er aus Catania. Er ging Arm in Arm mit einem, den ich vom Sehen kannte. Es mußte ein Assessor des Abgeordneten Mattarella sein, der damals noch am Leben war. Sonst sah ich niemanden, aber beim Herausgehen waren es mehr: Sie mußten schon vor meiner Ankunft drinnen gewesen sein.

Stefano hatte gut daran getan, argwöhnisch zu sein. In einer Bar in der Nähe sah ich ein bekanntes Gesicht. Im Augenblick fiel mir der Name nicht ein, aber als die Zeit kam, Bericht zu erstatten, war er mir eingefallen. Er hieß Marchese. Sobald das Treffen begann, suchte er nach einem Telefon und machte einen Anruf, der etwa eine halbe Minute dauerte. Er hatte ein Motorrad dabei; im Verkehr von Palermo war das das sicherste Verkehrsmittel geworden, wenn man ein Auto verfolgen wollte, ohne es aus den Augen zu verlieren. Schließlich hängte er sich hinter das Auto von dem mit dem eingefallenen Gesicht: Es bog in den Park einer schönen Villa gleich außerhalb der Stadt ein. Dann schrieb der Motorradfahrer sich Hausnummer und Adresse auf und fuhr weg. Ich wartete etwa zehn Minuten, dann fuhr ich ebenfalls weiter.

Die Sache war allerdings noch nicht zu Ende. Stefano traf sich noch einmal mit diesem Mann, und diesmal saßen sie allein im Auto. Stefanos Fahrer war krank, deshalb mußte ich den Wagen fahren. Weil niemand Anweisungen gegeben hatte, fuhr ich geradewegs in Richtung dieser Villa. Als Stefano das merkte, gab er mir einen Klaps auf die Schulter.

«Wo fährst du denn hin, Giovannino? Dreh um, wir fahren zurück in Richtung Via Notarbartolo.»

Der andere fuhr sich ständig mit der Zunge über die Lippen. Er sprach mit einer dünnen Ziegenstimme, und manchmal verhaspelte er sich.

«Es besteht kein Grund zur Beunruhigung», sagte Stefano plötzlich, «darum können wir uns kümmern. Das ist kein Problem. Ach, wenn das unser einziges Problem wäre...»

Dann erklärte er ihm etwas in bezug auf den Flughafen Punta Raisi und nannte einen gewissen Coniglio oder Conigliaro, der dort arbeitete. Am Ende fragte er, wofür er sich entschieden habe.

«Ich warte noch auf eine Antwort. Kann ich Sie morgen nachmittag anrufen?»

«Ich rufe Sie an. Das ist besser», antwortete Stefano und sagte mir, ich solle vor einem alten Palazzo anhalten. Dort stand ein blauer Alfetta mit einem Mann am Steuer und zwei im Fond des Wagens. Der Mann am Steuer stieg eilig aus und kam die Tür unseres Autos öffnen. Die Verabschiedung dauerte lange, und als wir allein waren, schnaubte Stefano.

«So Gott will, hat er aufgehört, einem auf den Wecker zu gehen. Fahren wir zu Calogero Pizzuto nach Hause, Giovannino. Weißt du, wo er wohnt?»

«Nein, Exzellenz.»

«Ich zeige es dir. Fahr los.»

Wie gesagt, lange Zeit danach kam mir eine Seite des *Ora* unter. Da war ein Foto von Michele Sindona drin, der in den Vereinigten Staaten im Gefängnis saß. Ein italienischer Richter hatte seine Auslieferung nach Italien beantragt. Ich brauchte das Foto nur eine Sekunde lang anzusehen. Das war der Mann, den ich in die Via Notarbartolo gefahren hatte.

Es war ein Jahr voller seltsamer Ereignisse. Es schien, als machte sich jemand einen Spaß daraus, mich auf die Probe zu stellen: ob ich imstande war, meine Pflicht zu tun, ohne hinzuschauen, ohne zu sehen und ohne zu hören.

Diesmal war es Cosentino, der mir den Auftrag erteilte. Mit seinem Auto brachte er mich, nicht weit außerhalb von Palermo, in eine Gegend, die ich so gut wie gar nicht kannte. Er zeigte mir eine Villa, eine von diesen modernen weißen Villen, wie sie jetzt Mode sind. Er sagte, hinten sei ein kleines Holzfenster, das sich leicht aufbrechen ließe. Sobald es dunkel wurde, sollte ich in das Haus eindringen und mich in der Diele postieren. Vielleicht (er sagte «vielleicht», erhob dabei die Stimme und machte eine Handbewegung, die Ungewißheit andeuten sollte) würde eine Person kommen. Sie konnte um zehn, elf oder um Mitternacht kommen. Aber für alle Fälle sollte ich warten, bis es Tag würde.

«Und wenn derjenige kommt?» fragte ich. Cosentino machte die übliche Handbewegung mit der rechten Hand.

«Nur ein einziger Schuß. Aber auf Nummer Sicher.»

Ich fragte nicht, was ich tun sollte, wenn statt einem gleich fünf aufkreuzten, wenn die Person ein kleines Kind, ein Bischof oder ein Mitglied der «Familie» war. Er hatte nur offengelassen, ob diese Person überhaupt kam. Ich wollte sonst nichts wissen. Cosentino wirkte ein wenig derb in seiner Art und seinem Reden. Aber er war genauer als ein Deutscher; wenn Mimmo Teresi ihn aufziehen wollte, dann nannte er ihn auch so: *'u tedescu* oder *Musulinu*, Mussolini. Teresi konnte sich das erlauben. Er hatte in der «Familie» eine gehobene Stellung inne, außerdem war er mit Stefano verwandt.

«An welchem Tag soll das sein?»

«Vielleicht morgen. Nachmittags darfst du dich nicht von zu Hause wegrühren. Ich geb dir Bescheid.»

Statt dessen vergingen vier Tage. Als der Moment kam, hatte ich vor lauter zu Hause verbrachten Nachmittagen päpstliche Nickerchen gehalten und war bestens ausgeruht. Trotzdem ließ ich mir eine schöne Thermoskanne Kaffee abfüllen und fuhr los. Ich wollte den 127er an einem sicheren Ort stehenlassen. Wenn die Person wirklich kam, sollte sie nicht durch einen vor dem Haus geparkten Wagen mißtrauisch werden.

Als ich die Villa betrat, war es fast dunkel. Die Rolladen waren oben, und man sah noch etwas. Ich schaute mich im ganzen Haus um. Nicht aus Neugierde – ich wollte die Lage gut auskundschaften. Es war ein herrschaftliches Haus, das merkte man gleich. Obwohl der Kühlschrank ausgeschaltet war, mußten die Eigentümer oft herkommen; die Betten waren alle bezogen, und es herrschte Sauberkeit.

Ab und zu fuhr ein Auto vorbei, manchmal hörte man Stimmen, und ich stand jedesmal hinter der Tür bereit. Da es Dezember und kalt im Haus war, trank ich den Kaffee, mehr, um mich warm zu halten als gegen den Schlaf. Ich gehe gewöhnlich früh schlafen, kann aber, wenn nötig, gut wach bleiben. Gegen eins hörte ich ein Auto vor dem Haus halten. Unter der Tür hindurch war das Licht der Scheinwerfer zu sehen. Aber ich hörte keine Autotür zuschlagen. Das Auto blieb gut eine Minute mit laufendem Motor stehen, dann fuhr es weiter.

Um fünf machte ich mich bereit zum Aufbruch. Aus einem Fenster im ersten Stock warf ich einen Blick in die Runde, ob sich vielleicht etwas rührte oder ein Wagen in der Gegend parkte. Nichts. Ich wartete zur Sicherheit noch etwa zwanzig Minuten, dann ging ich raus, wie ich reingekommen war. Bei meinem 127er angekommen, merkte ich, daß jemand die Tür aufgebrochen und das Autoradio geklaut hatte.

Etwas später habe ich aus dem Lokalteil mit den palermischen Polizeiberichten etwas über diese Villa erfahren. Aber warum man mich dorthin schickte und wer hätte kommen sollen, weiß ich bis heute nicht.

Es wartete schon eine weitere Villa auf mich, obwohl es diesmal um eine andere Sache ging. Stefano hatte Don Masino Buscetta und seine Familie in einer Villa der Salvos an der Straße von Palermo nach Messina zu Gast, in der Nähe des Hotels *Zagarella*, wo ich viele Male hingegangen war, um Ware zu liefern und Geld zu kassieren. Es waren drei Gebäude. Mit einer gewissen Diskretion sollten Saro Menzapinna und ich das mittlere während der Weihnachtstage überwachen. Gefahr bestand keine, weil die Anwesenheit von Don Masino streng geheimgehalten wurde, aber man kann nie vorsichtig genug sein. Es gab auch einen Wächter, aber sobald wir kamen, scherte der sich fort. Anfangs ließen sich auch die Brüder Federico blicken, und am Abend schaute noch Cosentino vorbei. Dann blieben wir beide allein dort, denn wir hatten keine Familie, und es machte uns nichts aus, das Fest inmitten von Zitronenbäumen zu verbringen und in der Garage zu schlafen.

Ich habe auch Stefano ein paarmal gesehen, aber immer in Gesellschaft und das erste Mal mit einer Dame, die aus der Ferne wie seine Frau aussah. Auch Nino Salvo schaute vorbei, in einem Range Rover, den ich noch nie gesehen hatte. Ich stand gerade am Tor, er sah mich und stieg aus dem Auto, um sich ein bißchen mit mir zu unterhalten.

«Was wird da drinnen so geredet?» fragte er als erstes und zeigte mit der Nase in Richtung der Villa. Ich erklärte, ich sei zur Bewachung abgestellt und käme nie ins Haus hinein.

«Na, gut, daß es nicht kalt ist.»

«Immerhin wäre es bloß die palermische Kälte», antwortete ich, und er lachte. Wir wechselten noch ein paar scherzhafte Worte, dann stieg er wieder ins Auto.

«Wenn wir uns nicht mehr sehen sollten, ein gutes neues Jahr.»

«Ihnen auch, Exzellenz. Das brauchen wir wirklich, ein gutes Jahr – bei allem, was los ist.»

«Davon kann ich dir ein Lied singen», antwortete er. Und er lachte nicht mehr.

Am Silvestertag, hatte uns Cosentino mitgeteilt, würden Leute aus dem Hotel kommen und das festliche Abendessen, noch schön heiß, bringen.

«Hoffentlich fällt auch für uns was ab», sagte Saro, und Cosentino sah ihn schief an. Ich mochte ihn gern, den Saro. Aber in dem Punkt war er beschränkt. Er verstand nicht, daß man nie um etwas fragt; wenn die Sache schon abgemacht ist, braucht man nicht danach zu fragen, und wenn sie nicht abgemacht ist, ist Fragen sinnlos. Aber er war kein Mann, der solche Feinheiten versteht, und es brachte nichts, sie ihm zu erklären. Davon abgesehen, leisteten wir einander Gesellschaft. Er war ein Bursche voller Herzlichkeit und Respekt. Wenn es windig oder kalt war, machte er sich jedesmal erbötig, die Runde um das Anwesen zu drehen, auch wenn ich dran gewesen wäre.

Bei einer dieser Runden sah ich Don Masino von weitem, das war das einzige Mal. Er hatte seine Frau bei sich, eine sehr blonde, dünne Frau. Sie war elegant und jünger als er, und ich hatte gehört, daß sie aus einer reichen und mächtigen Familie stammte. Im übrigen war bekannt, daß Don Masino in Sachen Frauen schaltete und waltete, wie er wollte. An diesem Tag unterhielten sie sich und wirkten fröhlich. Noch hätte sich niemand vorstellen können, was später geschah und was für ein Prozeß auf Grund seiner Enthüllungen zustande kommen sollte. Die Richter und die Journalisten haben ihn einen *pentito* genannt, die Corleonesen nannten ihn noch vieles andere. Ich habe ihn im Fernsehen reden hören und ein paar seiner Erklärungen in der Zeitung gelesen.

Was soll ich dazu sagen? Don Masino war allein übriggeblieben, wie ich, und er befand sich in einem amerikanischen Gefängnis. Indem er redete, hat er seine toten Freunde gerächt und zugleich erklärt, warum er die, die er beschuldigte, nicht mehr für Ehrenmänner halten konnte. Vielleicht ist es ihm damit gelungen, sich in naher Zukunft die Freiheit zu erkaufen. Meiner Ansicht nach hat er an einem gewissen Punkt geglaubt, wenn weder Waffen noch Männer mehr auf die Schüsse der Corleonesen antworten könnten, würde man sie durch Enthüllungen vor den Richtern in die Knie zwingen. Und das hat er dann getan.

Jedenfalls habe ich an gewissen Dingen, die er erzählte, gemerkt, daß er wirklich mit den wichtigsten Männern der palermischen «Familien» auf vertrautem Fuß stand. Zum

Beispiel wußte ich nichts über die Meinungsverschiedenheiten zwischen Stefano und seinem Bruder Giovanni. Giovanni habe ich nie kennengelernt. Ich wußte, daß er der jüngere war und daß die beiden Brüder immer zankten, weil Giovanni neidisch war. Ich weiß nur noch, als sie Giovanni im Frühling 1980 verhafteten, sagte Cosentino, Stefano sei einen schönen Eingeweidebruch losgeworden. Bei ihm stand ein alter Mann, den ich manchmal sah, ein gewisser Panno; als der das hörte, fing er an zu lachen, und man sah sofort, daß er seiner Meinung war. Ich verstand nichts davon und sagte kein Wort.

Aber beim Zuhören kam mir eine Sache in den Sinn, die einige Zeit vorher geschehen war. Innerhalb der «Familie» hatten Wahlen stattgefunden. Saro hatte es mir gesagt. Ich glaubte nicht daran, ich hielt es für dummes Geschwätz, das Saro von sich gab, um sich die Zeit zu vertreiben. Was heißt das schon, Wahlen? War Stefano ein Abgeordneter, den man reinrasseln lassen konnte, indem man einen anderen wählte? Saro sagte zu mir, Ignazio Pullarà habe mit ihm gesprochen und ihn überreden wollen, gegen Stefano zu stimmen. Es war eine starke Gruppe, die auch außerhalb der «Familie» sichere Freundschaften hatte. Aber Saro war erschrocken und hatte gesagt, daß er drüber nachdenken müsse, und dann hatten sie nicht mehr nachgefragt.

An all das dachte ich während der Wachabende vor der Villa, in der die Familie Buscetta weilte. In dieser Silversternacht, nach einem guten Essen und einer halben Flasche Schaumwein, die uns der Wächter mit vielen guten Wünschen von Nino Salvo gebracht hatte, fragte ich Saro, wie die Sache mit den Wahlen ausgegangen sei.

«Ach ja. Cosentino wollte, daß auch du wählst. Hat er's dir nicht gesagt?»

Ich wußte nichts davon. Saro erklärte mir, Cosentino sei sich meiner Treue und meiner Stimme sicher gewesen. Aber die anderen hatten ihn an die Regeln erinnert: Wer war ich schon? Sie kannten mich nicht einmal. Manche kannten mich noch nicht einmal dem Namen nach. Am Ende waren die Dinge beim alten geblieben. Stefano hatte trotzdem gewonnen.

«Und was hat er anschließend gemacht?» fragte ich. Ich war wirklich verärgert. An seiner Stelle hätte ich sie mir sofort vom Hals geschafft, diese Ehrlosen. Wie kann man nachts ruhig schlafen, wenn man weiß, daß Leute in der Gegend rumlaufen, die einen aufs Kreuz legen wollen? Und sei es auch mit einer demokratischen Wahl.

«Woher soll ich das wissen? Nichts. Es ist nichts passiert. Wieder alles in Butter.»

Wir prosteten uns bis um zwei Uhr nachts zu, aber ich war nicht fröhlich. Ich hatte eine Vorahnung, daß das Jahr 1981, das alle begrüßten, indem sie Flaschen entkorkten und Feuerwerk abschossen, ein Kainsjahr für mich und andere werden würde.

Und so kam es auch.

17

Dabei hatte das Jahr gut angefangen. Unerwartet kam eine große Lieferung schmutzigen Geldes, das manche scherzhaft *munnizza* nannten, was so viel heißt wie Müll. Aber es war goldener Müll, denn man konnte ihn für die Hälfte, für ein Drittel, ja auch für ein Viertel kaufen, wenn er wirklich gefährlich war. In diesem Augenblick standen gerade nicht viele mögliche Erwerber zur Verfügung: Manche befaßten sich nicht mit solchen Geschäften, manche hatten andere Sorgen, wieder andere hatten nicht genügend *pìccioli*. Deshalb mußten schließlich ich und ein paar andere uns teilen, was auf den Teller kam.

Ich verstaute das Bargeld in einem netten Schließfach in einer Bank von Freunden in Agrigento. Über Cosentino kannte ich dort Calogero Pizzuto selig, der aus San Giovanni Gemini stammte. Er begleitete mich persönlich zum Bankdirektor, um die Sache sicher unter Dach und Fach zu bringen. Als ich vor der Rückkehr nach Palermo im Dorf vorbeischaute, fühlte ich mich wie Gott im Himmel. Ich hätte mir 100 Hektar Land und ein großes Haus auf dem Corso kaufen können, wenn ich gewollt hätte. Aber solchen Blödsinn wagte ich nicht einmal zu denken. Dort kannte mich inzwischen fast niemand mehr, und die wenigen, die mich ab und zu sahen, sollten weiter glauben, ich wäre der übliche Auswanderer, der kommt und geht und hofft, die Rentnerjahre an seinem Geburtsort verbringen zu können.

Während ich im Dorf war, geschah etwas, das ich nicht erwartet hätte. Mein Cousin wollte mich unbedingt zum Sonntagsessen einladen. Es waren etwa fünfzehn Leute da, und ich war gar nicht glücklich, weil ich kein Durcheinander mag. Außerdem war ich inzwischen gewöhnt, nur mit meinesgleichen zu reden, zu essen und mich zu vergnügen. Weil ich aber nicht nein sagen konnte, ging ich zur abgemachten Stunde hin. Neben mich setzten sie eine Frau von etwa vierzig Jahren, schwarz gekleidet, eine Gevatterin meiner Cousine. Sie hieß Crocefissa wie meine Mutter, aber alle nannten sie Fina oder Finuzza. Sie hatte ein kleines Kind, das ruhig und artig wie ein Erwachsener bei Tisch saß.

Am Ende des Essens, bei dem sich mein Cousin wie üblich eine große Flasche Wein einverleibt hatte, nahm er mich beim Arm, wohl mehr, um sich auf den Beinen zu halten als aus Sympathie, und schleifte mich auf die Terrasse. Es war ein klarer Tag, man konnte über die Felder bis zu den fernsten Bergen sehen.

«Also, was sagst du zu dieser Finuzza?» fragte er gleich; ich dachte, er bumst sie und will sich vor mir brüsten. Sie war eine Witwe, und den Witwen ergeht es meistens so, wenn sie sich nicht wieder verheiraten. Aber ich hatte unrecht. Mir wollten sie Finuzza geben!

Ich mußte lachen, aber ich konnte nicht lachen, sonst beleidigte ich meine Cousine, die eine gute Frau war. Die Eheleute wollten mich unbedingt unter die Haube bringen. Sie sagten immer wieder, ich solle mich darum kümmern, bevor ich fünfzig sei, sonst sei es zu spät und ich müsse mich bescheiden. Eine Witwe aus sauberer Familie und ohne viele Kinder sei genau das, was ich brauche. Meine Cousine verbürgte sich für Finas Charakter, und mein Cousin schwor, daß man dieser Frau im Dorf nie (und er legte seine Hand aufs Herz), niemals etwas hatte nachsagen können.

«Außerdem ist sie doch schön. Hast du gesehen?»

«Hab ich gesehen.»

«Und sie ist erst vierzig Jahre alt, vierzig mickrige Jährchen. Sie hat demnächst Geburtstag.»

Ich war nicht daran interessiert herauszufinden, ob meine Cousins der Gevatterin oder mir einen Dienst erweisen wollten oder ob sie andere Zwecke verfolgten. Um der Sache ein Ende zu machen, erzählte ich, ich hätte in Palermo schon eine Freundin, und wir wollten vielleicht noch dieses Jahr heiraten, sobald ich gewisse Dinge geregelt hätte. Ich sagte, ich sei dankbar für ihre Bemühungen, aber aus Gründen der Ehre könne ich einer anständigen Frau wie Finuzza nichts vormachen.

Und damit hatte es sich.

Ich kehrte nach Palermo zurück, und Cosentino war krank. Die Doktoren wußten nicht, was es war. Das Fieber kam und ging ohne Grund, und er mußte ständig im Bett liegen. Ich ging ihn sofort besuchen. Es waren noch andere Leute da, aber als ich kam, verabschiedeten sie sich und gingen in ein anderes Zimmer. Seine Frau brachte mir einen

Kaffee, dann blieben wir allein; er lag erhöht auf zwei Kissen, ich saß am Fußende des Betts.

«Ich habe auf dich gewartet, Giovannino...»

Der Moment für die Revanche war da. Wenige Tage zuvor hatten die Corleonesen in Casteldaccia Piddu Panno ermordet. Ob ich mich an Panno erinnerte, den älteren Herrn? Er hatte ein kleines Haus auf dem Land besessen, neben dem von Stefano.

«Ja, Exzellenz.»

Stefano mochte den alten Mann gern, er war ein Freund seines Vaters gewesen. Er hatte beschlossen, diesen Leuten beizubringen, daß sie aufhören und zu den Regeln zurückkehren müßten. Er wollte Totò Riina auf Nummer Sicher töten, und zwar bei der einzigen Gelegenheit, bei der man ihn überraschen konnte: während einer Versammlung der *principali*, der Chefs.

Mir brach der kalte Schweiß aus. Für die Justiz war Salvatore Riina flüchtig. Sie strengten sich an, die Armen, man konnte ihnen nicht nachsagen, daß sie sich nicht anstrengten. Aber sie fanden ihn einfach nirgends. Sie werden gedacht haben: Jetzt ist Totò alt geworden; er ist mehr als fünfzig. Sicher hat er es satt, sich dauernd in einem verfallenen Haus voller Ratten verstecken zu müssen. Ob er nicht vielleicht bald herauskommt und sich stellt?

Statt dessen lief er genauso wie ich in Palermo herum. Manchmal sprach ich mit einem, der ihn gesehen hatte. Aber niemand wußte, wo er sich versteckt hielt, und meiner Ansicht nach wechselte er das Versteck ständig. Es war also sehr schwierig, ihm eine Falle zu stellen. Darum wohl war Stefano auf die Idee gekommen, ihn einfach zu erschießen, während sie alle gemeinsam am Tisch saßen.

Aber das war der reine Wahnsinn. Der sichere Tod! Der Junge kam da nicht mehr lebend heraus. Das sagte ich auch Cosentino. Er ließ sich ein wenig Zeit, bevor er antwortete.

«Vielleicht hast du recht, vielleicht auch nicht. Das Risiko ist natürlich sehr groß. Daher hat D'Agostino folgenden Vorschlag gemacht. Jeder *suttacapu*, der Gruppenchef, ergreift für sich die Initiative und stellt ein Grüppchen auf, oder er führt die Sache allein durch oder bezahlt einen anderen dafür. Das ist sein Bier. Den anderen darf er nichts sagen. So ist gewährleistet, daß es geheim bleibt...»

Kaum hörte ich etwas von «geheim», dachte ich wieder daran, was mir Saro Menzapinna von Pullaràs Gerede vor den Wahlen erzählt hatte. Das mußte ich zur Sprache bringen. Wenn Pullarà einer von denen war, die dieses «Geheimnis» für sich behalten sollten, dann adieu, meine Herrn.

«Blödsinn, alles Blödsinn», antwortete Cosentino. Freilich hatte es Streitigkeiten innerhalb der «Familie» gegeben. Aber das habe schlimmer ausgesehen, als es dann war. Saro sei ein Dummkopf, wenn er so was ernst nahm. Unter uns gebe es keine Verräter. Streitereien gebe es immer, wenn man miteinander rede, aber sind Streit und Verrat vielleicht dasselbe?

«Hast du eine Ahnung, wie oft Stefano und ich unterschiedlicher Meinung waren? Das kann man gar nicht zählen. Soll das vielleicht heißen, daß ich ihn an die Corleonesen verkaufen will?»

«Nein, Exzellenz.»

«Fein. Jetzt hör zu...»

Mir brach wieder der kalte Schweiß aus. Als Gruppenchef hatte Cosentino beschlossen, mir die Aufgabe zu übertragen. Nicht nur das, sondern ich sollte mir selbst einen oder höchstens zwei Kameraden nach Wahl suchen. Er wollte nicht mal wissen, wer es war. Und weil ich in punkto Waffen das Herrensöhnchen spielte, sollte wenigstens einer der Kameraden mit der Maschinenpistole umgehen können, die manchmal das einzig Wahre sei. Wenn wir soweit wären, sollte ich es sagen, und er würde sich informieren und mir sagen, wo wir unseren Mann finden konnten.

Diese ganze Geheimniskrämerei machte mir eines klar. Cosentino wußte, daß es Verräter in der «Familie» gab. Er hatte es geleugnet, um mich nicht zu beunruhigen. Aber nach so vielen Jahren kannte ich ihn gut und sah, daß er sich Sorgen machte. Und an einem gewissen Punkt kam mir ein Verdacht. Wenn er den Pullaràs und anderen nicht traute, wie konnte dann bei der Versammlung der *suttacapi* offen über diese Sache geredet worden sein? Riina hätte in weniger als einer Viertelstunde davon erfahren. Und da begriff ich, daß das Ganze seine eigene Initiative war. Er hatte mir und vielleicht noch anderen den Befehl erteilt in der Hoffnung, daß es uns gelingen würde, Riina festzunageln, bevor Stefano beschloß, es selbst zu tun. Und das war richtig so: Was zählt das Leben eines Soldaten im Vergleich zu dem des Generals?

Ich verabschiedete mich und ging, die Hände in den Taschen, spazieren. Abgesehen von Saro kannte ich nur einen, der verläßlich war und mit dem Geschehen in Palermo nichts zu tun hatte. Ich sage seinen wirklichen Namen nicht. Nennen wir ihn Mariano. Er war aus Riesi, Sohn eines Mannes von Giuseppe Di Cristina. Ich hatte ihn in seinem Dorf kennengelernt, und später hatte er mich zu Hause besucht. Er wollte vorankommen, war noch jung, aber daran, wie er redete, merkte man gleich, daß er intelligent war und was im Kopf hatte. Außerdem haben diejenigen, die aus den Dörfern kommen, noch einen Sinn für Ehre und Respekt. Nur die Stadt läßt die Männer zu Tieren verkommen.

Ich suchte ihn auf und redete mit ihm, selbstverständlich ohne die Sache selbst zu erwähnen. Mich interessierte seine Bereitwilligkeit. Wenn er es sich nicht zutraute, wollte ich mit Carmelo darüber reden, der die Sache mit Lucia erledigt hatte. Aber Mariano freute sich, für mich zu arbeiten.

Dann erzählte ich Saro davon. Cosentino wäre damit nicht einverstanden gewesen, aber ich kannte Saro. Er liebte mich wie ein Hund seinen Herrn. Er hatte nie eine Familie gehabt: war als Bastard geboren und hatte nicht den Mut zu heiraten, weil er sich sicher war, daß seine Frau ihm dann Hörner aufsetzen würde. Er hatte mir das eines Abends anvertraut und mich schwören lassen, daß ich es nie jemandem erzählen würde. Ich war seine Familie.

«Sei es, wie es sei», sagte Saro, als ich mit ihm über die Sache sprach.

«Traust du es dir zu?»

«Meiner Ansicht nach ist das der sichere Tod. Aber wenn's heute nicht ist, dann ist es morgen.»

Um ihn zu trösten, nahm ich ihn mit in ein schönes Restaurant in der Stadtmitte, wo er noch nie gewesen war, und ließ ihn Sachen kosten, die er zum erstenmal aß. Wenn er trank, machte er mit dem Mund Geräusche, und ein paar Gäste drehten sich nach ihm um und sahen ihn schief an. Er merkte das und versuchte aufzupassen. Aber ich machte ihm Mut.

«Keine Sorge, Sariddu, wenn sie es wagen, etwas zu sagen, lassen wir sie unsere Rechnung mitbezahlen.»

Anfang April betrat ein gewisser Lanza die Bildfläche. Ich kannte ihn vom Sehen und wußte, daß er seinerzeit ein *uomo di rispetto*, ein ehrenwerter Mann, von Croceverde Giardini gewesen war. Aber jetzt zählte er nichts mehr, auch wenn er sich aufplusterte. Außerdem war er zu alt. Sie nannten ihn Ciancianedda, «Schelle», ich weiß nicht wieso.

Ich war nicht besorgt, als er plötzlich vor mir stand, aber ich wußte nicht, was er bei mir zu suchen hatte. Als er es mir sagte, konnte ich es nicht glauben. Die «Kommission» hatte beschlossen, endgültig mit Stefano Bontate abzurechnen, und ausgerechnet ich sollte die Arbeit ausführen. Angesichts gewisser Dinge, die zu kompliziert sind, als daß man sie glauben könnte, denkt man sofort, daß es ein Quatsch sein muß. Aber nicht einmal Don Calò Vizzini seinerzeit hätte sich erlaubt, mit einer Sache wie dieser zu spaßen. Ganz zu schweigen von einem alten Hasen wie Lanza.

Nach so vielen Jahren begreife ich noch immer nicht, wie diese Dinge laufen. Das wenige, was ich über «Kommissionen», «Kuppeln» und all diese Geheimbünde weiß, habe ich in der Zeitung gelesen, und nur Gott weiß, ob es wahr oder falsch ist. Bei den wenigen Malen, wo ich mitbekam, daß jemand mit Leuten aus meinem Bekanntenkreis über Sachen von dieser Größenordnung schwatzte, habe ich für meinen Teil nach Möglichkeit immer gleich kurzen Prozeß gemacht; wenn das nicht ging, hörte ich weg, sagte kein Wort und dachte an meine eigenen Angelegenheiten. Während die dann den Himmel betrachteten, um zu sehen, wie Gott und die Heiligen ihre Zeit zubringen, hielt ich den Blick auf den Boden gerichtet, um nicht in die Scheiße zu treten.

Für den Abend hatten wir ein kleines Essen unter Freunden geplant. Aber wer hatte jetzt noch Hunger? Ich ging ans Meer, um nachzudenken. Ich war ein toter Mann. Wenn ich mich weigerte zu gehorchen, waren meine Tage gezählt. Wenn ich es Stefano sagte, ebenfalls. Was hätte er tun können, um mich zu retten, wo er selber jeden Morgen aufstand und nicht wußte, ob er noch einen ganzen Tag vor sich hatte? Wenn ich die Arbeit erledigte, würden mich nachher beide Seiten suchen. Jedenfalls dachte ich gar nicht daran, sie zu erledigen. Wenn ich schon sterben mußte, sollten meine Hände bis zuletzt sauber bleiben.

Ich vestand bloß den Grund nicht. Manchmal hörte ich sagen, es gebe den einen oder anderen Ehrlosen, der bei uns eingeschleust worden sei, es seien sogar viele, und darum liefen die Dinge so schlecht, weil sich ein paar der Ehrlosen dank ihres Verwandtschaftsgrades auch in der Nähe von Stefano aufhielten. Das Gespräch mit Cosentino hatte diese Gerüchte bestätigt. Warum hatten sie dann den Befehl einem wie mir gegeben? Ich dachte die ganze Nacht darüber nach, konnte aber keine Antwort finden. Tags darauf begegnete ich Mimmo Teresi zusammen mit einem anderen, den ich bei dem kleinen Abendessen hätte treffen sollen.

«Du bist grün im Gesicht, Giovannino. Fühlst du dich nicht wohl?»

«Das ist der Magen. Ich habe die ganze Nacht kein Auge zugetan.»

«Hast du dich deshalb gestern abend nicht blicken lassen?» fragte der andere.

«Ja.»

«Hättest uns benachrichtigen können. Wir haben uns Sorgen um dich gemacht.»

Er hatte recht. Wenn einer in Zeiten wie diesen nicht pünktlich war, brachte er die wartenden Freunde auf schlimme Gedanken. Zum Schluß sagte Teresi, der mich schätzte, ohne es zu wollen, etwas, das mir die Augen öffnete.

«Du mußt bald wieder auf die Beine kommen. Die Verläßlichen werden andauernd gebraucht...»

Das war ich: einer, auf den Verlaß ist. Darauf bin ich stolz. Das wollte ich sein, und das bin ich immer gewesen: ein Ehrenmann, einer, der nicht zum Verräter wird. Ich konnte mich Stefano nähern, ohne seinen Argwohn zu erregen. Noch heute denke ich, daß es keinen anderen Grund dafür gegeben haben kann, daß sie mir Lanza nach Hause schickten: Wenn ich mich dafür entschied, dem Befehl zu gehorchen, hätte ich leicht zu der betreffenden Person vordringen können; gehorchte ich nicht, hatten sie sich Gewißheit über meine Gefühle für die «Familie» verschafft und wußten, daß sie mich ausschalten mußten.

Ich hatte noch ein paar Tage, um meine Angelegenheiten zu regeln und zu entscheiden, ob es besser war, mich Cosentino anzuvertrauen oder mich selbst aus der Klemme zu befreien, wie ich es immer getan hatte. Glücklicherweise war Stefano zu dieser Zeit sehr beschäftigt, und nur wenige konnten ihn unter vier Augen sprechen. Man sagte, er sei müde, er habe kein Vertrauen mehr.

Ich hörte bei diesen Dingen nur mit einem Ohr hin. Mein

Kopf arbeitete ständig, und meine Augen sahen sich dauernd in der Gegend um. Ich hatte beschlossen zu warten. Jeden Augenblick geschah etwas Neues, und früher oder später mußte sich der Wind drehen. Der Befehl lautete, sich Tag und Nacht bereitzuhalten, und das hieß, daß Großes bevorstand.

«Endlich sind wir dran, so Gott will», hatte Mimmo Teresi gesagt. Das bedeutete, daß die Zeit der Worte vorbei war; niemand konnte sich darüber mehr freuen als ich, denn wenn sich in dieser Zeit alle bedroht fühlten – ich war schon zum Tode verurteilt. Ich konnte mich nur retten, wenn der Krieg ausbrach und wir ihn gewannen. Inzwischen hielt ich Saro und Mariano bereit. Sobald Cosentino uns sichere Nachrichten von Riina gab, mußten wir handeln.

Aber es kam nicht so.

Am Abend des 23. April war ich mit allen anderen auf dem Land, um Stefano, der seinen dreiundvierzigsten Geburtstag feierte, Glück zu wünschen. Als er ging, verließ ich die Gesellschaft sofort, weil ich wegen einer persönlichen Angelegenheit eine gewisse Person treffen wollte. Ich war kurz vor Mitternacht damit fertig, aber ich war nicht müde. Ich fühlte mich frisch wie ein junger Mann. Deshalb beschloß ich, eine andere Person, mit der ich mich gelegentlich traf, zu überraschen. Sie hieß Teresa und war eine anständige Frau mit einem kleinen Kind. Ihr Mann arbeitete als Kellner in der Schweiz und kam nur im Sommer, zu Ostern und zu Weihnachten zurück. In der Schweiz wollte er sie nicht haben, weil, so sagte er, die Genehmigungen von den Behörden schwer zu bekommen seien. Meiner Ansicht nach gab es da noch eine andere anständige Frau mit einem anderen kleinen Kind, und der Kellner wollte Frauen und Kinder nicht miteinander bekannt machen.

Ich ging immer in der Nacht hin, weil mich tagsüber die Nachbarn sehen konnten und das Kind wach war. Ich brauchte keinen Lärm mit der Klingel zu machen, ich hatte meinen Schlüssel und trat ein. Am Morgen ging ich gegen sechs wieder. Ich bin als Bauer geboren, als Sohn von Bauern, und es ist mir nie schwergefallen, früh aufzustehen, weder im Sommer noch im Winter. Wenn ich Teresa verließ, fuhr ich ganz langsam nach Hause. Wenn es Sommer war, kaufte ich mir eine schöne *granita* oder ein nach palermischer Art mit Eis gefülltes Hörnchen; wenn es Winter war, einen Cappuccino. An diesem Tag hatte ich duftendes, warmes Brot gerochen und mir ein Weizenbrötchen gekauft, um es zu Hause in Ruhe zu verspeisen.

Als ich die Tür aufmachte, klingelte das Telefon. Es war einer der Federicos, ich weiß nicht mehr welcher, aber seine Stimme klang so aufgeregt, daß ich sie erst nicht erkannte.

«*L'ammazzaru! L'ammazzaru!*... Sie haben ihn umgebracht!» schrie er immer wieder. Ich verstand keinen Ton und sagte, er solle sich beruhigen, aber er hörte mir gar nicht zu. Schließlich konnte er dann sprechen: Stefano war tot. Sie hatten ihn am Abend zuvor erschossen, als er vom Fest nach Hause fuhr. Er stand an der Ampel. Ich weiß, daß er ein gepanzertes Auto bestellt hatte, einen Alfa Romeo, glaube ich. Es sollte ein paar Tage später geliefert werden. Aber wer weiß, ob die Scheiben dem Feuerstoß aus einer Kalaschnikow standgehalten hätten.

Ich sprang auf. Es blieb nicht mal Zeit zum Denken. Ich nahm nur das Geld, die Pistole und die Autoschlüssel mit. Das Brot blieb auf dem Küchentisch liegen und wurde kalt.

In einem Supermarkt am Viale Strasburgo kaufte ich ein. Es waren nur Hausfrauen und ein paar Rentner da. Ich nahm Lebensmittel aller Art in Dosen, H-Milch, trockenes Gebäck, Nüsse, Wein mit; an frischen Dingen nur, was sich im Kühlschrank lange hielt. Dann kaufte ich einen elektrischen Rasierapparat, ein Radio und noch ein paar Kleinigkeiten. Am Schluß war der Kofferraum des Autos randvoll. Um zehn war ich fertig: Jetzt mußte ich noch den Tag herumbringen, und zwar an einem sicheren Ort. Die sicheren Orte sind mitten in der Menschenmenge oder da, wo niemand ist. Ich trug immer das Meer im Kopf mit mir herum, und ich hatte festgestellt, daß keiner auf die Idee kommt, einem Angler ins Gesicht zu schauen oder einem, der auf der Mole sitzt und aufs Wasser starrt. Ich stellte das Auto neben einer Holzbaracke ab, so daß es von der Straße aus beinahe nicht zu sehen war, und verbrachte den Tag damit, auf einem Felsen zu sitzen und den alten Männern mit ihren Angelruten und Eimern zuzusehen.

Als es dunkel wurde, gingen sie alle fort, und ich blieb noch ein wenig sitzen, ohne an etwas zu denken. Zum Nachdenken würde ich noch genug Zeit haben. Ich atmete bei geschlossenen Augen den Geruch des Meeres ein, der für mich der Geruch von Freiheit ist. Dafür würde ich anschließend so gut wie keine Zeit mehr haben.

Um eins kam Wind auf. Ich fuhr gerade durch den Parco della Favorita, und die Bäume begannen sich zu biegen. Als ich in Mondello ankam, flogen leere Plastiktüten und Papierfetzen durch die Gegend, und es war keine Menschenseele zu sehen. Ich behielt dieses Häuschen seit vier Jahren im Auge, und jetzt war der Moment gekommen. Es gehörte einem Turiner Ingenieur, der jedes Jahr Anfang August kam und den ganzen Monat über blieb. Ich hatte das viele Male überprüft: nie zu Weihnachten, nie im Frühling, nur im August.

Die Häuschen daneben lagen alle im Dunkeln. Im Handumdrehen hatte ich die Tür geöffnet; ich brachte alle Sachen rein und fuhr mit dem Auto zurück. Um zwei ließ ich den 127er vor dem Bahnhof stehen und stahl einen Alfetta. Als ich wieder durch den Park fuhr, dachte ich daran, daß eine Polizeikontrolle genügte, und ich war geliefert. Ich bin nicht gut im Schnellfahren und konnte nicht fliehen, wenn sie mich verfolgten. Die einzige Hoffnung bestand darin, mich zu Fuß in die Büsche zu schlagen. Aber um diese Zeit und bei diesem Wind lagen alle im Bett. Ich ließ den Alfetta weit weg vom Häuschen stehen und ging zu Fuß weiter. Das war am frühen Morgen des 25. April. Dort drinnen bin ich bis zum 17. Juli geblieben, ohne je Licht zu machen, ohne je ein Fenster zu öffnen. Draußen ließen sie derweil, einen nach dem anderen, alle Männer der «Familie» verschwinden.

Ab und zu kommen mir diese 84 Tage meiner selbstgewählten Gefangenschaft wieder in den Sinn; sie haben mir das Leben gerettet und mich beinahe um den Verstand gebracht.

Tagsüber dachte ich nach, nachts träumte ich, und am Ende brachte ich beides durcheinander. Anfangs dachte ich nur an ihn, *'u carusu*, den Jungen, wie ihn die Älteren der «Familie» nannten; sie hatten ihn aufwachsen sehen, als er noch kurze Hosen trug und sein Vater eine der bedeutendsten Persönlichkeiten von Palermo war. Sie wußten, was er später für seinen Vater getan hatte, als der leidend im Bett lag; für seinen Onkel, der an derselben Krankheit litt; für seinen Bruder; für die Freunde; für all diejenigen, die ihn um etwas gebeten hatten. Stefano war wirklich ein Mann gewesen, großzügig und gut – zu gut für diese Judasse.

Dann war ich versucht, spätabends mit meiner Pistole hinauszugehen und ein paar von ihnen umzupusten. Von den Kleinen kannte ich viele. Ich wußte, wo ich sie finden konnte, ich wußte, wie sie dachten: Es wäre ein leichtes gewesen. Aber die anderen hätte zu diesem Zeitpunkt nicht einmal der Herrgott finden können.

In manchen Nächten hörte ich Autos vor dem Häuschen anhalten. Inzwischen war es warm geworden, die Leute kamen zum Badeurlaub. Jedesmal wenn ich eine Autotür zuschlagen hörte, lief ich zum Fenster und versuchte, durch einen Spalt des Rolladens etwas zu sehen.

Zwischendrin phantasierte ich. Ob sie nach mir suchten? Mit dem Radio hielt ich mich auf dem laufenden: Ich erfuhr, wer schon tot war und wer wie ich abgehauen war. Inzerillos Ende ließ mich begreifen, daß das Massaker nicht aufhören würde, solange nur ein einziger von uns am Leben und in Freiheit war. Nicht einmal das gepanzerte Auto hatte ihm was genützt. Es mußte das gewesen sein, das noch Stefano bestellt hatte. Aber kann jemand den ganzen Tag in einem Wagen leben? Sie hatten ihn erwischt, als er aus einem Hauseingang getreten war.

Ich versäumte keine Nachrichtensendung; es waren immer schlechte Nachrichten. Cascittuni war tot, umgebracht in seinem eigenen Bett. 'Nzino war tot: Sie hatten ihn zusammen mit Carmelo erschossen. Alle knallten sie ab. Es gab keine Hoffnung mehr. Der Krieg war zu Ende, noch bevor er ausgebrochen war. Wir hatten ihn noch nicht einmal angefangen, und schon war er verloren, weil alle anderen sich gegen uns verbündet hatten, Seite an Seite mit den Corleonesen. Und das Radio sprach nur von den Toten. Über die Vermißten wie mich wußten sie nichts, und auch ich wußte nicht, ob sie bei Teresa, im Dorf oder zu Hause nach mir gesucht hatten; ob sie den 127er gefunden hatten und glaubten, ich wäre mit dem Zug weggefahren.

Ich dachte an meine zwei Zimmer und an meine Sachen. Ob sie alles auf den Kopf gestellt hatten? Auf der Kommode stand, in einem silbernen Rahmen, eine Fotografie meines Vaters mit seiner schleifenförmigen Krawatte. Ich stellte mir vor, daß sie sie zerrissen oder zu Boden geworfen hatten, das Gesicht nach unten. Vielleicht stand sie auf dem Tisch eines Polizeikommissars oder war in den Händen von wer weiß wem...

Das Essen aus der Dose machte mich verrückt. Ich konnte dieses Zeug nicht mehr runterkriegen, schon gar nicht ohne Brot. Ab einem bestimmten Alter ist frisches Brot wichtiger als eine Frau. Der eine Tag, den ich auf der Baustelle in dem leeren Faß versteckt unter fürchterlicher Hitze und in Angst verbracht hatte, war besser gewesen als diese zweieinhalb Monate in dem Ferienhäuschen in Mondello. Inzwischen redete und lachte ich mit mir selber und hatte mir einen Spitzbart wachsen lassen, wo mich doch sonst das kleinste Härchen im Gesicht schon stört. Eines Nachts Ende Juni beschloß ich schließlich, für einen Augenblick nach draußen zu gehen.

Meine Beine zitterten. Ich machte kurze Schritte wie die alten Leute, und jedesmal, wenn ich jemandem begegnete, kratzte ich mich an der Nase oder auf der Stirn, damit sie mein Gesicht nicht deutlich sehen konnten. Man merkte, daß es Sommer war. Auch um diese Uhrzeit waren noch Leute unterwegs, und alle waren schön braungebrannt. Ich ging nur so nahe ans Meer, daß ich seinen Duft riechen konnte. Keine Wellen da: Es herrschte Windstille. Dann sah ich einen Obststand, einen von denen, die die ganze Nacht über offen haben. Sie verkauften auch eisgekühlte Wassermelone in Scheiben, und nach der ersten hätte ich noch weitere zehn verdrückt, aber der Inhaber hatte mich schon so komisch angesehen, weil ich so schnell schlang wie ein Tier, und ich wollte nicht, daß er mich später wiedererkennen konnte. Ich kaufte, soviel ich tragen konnte, und kehrte, glücklich wie ein Kind, ins Häuschen zurück. Aber ich ging nicht noch mal hinaus.

Der Ausflug hatte mir gutgetan. Ich konnte wieder klar denken, die Dinge begreifen. Vor allem eines, das wichtigste von allem: nach Stefano niemand mehr. Ich wollte keine Herren mehr. Ich wollte nur am Leben bleiben. Wenn ich es schaffte, mußte mein Leben anders werden. Jetzt weiß ich, daß es die Einsamkeit und die Aufregung waren, die mich so denken ließen. Ob ich am Leben blieb, hing nicht von mir ab. Nicht einmal diejenigen, die sich im Ausland versteckten, konnten sicher sein, daß sie davonkommen würden. Geschweige denn ich, der ich nur in Palermo Freunde besaß, und vielleicht hatten sie mir die schon alle umgebracht. Dennoch sah ich jeden Abend im Dunkeln auf die Straße hinaus und dachte immer dasselbe: Mein Leben mußte anders werden.

Den Tag des 16. Juli verbrachte ich mit Aufräumen. Eine Frau hätte gemerkt, daß jemand dagewesen war. Aber der Ingenieur war Witwer und alleinstehend. Ein Mann, ein Ingenieur und auch noch Turiner: Was konnte der schon merken, der arme Kerl! Spätabends brachte ich den Abfall raus, legte mich schlafen; tags darauf nahm ich mir den Spitzbart ab und ging auf die Straße hinaus wie ein gewöhnlicher Bürger. Gerade Zeit für einen Kaffee, und schon kam der Autobus Richtung Zentrum. Eine der schönsten Fahrten meines Lebens.

Keiner hätte sich träumen lassen, daß ich so plötzlich aus der Versenkung auftauchen würde. Wer nach mir gesucht hatte, glaubte, ich wäre weit weg; wer nicht nach mir gesucht hatte, glaubte, ich wäre tot. Zeit hatte ich wenig, aber der erste Schachzug war meiner. Gegen zehn kam ich bei der *Eden Bar* an. Es war schon jemand da, aber lauter unwichtige Leute. *Testa munnata*, der Glatzkopf, spülte gerade ein Glas und sah mich an, als wäre nichts.

«He, Giovannino, du bist da?»

«Da bin ich. Was wird so geredet?»

«Lauter alte Sachen... Ach, weißt du, sie suchen dich.»

Ich sah ihm genau ins Gesicht, um herauszufinden, ob ich recht gehört hatte: «Sie suchen nach dir» (...um dich zu töten) ist eine Sache, «sie suchen dich» (...um mit dir zu reden) eine ganz andere.

«Wer sucht mich?» fragte ich. Er lehnte am Tresen und beugte sich noch weiter zu mir, damit ihn niemand hörte, und sagte mir einen Namen und den dazugehörigen Spitznamen. Persönlich kannte ich ihn nicht, aber ich wußte, wer er war und für wen er arbeitete. Er hatte nach mir gefragt und wollte wissen, wo ich geblieben sei. Einer, der sich mit den Gepflogenheiten nicht auskannte, konnte denken, das wäre ein Trick, um mich aus meinem Bau zu locken, aber ich wußte, daß es nicht so war. Wenn man ein bestimmtes Ziel ansteuert, braucht man keine Nachricht beim Barmann zu hinterlassen. Ich legte das Geld für die Zeche auf den Tisch.

«Wiedersehen.»

«Auf bald.»

Ich mußte nur den Abend abwarten, und weil ich nicht zu Hause vorbeischauen konnte, machte ich einen schönen Spaziergang, und gegen Mittag beschloß ich, zu Teresa zu gehen: Das Kind würde schon nicht die Masern kriegen, wenn es mich einmal sah. Zur Vorsicht wollte ich nicht die Schlüssel benutzen, aber beim Klingeln merkte ich, daß ein anderes Türschild angebracht war. Eine halbe Zwergin mit Triefaugen kam mir öffnen.

«Ist die Signora nicht da?» fragte ich.

Sie wußte von nichts, sie kannte sie nicht einmal. Sie wohnte hier mit ihrer Mutter, einer Witwe und Rentnerin. Als sie herzogen, war die Wohnung leer gewesen. Ein Glück für zwei Frauchen mit wenig Geld und ohne Mann im Haus. Um zu erfahren, ob sie die Wahrheit sagten, blieb mir nichts anderes übrig, als ihnen einen Schreck einzujagen. Aber ich hatte schon begriffen, daß sie zu dumm waren, um mir etwas vorzuspielen. In der Tat brachte ich sie so weit, daß sie sich beinahe in die Hose machten, aber es kam nichts dabei heraus: Was sie wußten, hatten sie mir gesagt. Am Schluß weinten und zitterten sie. Dabei hatte ich sie nicht einmal angefaßt.

Für diesen Tag konnte ich nichts weiter tun. In dem Gebäude gab es keinen Hausmeister, deshalb fragte ich überall herum, Mieter, Ladenbesitzer, Nachbarn und so weiter. Keiner konnte mir etwas sagen, und vielleicht war es sogar wahr, weil Teresa ein zurückgezogenes Leben führte und auch nicht Palermerin von Geburt war.

Später, als die Dinge wieder irgendwie ins Lot gekommen

waren, suchte ich in Ruhe weiter nach ihr, fragte auch bei der Stadtverwaltung nach, wo man mir sagte, sie sei immer noch unter der alten Adresse gemeldet.

Am Ende resignierte ich. Teresa habe ich nie wiedergesehen.

18

Die Person, die mich suchte, war Nino Salvo. Er und sein Cousin Ignazio hatten alle sizilianischen Steuereinnahmestellen in Händen, außerdem Beziehungen auf hoher Ebene – zu Abgeordneten in Rom und Palermo, zu Bauunternehmern und Industriellen. Sie stellten eine Macht dar.

Mit Stefano waren die beiden Salvos nicht nur wegen gemeinsamer Interessen befreundet. Ich weiß, daß er und Nino einander gern hatten. Das sagte er mir auch gleich, als wir uns trafen: «Ohne Stefano ist es nicht mehr wie früher. Die Welt geht zugrunde, Giovannino.»

Ich rief ihn an, und er sagte, ich solle zu ihm nach Hause kommen. Es war ein wunderschönes Haus und voller kostbarer Gegenstände. Wir setzten uns auf eine Couch. Er wollte wissen, wo ich mich die ganze Zeit über versteckt hätte, ohne Unterstützung und ohne Nachrichten.

«Ich hatte ein Kofferradio, solange die Batterien hielten...»

«Hast du von Totuccio Inzerillo gehört?»

«Ja, Exzellenz.»

Sie hatten nicht nur ihn umgebracht. Nicht mehr da waren Totuccio und Angelo Federico sowie Giuseppe Di Franco. Mimmo Teresi war verschwunden und anschließend auch Emanuele D'Agostino. Contorno hatten sie umzubringen versucht, aber wenigstens er war mit heiler Haut davongekommen.

«Und Cosentino?»

«Der ist im Ucciardone-Gefängnis und kommt nicht mehr raus.»

«Existiert die ‹Familie› noch?» fragte ich. Salvo sah mich sonderbar an. Er nickte.

«Lo Jacono ist zum Regenten ernannt worden. Jetzt befehligen er und die Brüder Pullarà...»

Auch Vernengo, Saccone und andere waren noch da. Alle, die bei den verdammten Wahlen gegen Stefano gestimmt hatten. Die anderen tot, verschwunden oder abgehauen. Sie dagegen seelenruhig, als wäre nicht das geringste geschehen. Und keiner krümmte ihnen ein Haar. Ich schaute Salvo an.

«Sie haben ihr Spiel mit ihm getrieben, nicht?»

«Ja, genau. Wenn du wissen willst, wer Inzerillo verraten hat, frag danach, wer jetzt der Regent seiner ‹Familie› ist. In diesen Zeiten finden sich Judasse in Massen. Soviel du nur willst.»

Ich fragte ihn nach Saro Menzapinna. Er kannte ihn nicht einmal. Er ließ Kaffee bringen und fing an zu reden. Sie hatten vor kurzem einen Freund von ihm verschwinden lassen, den Ingenieur Lo Presti. Sie, das mußten «Cousins» sein, wenn ich nicht irre. Lo Presti war in Palermo wirklich ein großes Tier, einer von denen, die hundert Hände haben und sie alle arbeiten lassen. Dem, der es wahrhaben wollte, zeigte auch dieses Ereignis, daß jetzt alle verloren waren, die auf der Seite von Bontate und Inzerillo gestanden hatten. Vielleicht waren die Salvos wegen der *pìccioli*, die sie verschoben, und wegen ihrer politischen Beziehungen nicht in Gefahr. Aber gegen die Angst ist kein Kraut gewachsen.

Am Ende wurde er deutlich. Er wollte einen Leibwächter, einen Mann seines Vertrauens, eine Person aus dem Milieu. Und ich war in jeder Hinsicht geeignet. Ich sollte sein Sekretär mit Pistole sein. Der Vorschlag war gut, aber ich wollte wissen, was er mir dafür gab. Und dabei ging es mir nicht um Geld.

«Für eine Weile mußt du dich aus allem raushalten, Giovannino. Bringe deine Angelegenheiten ohne Eile in Ordnung. Ich verbreite inzwischen, daß du jetzt bei mir arbeitest. Du wirst sehen, sie lassen dich in Ruhe – sei es aus Respekt oder um ihres Vorteils willen. Persönlichen Streit haben sie mit dir ja nicht, oder?»

Ich verneinte und hoffte, daß der Auftrag, Totò Riina zu suchen, ein Geheimnis zwischen mir und Cosentino geblieben war. Denn wenn die Sache bekannt wurde, konnten nicht einmal ein Dutzend Salvos den daran hindern, mich aufzuspüren.

«Laß dich in zwei Wochen wieder blicken... wenn wir dann noch am Leben sind», sagte er; fünf Minuten später war ich draußen und spazierte durch Palermo, inmitten der Menschenmenge, die Hände in den Taschen und den Kopf voller Gedanken.

Und ich war am Leben.

Bevor ich fortfahre, will ich jetzt eines sagen. Ich habe schon einige Male von meiner ehrlichen Zuneigung für Stefano Bontate gesprochen, aber ich müßte hundert Seiten lang reden, um zu erklären, was für ein Mann er war. Als ich mich in Corleone aufhielt, hörte ich den Doktor sagen, nur der Heilige, die Mutter und der Ehrenmann seien fähig, selbstlos zu handeln. Die Mutter tut es immer, aber nur für ihre Kinder. Der Heilige tut es auch immer, und er tut es bei jedem, aber nur weil er ein Heiliger werden und beim Herrgott einen guten Eindruck machen will. Der Ehrenmann tut es nicht immer, und er tut es nicht bei jedem, aber wenn er es tut, ist es ein Freundschaftsbeweis, der keinerlei Entgegnung verlangt. Es ist eine hingestreckte Hand.

Das ist ein Ehrenmann, und Stefano war der letzte. Nach ihm kamen nur Mörder und Drogenhändler. Die «Familie», die er befehligte, hat sich um mich gekümmert. Sie hat mich beschützt, mich viele Dinge gelehrt, mir finanzielle Sicherheit gegeben. Mein Vater und meine Mutter haben mir ihre Liebe geschenkt, aber mehr konnten sie nicht tun. Mein Vater hat mich den Respekt gelehrt, aber ohne Macht und ohne Geld kann es keinen Respekt geben. Es kann höchstens Würde geben. Der *Cavaliere* und die anderen Herren, die mein Vater hatte, respektierten ihn nicht, aber er ließ sich nicht demütigen. Paolino und sein Bruder haben sein Alter nicht respektiert und ihn verprügelt, aber er ist als Mann gestorben und hat sie nicht angezeigt.

Das heißt Würde, und mehr konnte er nicht tun. Ich hingegen, die Pistole in der einen und Geld in der anderen Tasche, konnte mir bei jedem Respekt verschaffen. Nur Stefano hätte mir eine Abreibung verpassen können, wenn er gewollt hätte. Aber er hat es nie getan. Ebensowenig Cosentino und auch die anderen Freunde der «Familie» nicht.

Das wollte ich sagen.

Zwei Wochen lang verhielt ich mich wie eine Kanalratte. Tagsüber im Hotel, jeden Tag ein anderes, oder auf dem Zimmer mit einer Dirne, um mich für das Mönchsleben zu entschädigen, das ich in Mondello geführt hatte. Nachts unterwegs, um mir die Lungen mit Seeluft zu füllen.

Am Schluß versicherte mir Salvo, alles sei in Ordnung, und auch er kam mir ruhiger vor.

«Nächste Woche gehen wir nach Rom, Giovannino. Da reden wir ein bißchen miteinander.»

Und es begann ein anderes Leben.

Nino Salvo war kein Herr wie alle anderen. Er war gar kein Herr. Er verstand es nicht zu befehligen, war zu vertrauensseelig und fragte zu oft um Rat. Er war ins Geld hineingeboren, und das sah man. Er war wirklich vornehm und konnte mit Leuten seines Schlages umgehen: Deputierte, schöne Damen, Industrielle. Er fand immer die richtigen Worte, wußte immer, was zu tun war. Er brachte mir bei, wie man sich in feiner Gesellschaft benimmt. Er meinte, ich solle zu niemandem «Euer Gnaden» sagen, höchstens zu ihm, wenn wir unter vier Augen waren, falls ich das wollte. Es war nicht mehr gebräuchlich und machte einen schlechten Eindruck. «Wir geben uns nicht zu erkennen, Giovannino», sagte er manchmal. «Und Schluß mit den dunklen Anzügen. Kauf dir Hose und Blazer, kauf dir eine schöne Wolljacke, einen Rollkragenpullover aus Kaschmir.»

Ich verstand nichts von diesen Dingen, darum gab er mir anfangs Sachen von sich, die er nicht mehr trug. Nicht daß mir das Geld gefehlt hätte, um mir solche Sachen zu kaufen, aber ich kannte mich nicht aus, hatte Angst, etwas falsch zu machen. Er empfahl mir das eine oder andere Geschäft und meinte, ich solle sagen, ich käme von ihm, und ich bräuchte mich nicht zu schämen, den Inhaber oder die Verkäufer um Rat zu fragen. So fand ich heraus, daß es Schuhe für 500000 Lire gibt. Ein Wahnsinn: Nicht einmal Stefano, ein Milliardär, wäre auf die Idee gekommen, eine solche Unsumme für zwei Schuhe auszugeben, die dann doch schmutzig werden und sich abnutzen wie alle anderen. Aber Nino Salvo schenkte mir zwei Paar davon zu Weihnachten, und weil ich, wenn ich sie trug, wie auf Eiern ging, lachte er und sagte, ich solle nicht daran denken, sonst würde ich mich nie daran gewöhnen. Er verstand zu leben, der Don Nino.

Er hatte auch ein Boot. Er jedenfalls nannte es ein Boot, aber es war eine Art Schiff, sehr elegant und mit allem Komfort ausgestattet. Ich hatte damals diese Fahrt auf dem Fischerboot unternommen, und sie war mir wie weiß Gott was vorgekommen. Aber als ich eines Tages vor San Vito Lo Capo kreuzte, den Wind in den Haaren und ein kühles Getränk im Glas, war ich so gerührt, daß ich fast weinen mußte. Ich war schon sechsundvierzig und seit zweiundzwanzig Jahren in Palermo, aber schließlich war ich noch immer ein armer Bauer und halber Analphabet, ein «Schlammstiefel» – und dennoch nahm mich ein Herr wie Don Nino beim Arm und sagte:

«Möchtest du einen Whisky? Greif nur zu.»

Er nahm mich mit ins Hotel *Villa Igiea*, wo es einen kleinen Hafen für Boote wie seins gab. Ich hatte davon reden hören, es mir aber nicht so schön vorgestellt, und tatsächlich haben dort Prinzen und Könige aus aller Welt übernachtet, und die Bar, wo er mir einen Aperitif anbot, sah aus wie eine alte Kirche, mit bemalten Wänden und bogenförmigen Steindecken. Man hätte meinen können, sie reichten statt des Aperitifs die geweihte Hostie.

Er brachte mir auch das Reisen bei. Nach drei Monaten wußte ich soviel über Buchen, Einchecken, Taxis und Devisen, daß ich ein Reisebüro hätte aufmachen können. Einmal wollte er mich aufziehen und sagte, ich käme ihm vor wie ein englischer Baronet, einer von denen, die auf Fuchsjagden gehen. Ich mußte lachen.

«Was heißt da englischer Baronet. Kaum mache ich den Mund auf, merkt jeder, daß ich Sizilianer bin.»

«Ist das nicht gut so?» sagte er. Er schien ernsthaft verärgert. «Meinst du, man müsse sich schämen, Sizilianer zu sein?»

«Keineswegs.»

«Dann muß man es auch hören. Das wäre ja noch schöner.»

Gewiß, nach meinen Begriffen war er kein Ehrenmann. Aber ein jeder lehrt, was er lehren kann, und er hat mich viele Dinge gelehrt in der kurzen Zeit, die wir zusammen verbracht haben.

Er war nicht mutig. Er hatte Angst vor seinem Cousin, vor der Steuerfahndung, vor den Corleonesen. Vielleicht hatte er auch Angst vor mir. Ihm fehlte der Boden unter den Füßen, er fühlte sich nicht sicher. Morgens und abends verbrachte er Stunden um Stunden am Telefon. Und dauernd traf er Leute: Steuerberater, Rechtsanwälte, Geschäftspartner. Manchmal hatte er den Eindruck, es verfolge ihn jemand auf der Straße, und ich mußte eine Kontrolle machen, um ihn zu beruhigen. Dann schenkte er mir etwas, und für eine Weile war er beruhigt.

Aber es waren wirklich schlimme Zeiten. Täglich starb oder verschwand jemand. Don Nino ging es immer nahe, wenn es Leute waren, die er gekannt hatte. Nach Lo Presti blies man Francesco Di Noto das Licht aus, dann Don Calogero Pizzuto, der mir geholfen hatte, die große Geldsumme in einer Bank in Agrigento unterzubringen. Auch Don Nino kannte ihn. An dem Tag, als er davon erfuhr, hatte er ein ganz dunkles Gesicht: Er sah aus, als wäre er krank. Sein ganzes Leben lang hatte er lauter Freunde und Verbündete gehabt, die ihn beschützten. Jetzt waren die Freunde verängstigter als er, und die Verbündeten waren alle tot. Der einzige, der ihn noch beschützte, war ich.

Als sie versuchten, Scarpuzzedda zu verladen, war es Weihnachtstag oder Heiliger Abend, ich weiß nicht mehr. Scarpuzzedda blieb unverletzt. Die Rache folgte sofort: drei

Tote. Don Nino kam ein paar Tage später nach Palermo zurück. Er war schon informiert über die Vorgänge. Er nahm mich beim Arm.

«Siehst du, Giovannino: Sie sterben nur auf der einen Seite. Der Ewige Vater hat ein für allemal beschlossen, wessen Partei er ergreifen will.»

In diesen Tagen traf ich in der Via Duca della Verdura Saro Menzapinna. Ich erkannte ihn fast nicht wieder: Er war ganz dünn und hatte sich einen Schnurrbart wachsen lassen. Wir umarmten uns wie Brüder. Der arme Kerl, er konnte vor Freude kaum sprechen. Als sie den Fahrer von Stefano umbrachten, war er wie durch ein Wunder mit heiler Haut davongekommen. Danach hatte er sich bei einem Cousin zweiten Grades versteckt, der jedoch eine Unsumme Geld haben wollte, weil er, wie er sagte, bei dieser Sache sein Leben riskierte. Als das Geld zu Ende war, sagte er zu ihm, er solle sich verdrücken.

«Und du hast ihn nicht in die Fresse geschossen, Saro?» fragte ich ganz im Ernst. Er verzog wie üblich das Gesicht.

«Was, so vertraulich hätte ich mit ihm werden sollen, mit diesem Ehrlosen?»

Ich freute mich, ihn zu sehen. Inzwischen hatte ich mich an die Einsamkeit gewöhnt, aber ab und zu ist es schön, mit einem Freund zusammen zu sein, ohne an die üblichen Dinge zu denken. Wir sprachen über vieles. Er erzählte mir von den toten Freunden. Vor seinen Augen hatten sie Mariano umgebracht, und dann hatten sie ihn mit dem Auto fortgeschafft, einem hellen BMW. Auf dem Boden war nur ein bißchen Blut zurückgeblieben, und die Nachricht wurde nicht einmal vom *Ora* gebracht, der diese Dinge aufmerksamer verfolgte als der *Sicilia*.

Saro war verängstigt und entmutigt. Ich gab ihm etwas Geld, aber noch nötiger brauchte er einen sicheren Platz. Inzwischen waren alle *pirtusi* abgebrannt. Geblieben war der eine oder andere noch ziemlich verläßliche Bekannte. Ich brachte ihn zu einem Ladenbesitzer in der Via dell'Airone. Es war ein Witwer ohne Kinder, der allein lebte, und über dem Geschäft hatte er eine große Wohnung. Er war nicht sehr glücklich über diese Sache. Jetzt, da in Villagrazia die «Familie» Bontate zerstört war und diejenigen befehligten, die ihn verraten hatten, hatten alle Angst. Und das ist verständlich. Aber schließlich sah er es ein: Für drei Monate war Saro gut aufgehoben.

«Der Herr möge es dir vergelten», sagte er, als wir uns verabschiedeten. Ich legte ihm ans Herz, vorsichtig zu sein und auf keinen Fall vor die Tür zu gehen. An meinem ersten freien Abend wollte ich ihn zum Essen ausführen. Ich wußte nicht, daß Saro schon ein toter Mann war, als ich ihn zum Abschied umarmte, um ihm Mut zu machen. Ich habe ihn nie mehr gesehen. Denn als ich zurückkam und dem Ladenbesitzer sagte, er solle meinem Freund mitteilen, daß ich da sei, sah der mich ganz verstört an. Er traute sich nicht zu reden. Seit ich ihn hätte abholen lassen, habe er Saro nicht mehr gesehen.

«Wer hat ihn abholen lassen?» fragte ich und packte ihn beim Kragen. Aber ich hatte schon begriffen, wie die Sache gelaufen war. Sie waren zu zweit gewesen, beide jung, mit einem schwarzen BMW. Sie sagten, sie kämen von mir und hätten eine dringende Nachricht. Und Saro, der arme Kerl, hatte mitten unterm Rasieren aufgehört, um meinem Ruf schnell zu folgen. Auch der Ladenbesitzer hatte keinen Verdacht geschöpft. Nur ich wußte, daß mein Freund bei ihm war, und nur ich konnte ihn rufen lassen.

Möglich, daß er selbst der Verräter war, daß er sich hatte kaufen lassen. Aber ich kannte ihn: Aus Gemeinheit wäre er dazu fähig gewesen, aber für Geld nicht. Darum gab es nur zwei Möglichkeiten: Entweder hatten sie uns zufällig zusammen gesehen und ihn dann in der Gegend gesucht; oder sie hatten mich im Auge behalten und dabei ihn gesehen.

Und er stand nicht unter dem Schutz von Don Nino: Er war Schweinefleisch, mein Freund Saro Menzapinna. Niemand war beleidigt, wenn sie ihm das Licht ausbliesen.

Gewißheit über sein Ende habe ich nie erhalten. Aber fünf oder sechs Monate nach dieser Sache habe ich einen *picciotto* der «Familie» vom Corso dei Mille getroffen. Im Vertrauen erzählte er mir, er sei selber nicht beteiligt gewesen, aber er wisse, daß Saro im Auto und in Tücher gewickelt an einen bestimmten Ort gebracht worden sei, und er nannte im Dialekt einen Namen, den ich damals nicht verstand. Sehr viel später habe ich in der Zeitung einen Bericht mit vielen Fotos über die «Todeskammer» gelesen, die sich in Porto Sant'Erasmo hinter der Villa Giulia befand. Auf der Mole hinter einem alten Haus lösten Filippo Marchese und die Seinen ihre Opfer in Fässern voll Säure auf. Da blieb nichts übrig: nur die Armbanduhr und die Goldzähne, wenn sie welche hatten.

Ich weiß nicht, warum sie das mit Saro gemacht haben. Vielleicht als Gefallen gegenüber den Corleonesen, die unsere ganze «Familie» auf dem Friedhof sehen wollten. Vielleicht hatte Saro sich auch naiv bei diesen Leuten angebiedert in der Hoffnung, am Corso dei Mille unterzukommen. Und die hatten ihm tatsächlich einen Platz verschafft – in einem dieser Fässer.

19

Im Mai 1982 traf General Dalla Chiesa in Palermo ein. Don Nino nahm das ganz schlecht auf. Nicht genug mit der Angst vor der Zollbehörde und vor den Corleonesen. Nicht genug mit der Angst, er könnte schwer krank sein, die ihn kürzlich befallen hatte. Ich merkte, daß er mehr als alles andere den General fürchtete.

«Der wird mich noch verladen», sagte er. «Der meint es ernst. Wenn der einen aufs Korn nimmt, will er selbst die

Marke der Rasierklingen wissen, die man benutzt. Das ist ein Carabiniere aus Piemont...»

Er rechnete jeden Augenblick damit, verhaftet zu werden, aber er sagte das niemandem, denn in Palermo schätzten ihn alle so hoch wie einen Finanzminister. Sein Cousin Ignazio fühlte sich, soweit ich das merken konnte, sicherer. Aber Don Nino war besorgt. So sehr, daß er eines Tages heimlich etwas tat, das ich nicht erwartet hätte. Er nahm mich in eine Bank mit, die ich nicht nennen kann; er besaß dort ein Schließfach, eins von den großen. Er ließ mich ein paar Papiere unterzeichnen und sagte, ich sei jetzt zusammen mit ihm Inhaber dieses Schließfachs geworden.

«Hoffen wir, daß ein Haufen Geld drin liegt», sagte ich im Spaß, während wir in das Kellergeschoß der Bank hinunterstiegen. Aber er hatte keine Lust zu lachen. Kaum waren wir allein, öffnete er die Kassette. Es waren Papiere drin: mindestens fünf Kilo Papiere. Pläne, Quittungen, Fotokopien von Schecks, Namenslisten. Lauter Dinge, von denen ich nichts verstand. Er erklärte mir, er erwarte eine Hausdurchsuchung, und diese Papiere könne er weder zu Hause noch im Büro verstecken.

«Den Schlüssel behältst du. Wenn mir etwas zustößt, kommst du sofort mit einer großen Tasche her, machst sie voll und läßt sie verschwinden. Verbrenn sie. Hast du verstanden?»

Ich hatte verstanden, aber diese Sache war mir nicht geheuer. Es bestand immer die Gefahr, daß die Untersuchungen bis zu dieser Bank führten und dann zu dem leeren Schließfach. Um in das Kellergeschoß zu gelangen, mußte man eine Unterschrift leisten. Was würde ich den Ermittlungsrichtern erzählen, wenn sie daherkamen und ich Rechenschaft ablegen sollte über die Sache?

«Du mußt dir über diese Dinge keine Sorgen machen, Giovannino. Der Direktor gehört unserem eigenen Verband an. Sobald er Bullengestank riecht, wartet er, ob du dich blicken läßt, und wenn nicht, läßt er Kassette und Unterschriften verschwinden. Nicht einmal ein Windhauch von diesen Papieren bleibt übrig.»

Ich befestigte den Schlüssel am Schlüsselbund unter meinen eigenen und dachte nicht mehr daran. Auch er sprach von diesem Tag an nicht mehr davon.

Ende August geschah etwas, das ich seit langem erwartet hatte. Ich hatte gewisse römische Gäste in ein Restaurant begleiten müssen. Eineinhalb Stunden später sollte ich sie mit dem Auto wieder abholen kommen. Beim Hinausgehen traf ich einen der «Familie», einen von denen, die angeblich Stefano an die Corleonesen verkauft hatten. Er war zusammen mit zwei älteren, elegant gekleideten Männern da. Kaum sah er mich, blieb er stehen, entschuldigte sich bei den anderen und führte mich in eine Ecke, wo uns niemand hören konnte.

«Na, was machst du so?»

Am liebsten hätte ich ihn an die Wand geklatscht. Im März hatten sie in Rom Totò Contorno verhaftet. Die anderen Männer der «Familie» waren entweder tot oder vermißt. Die übrigen hatten entweder Verrat geübt oder die Hosen runtergelassen. Und dieser fette, aalglatte Hurensohn ging furchtlos in Restaurants ein und aus, seelenruhig wie der Papst in Rom. Und von mir wollte er wissen, was ich so machte.

Ich gab zur Antwort, ich schlüge mich so durch. Er fing an, mir ins Gewissen zu reden. Er sagte, die «Familie» könne man nicht so einfach verlassen. Ich sei gegangen, ohne was zu sagen, ohne jemandem zu erkennen zu geben, auf welcher Seite ich stünde.

«Auf der Seite der Lebenden», sagte ich ihm ins Gesicht. Die hingegen wollten mich auf der anderen Seite, auf der Seite, wo jetzt der selige Stefano, Teresi, D'Agostino, Saro und die anderen fünfzig Pechvögel standen. Außerdem fand ich die Sache mit der Treue zum Lachen. Er hatte immer so getan, als kenne er mich nicht. Ich bin sicher, daß er nicht einmal meinen Familiennamen kannte. Als es soweit war, hatten sie mich nicht mit abstimmen lassen; bei der Verteilung der Geschäfte zählte ich entweder gar nicht oder wurde zuletzt gefragt. Und jetzt beschwerte sich dieser Gevatter Pimmel, weil ich mich der «Familie» gegenüber nicht anhänglich zeigte. Falsch wie Judas, ein Mörder und ein Mann ohne Ehre.

Für mich war Stefano die «Familie». Höchstens noch Cosentino. Der Rest war mir egal. Das sagte ich ihm, und er machte ein finsteres Gesicht.

«Na, du mußt Don Nino danken...»

«Don Nino und auch der da», antwortete ich und schlug mir auf die Brust, wo die Pistole saß. Er sagte kein Wort. Bevor er ging, sah er mich wieder an wie vorher schon. Aber er verschwendete seine Zeit. Ein Mann wie der war nur für den gefährlich, der ihm vertraute. Man durfte ihm nur nie den Rücken zukehren.

Anfang September erschossen sie den General. Ich hörte gerade Radio. Radiohören mochte ich immer lieber als Fernsehen. Man braucht nicht hinzuschauen. Man hört zu und erledigt inzwischen seinen Kram. Es war später Abend. Ich aß zu Ende und ging ins Bett. Ich dachte, daß es zu Zeiten von Don Peppe Genco Russo und Don Calò Vizzini niemand gewagt hätte, auch nur einen Gefreiten anzurühren. Jetzt dagegen beseitigten sie so mir nichts dir nichts keinen geringeren als einen General, der zugleich Präfekt von Palermo war.

«Sie haben ihr Spiel mit ihm getrieben», sagte Don Nino, als er mich in sein Büro kommen sah. Weil ich um seine Sorgen wußte, erlaubte ich mir, ihn zu fragen, ob er froh sei.

«Weder froh noch beruhigt. Du wirst sehen, was für ein Schlamassel jetzt kommt. Ich sehe sie schon vor mir, die Schlagzeilen in der Zeitung, die Anhörungen im Parlament. Das gibt Schwierigkeiten für alle, du wirst sehen. Von wegen beruhigt! Leute, die den Mumm gehabt haben, den General zu erschießen, überlegen sich manche Dinge gar nicht und machen vor nichts halt. Verstehst du, was ich meine?»

Ich verstand es. Und ob ich es verstand! Ich hatte es nicht glauben können, als sie den Doktor erschossen; als sie Di Cristina umbrachten; als sie Stefanos Hirn verspritzten. Worüber sollte ich mich jetzt noch wundern? Ich schaute Don Nino an und dachte, daß vielleicht auch er dazu bestimmt war, aufrecht in den Schuhen zu sterben. In seinen Schuhen zu 500000 Lire.

Ich schleppte einen Doppelzentner Zeitungen an. Ich hatte noch nie so viele auf einmal gesehen. Sie schrieben alle über das Verbrechen an Dalla Chiesa, und eine jede tat so, als wisse sie Dinge, die nicht einmal das Parlament wußte. Don Nino schmiß ab und zu beim Lesen eine Zeitung in die Luft.

«Donnerwetter, die müssen wirklich blöd sein!» rief er. Dann hängte er sich ans Telefon.

Viel Geschwätz und keine Wahrheit. Die Wahrheit ist, daß sie den General nach Sizilien schickten, um zu beweisen, daß sie zu allem bereit waren, was getan werden mußte. Aber sie wußten, daß er an einem Ort wie Palermo keine Chance hatte. Und wenn er versuchte, wirklich etwas zu tun, würde man ihn beseitigen. Deshalb machten sie sich keine Sorgen: entweder unnütz oder tot. Er hatte die Wahl.

«Der läuft auch noch herum wie ein Tourist, ohne Begleitschutz, ohne gepanzertes Auto, ohne Waffen», sagte Don Nino am Telefon. «Für wen hielt der sich eigentlich? Den großen Unsichtbaren?»

Aber ich merkte, daß er sich jetzt sicherer fühlte. Er telefonierte ungeniert in meiner Gegenwart, und ich hörte, was er sagte. Dann teilten sie ihm eines Morgens mit, daß sein Telefon bald abgehört werden würde. Ich stand dabei. Don Nino wurde blaß. Das bedeutete, daß man sich, ob mit oder ohne General, noch für ihn interessierte.

Er wechselte das Telefon. Er sprach vom Apparat eines

Pfarramts bei sich in der Nähe. Der Priester ließ ihn ein aufgeräumtes Zimmer vorfinden, brachte uns Kaffee und verdrückte sich dann. Ich hörte ganz still zu und dachte nach. Don Nino sprach mit Rom: mit großen Tieren aus dem Parlament und den Ministerien. In seinem Notizbuch hatte er die Geheimnummern von allen. Sie hatten ihn schon von der Sache mit dem abgehörten Telefon in Kenntnis gesetzt. Danach informierten sie ihn über die Ermittlungen: wer der Untersuchungsrichter war, was er in der Hand hatte. Es gab da jemanden in der Untersuchungsbehörde, der ihn alle zwei oder drei Tage anrief und ihm einen schönen Bericht über die Neuigkeiten gab. So wußte er, wovor er sich in acht nehmen mußte, und hatte die Zeit, seine Angelegenheiten so gut es ging in Ordnung zu bringen.

Ich dachte an Marchese, Inzerillo, Cavataio, an alle, die überzeugt gewesen waren, das Kommando zu führen, nur weil sie schossen. Die mit ihren Kalaschnikows! Die wahre Kalaschnikow war das Telefon. Während Don Nino und seinesgleichen so viele Cavataios in Dienst nehmen konnten, wie sie wollten, konnten die mit der Maschinenpistole um Gefälligkeiten nur bitten. Mir kam der Verdacht, daß auch Stefano gewisse Dinge nicht begriffen hatte.

Nur die Corleonesen waren imstande, sich durchzusetzen. Wenn die schossen, schauten sie nicht auf die Rangabzeichen auf den Schulterstücken. Deshalb erschraken am Ende auch Don Nino und seine Freunde und versuchten, sie stets zufriedenzustellen. Ich habe sogar gesehen, wie er mit Leuten sprach, die als flüchtig galten. Einen hat er an einem Samstagabend getroffen: Ich erinnere mich daran, weil ich hörte, wie sie sich am Telefon verabredeten, und ich erwartete sogar, mitgehen zu müssen. Doch dann nahm man mich nicht zu dem Treffen mit, ich weiß nicht warum, und ich habe nie erfahren, um wen es sich handelte.

An einem gewissen Punkt wurde die Untersuchung langsam gefährlich. Don Nino wurde immer nervöser, und eines Abends in seinem Büro schrie er den Rechtsanwalt an, weil sich keine Möglichkeit fand, etwas Ruhe zu schaffen.

«Mit der kriminellen Vereinigung können sie dich immer reinlegen», sagte der Rechtsanwalt. Er sagte es drei-, vier-, fünfmal. Und er hatte recht, denn die Anklage folgte auf dem Fuß, und alle Zeitungen zerrissen sich das Maul darüber. Eigentlich ziehen die Richter die kriminelle Vereinigung immer dann aus der Schublade, wenn sie jemanden verhaften wollen, aber einen Dreck an Beweisen haben. «Das sagt alles oder nichts, je nachdem, wie sie gerade aufgelegt sind», hatte mir einmal der Anwalt der «Familie» erzählt.

Die Angelegenheit mit der Anklage war aber noch gar nichts. Was zählte, war, daß mächtige Männer wie die Salvos von irgendeinem Richter in ihrer eigenen Stadt auf solche Weise einem Ermittlungsverfahren unterzogen werden konnten. Alle sagten, es gehe um die Sache mit den Steuereinnahmestellen, aber ich hatte gehört, daß sie die bereits 1982 abgegeben hatten, weil es damals eine Untersuchung gab und große Tiere der Region angeklagt wurden.

Tags darauf begleitete ich ihn in eine Villa in der Nähe von der, wo die Familie Buscetta das Weihnachtsfest verbracht hatte. Er fuhr sehr langsam und redete. Er sagte, dieser Untersuchungsrichter könne ihn kompromittieren, er wisse nicht, was er tun solle. Er wollte wissen, ob sich Stefano je in einer solchen Situation befunden hätte. Das war eine seltsame Frage, denn er war ein enger Freund von Stefano gewesen und hätte daher gewisse Dinge wissen müssen und nicht mich danach zu fragen brauchen. Auf einmal begriff ich, worauf er hinaus wollte.

«Don Nino», sagte ich zu ihm, «ich habe noch nie auf einen Richter geschossen. Außerdem ist das keine Arbeit, die einer allein erledigen kann. Dafür braucht man die richtigen Waffen und die richtigen *picciotti*, und diese Dinge haben vorläufig nur die Corleonesen...»

Ich wollte bei allem Respekt noch hinzufügen, daß ich auf keinen Fall etwas unternehmen wollte. Bei ihm konnte ich es mir erlauben, so was zu sagen. Aber er ließ mich nicht ausreden. Er fing an zu lachen.

«Das wollte ich doch gar nicht sagen, Giovannino. Verwechselst du mich mit Al Capone?»

Wir sprachen nicht mehr darüber, und es war Anfang Juni. Ein paar Tage später brachten sie Hauptmann D'Aleo um. Die Offiziere der Carabinieri dienten mittlerweile als Schießscheiben: Russo, Basile, D'Aleo, vom General ganz zu schweigen. An diesem Punkt wunderte sich keiner mehr. Es war ein Massaker geworden.

Auch ich wunderte mich nicht mehr. Ich wußte noch nicht mal, ob ich am Leben bleiben würde und wollte keine Pläne schmieden. Ich lebte in den Tag hinein, aber mit offenen Augen. Wenn ich mit Don Nino zusammen war, fühlte ich mich ruhig, aber wenn ich allein war, genügte mir alle Vorsicht der Welt nicht. Ich sah jedem, dem ich begegnete, sorgfältig ins Gesicht, und ab und zu drehte ich mich um, um festzustellen, ob mir einer folgte.

Gegen Mitte Juli sagte Don Nino zu mir, ich solle ein paar Tage Urlaub nehmen und ins Dorf fahren. Ich wollte eigentlich ein wenig ans Meer, an einen kleinen Strand Richtung Capo Zafferano. Aber er wollte mich unbedingt ins Dorf schicken, und ich dachte, das könne eine gute Gelegenheit sein, um zu sehen, wie die Dinge auf dem Feld liefen, und um das Haus ein wenig in Ordnung zu bringen. Ich hatte feuchte Flecken an der Decke gesehen und wollte mich darum kümmern, bevor die kalte Jahreszeit kam.

Aus Vorsicht nahm ich nicht die Autobahn, die in manchen Fällen eine Falle ohne Ausweg ist. Kurz vor Santa Caterina Villarmosa sah ich einen Fiat 126 stehen und daneben eine Frau, die versuchte, einen platten Reifen zu wechseln. Sie machte mir Zeichen stehenzubleiben. Es waren keine anderen Wagen zu sehen, und wir befanden uns auf freier Strecke. Ich fragte, was geschehen sei.

«Ich kann den Reifen nicht wechseln und habe mir dabei weh getan...»

Es war eine schlimme Wunde, sie verlief von der Mitte der Hand bis zum Puls hinauf. Ich verband sie mit meinem Taschentuch, und inzwischen plauderte ich mit ihr, um sie nicht zu ängstigen. Sie war eine kleine Lehrerin, eine von diesen fröhlichen Junggesellinnen, die sich daran gewöhnt haben, auch ohne Ehemann zurechtzukommen. Sie war um die Fünfundvierzig. Mit ihrer Hand konnte sie nicht lenken, darum brachte ich sie mit meinem Auto ins Dorf. Sie wohnte allein im obersten Stock eines alten Hauses, das ansonsten leer stand.

Sie bot mir einen Kaffee an und erzählte, sie sei aus Randazzo, eine Waise, und ihre Schwester, die einzige Verwandte, sei Schulleiterin in Rom oder in der Nähe von Rom. Abgesehen von der Nase war sie nicht einmal häßlich, das arme Ding.

«Wenn Sie nichts mehr brauchen, fahre ich wieder», sagte ich an einem gewissen Punkt, und da sie darauf bestand, daß ich noch blieb, antwortete ich mit dem ersten blöden Spruch, der mir in den Sinn kam.

«Wenn ich zu lange bleibe, denken die Leute vielleicht wer weiß was...»

«Was sollen sie schon denken? Hier wohnt höchstens noch ein Mäuschen. Außerdem bin ich nicht hier aus dem Dorf: Wenn die Leute tuscheln wollen, ist das ihr Problem.»

Sie lachte. Aber ich lachte nicht. Ich sah sie an und dachte nach. Vielleicht war es bald wieder soweit, daß ich mir eine ruhige Bleibe suchen mußte. Wo konnte ich eine ruhigere finden als diese hier?

«Ich heiße Giovanni...»

Ich blieb zwei Tage. Länger konnte ich nicht. Signorina Margherita hatte den Appetit eines jungen Mädchens, war aber keins mehr. Sie verlangte mir einen Rosenkranz von Schwüren ab, und weil ich gesagt hatte, ich sei verheiratet und Vater von vier Kindern, fragte sie mich weder nach Adresse noch nach meiner Telefonnummer.

«Auf dem Rückweg nach Palermo komme ich wieder vorbei.»

«Wann wird das sein?»

«Anfang August», antwortete ich, um ein Datum zu nennen. Und so war es auch. Ein paar Tage danach starb nämlich in Palermo der Richter, der Don Nino den Garaus machen wollte. Darum konnte ich mir denken, daß er schon in seinem Büro mit der Klimaanlage saß und es nicht erwarten konnte, mich zu sehen.

Ich fuhr sofort ab.

20

Von meinen letzten Monaten in Palermo möchte ich nichts erzählen. Ich wußte, daß etwas geschehen würde und verbrachte die Wochen mit Warten. Ich ging neben Don Nino her und wartete. Mittlerweile brauchte ich ihn nicht mehr zu bewachen. Ich hatte begriffen, daß sie ihn, jedenfalls momentan, nicht umbringen wollten.

«Leben wir in den Tag hinein, Giovannino», sagte er manchmal zu mir.

Ich schaute ihn an und dachte nach. Er war naiv, dieser Don Nino, ein Mann, der bislang ein ganz leichtes Leben gehabt hatte. Daran gewöhnt, immer auf einem Gefälle zu gehen, wurde er bei der ersten Steigung müde und verlor den Mut. Um seine Nervosität loszuwerden, redete er. Ich habe vergessen, was er mir alles erzählt hat, und auch, was ich ihn am Telefon reden hörte. Jetzt, da er an seiner Zukunft zweifelte, beklagte er sich und erzählte von all den Leuten, die Geld und Gefälligkeiten von ihm und seinen Freunden empfangen hatten: das war halb Sizilien.

Als Anfang Oktober die ersten Haftbefehle für den großen Prozeß rausgingen, erinnerte ich mich an diese Erzählungen. Ich las die Listen der Angeklagten und der Gesuchten: Don Nino hatte von Abgeordneten, von Funktionären der Region Sizilien, von Industriellen und Bürgermeistern gesprochen; auch von ein paar Richtern und hohen Polizeibeamten. Mit geringeren als solchen machte er sich die Hände nicht schmutzig.

Ich persönlich wußte von bescheideneren Leuten: von Gefängniswärtern, Postbeamten, Gerichtsdienern, Zöllnern.

Aber von diesem und jenem, den Don Nino erwähnte, habe ich im Gitterkäfig der Angeklagten beim Maxi-Prozeß bisher niemanden gesehen. Nur Leute der Tat unter ein paar halbverblödeten alten Männern und vielen Pechvögeln, die da überhaupt nichts zu suchen hatten. Sie haben hundert oder zweihundert Pistolen ins Gefängnis gesteckt. Die wenigstens schießen nicht mehr. Aber für jede Pistole, die aus dem Verkehr gezogen wird, stehen zehn neue bereit. Jedesmal wenn ein Lebenslänglich für einen «Boss», wie die Journalisten sagen, ausgesprochen wird, hüpfen diejenigen vor Freude, die nur darauf warten, seinen Platz einzunehmen.

Zu Allerseelen fuhr ich ins Dorf, um Blumen aufs Grab meines Vaters und meiner Mutter zu legen. Da die Verwandten nicht daran dachten, ein Grablicht hinzubringen und ab und zu die Grabsteine sauberzumachen, bezahlte ich den Wärter, damit er es tat. Bei dieser Gelegenheit wollte mein Cousin wissen, welche Absichten ich bezüglich der Pacht des Grundes hätte, die wenig später auslief.

«Die erneuern wir, nicht wahr?»

«Das weiß ich nicht, ich muß noch drüber nachdenken», antwortete ich. Ich wollte schon ja sagen, aber ich hatte eine Art Vorahnung.

Tatsächlich war ich kaum nach Palermo zurückgekehrt, als sie die Cousins Salvo verhafteten. Die Nachricht schlug in Palermo wie eine Bombe ein. Sogar die Nachrichtensendung sprach davon. Die Leute konnten es nicht glauben, und ich bin sicher, daß viele rechtschaffene Männer zitterten und ihre Rechtsanwälte anriefen: «Was soll ich eventuell sagen: daß ich sie kannte? Daß ich sie nicht kannte?» Ohne Zeit zu verlieren, ging ich zu der Bank, die Don Nino mir gezeigt hatte. Der Direktor erwartete mich schon, frisch wie eine Rose. Er wußte nicht, wer eher kommen würde, und meiner Ansicht nach interessierte ihn das auch nicht. Wenn ich es war, gab er mir die Kassette und Schwamm drüber. Wenn es die Carabinieri waren, gab er ihnen die Kassette und Schwamm drüber.

Ich steckte die Papiere in eine Tüte aus dem Supermarkt, holte das Auto und fuhr los. Ein Heim hatte ich mittlerweile nicht mehr. Ich wohnte in einem schönen Ein-Zimmer-Appartement, das Don Nino ab und zu für seine Angelegenheiten nutzte. Drinnen hatte ich natürlich auch ein paar Sachen von mir, das ist klar. Aber Geld, Papiere und Pistole nicht. Alles übrige zählte nichts, angefangen von den Schuhen zu 500000 Lire, die mir Don Nino geschenkt hatte.

Diesmal nahm ich die Autobahn. Mit den Papieren, die ich bei mir hatte, durfte ich keine Polizeikontrolle riskieren. Ich fuhr langsam, um die Zeit herumzubringen, und gegen Mittag hielt ich an einer Tankstelle, tankte voll und aß ein belegtes Brötchen. Das Wetter war schön, es war nicht kalt.

Ich kam in Santa Caterina an, als die Schulen aus waren und alle zu Tisch gingen. Ich wußte nicht, ob Margherita da war und ob sie allein war. Für alle Fälle hatte ich noch eine andere Lösung für ein warmes Plätzchen parat, bis die Dinge wieder ins Lot kamen. Aber das war nicht nötig. Die arme Unglückliche fing an zu weinen, so froh war sie, mich zu sehen. Ich erzählte ihr, ich hätte etwas Verrücktes getan: Dresche für meine Frau, Mobiliar zertrümmert, Entlassung und Anzeigen.

«Vielleicht suchen mich sogar die Carabinieri...»

Sie war ganz aufgeregt und wußte nicht, was sie zuerst tun sollte. Sie konnte es noch gar nicht glauben, einen Mann zu ihrer Verfügung zu haben, einen, der nicht sagen konnte: Na dann, auf Wiedersehen... denn wenn er aus der Tür trat, wurde er vielleicht gleich verhaftet. Noch am selben Abend fanden wir eine geschlossene Unterstellmöglichkeit für das Auto. Und so verbrachte ich den ganzen Winter in diesem Haus.

Am Morgen, wenn sie in der Schule war, versuchte ich die Papiere zu lesen. Nach dem Mittagessen machte ich ein Nikkerchen. Am Abend sah ich fern und legte mich dann wieder schlafen. In meinem ganzen Leben hatte ich mich nie so sorglos ausruhen können. Weder als Kind noch als Heranwachsender, weil ich sommers um vier und winters um fünf Uhr aufstehen und aufs Feld gehen mußte. Und später auch nicht, weil – auch wenn es nichts zu tun gab – die Sorgen glücklicherweise niemals aufhörten und mindestens ein Ohr immer wachbleiben mußte. Nach drei Monaten mit gutem Essen und Trinken, in denen ich bedient und gepflegt worden war, fühlte ich mich wie ein anderer Mensch. Wie ein junger Mann.

Angesichts all dieser Papiere begriff ich wirklich, wie unwissend ich war. Einen Zeitungsartikel zu lesen ist eine Sache, aber diese Dinge zu lesen war eine andere. Manche waren mit der Hand geschrieben, und man kapierte nichts. Andere waren von Rechtsanwälten aufgesetzt, und zwar in der Sprache, die sie gebrauchen. Dann gab es noch Notizen und Fotokopien von Schecks. Ein schönes Durcheinander.

Nach zwei Wochen war ich fertig, aber ich war verwirrter als zuvor. Am Schluß begann ich, wenigstens etwas zu verstehen. Ich verbrannte die weniger wichtigen Dinge und nahm mir die anderen noch mal der Reihe nach vor. Sie handelten von Ausschreibungen für öffentliche Bauaufträge, von Wohnungen, die als Schmiergeld hergegeben wurden, von Milliarden, die zur einen Tür nach Italien hineinkamen und zur anderen wieder herausgingen. Lauter große Geschäfte, das Gebiet, auf dem Don Nino ein Meister war.

Für mich waren diese Dinge böhmische Dörfer, aber ich merkte, daß viele dieser Papiere schon nutzlos geworden waren, weil sie von Verträgen, Inhabersparbüchern und Briefen handelten, die sicherlich nach gut einem Monat das gleiche Ende gefunden hatten wie das Schließfach, das ich geplündert hatte. Ich malte sie mir aus: die Bankdirektoren, die Staatsdiener in der Region und allen Behörden Palermos, wie sie die Beweise ins Klo runterspülten. Sogar ihre *mamma* hätten sie runtergespült, um sich vor dem Gefängnis zu retten.

Aber die Schecks waren eine handfeste Sache. Mittlerweile waren die Zeiten, da ich mein Geld zu Hause unter der Matratze versteckt hatte, lange vorbei. In Bankdingen kannte ich mich ziemlich gut aus. Da waren Schecks von römischen und mailändischen Banken, Schecks mit Kontonummern so lang wie ein Roman. Manche Dinge kann man nicht verstecken. Und am Ende ließ ich nur die über und verbrannte alles andere. Ich machte jeden Morgen ein Feuer an, so daß eines schönen Tages auch Margherita etwas bemerkte, die ansonsten naiv wie ein kleines Mädchen war.

«Was verbrennst du denn, wenn ich nicht da bin, Giovannino?»

«Briefe, mein Liebling.»

Was sollte ich schon sagen? Briefe von meiner Frau, versteht sich. Liebesbriefe. Margherita las Liebesromane für Fräuleins, wie man sie am Kiosk kaufen kann, und über Herzensdinge wußte sie alles, was man nur wissen konnte. Als sie mich so reden hörte, war sie gerührt. Sie wollte wissen, ob ich noch unter der Trennung von meiner Familie litt.

«Ein bißchen schon, mein Liebling.»

Anfang Februar beschloß ich, mich wieder auf den Weg nach Palermo zu machen. Margherita brach wieder in Tränen aus. Sie streichelte mir das Gesicht und fragte den Herrgott, ob er ihr wohl die Gnade erwiese, mich noch einmal sehen zu dürfen, bevor sie stürbe.

«Keine Sorge», sagte ich. Aber das arme Ding konnte nicht wissen, ob ich die Wahrheit sagte oder nicht. Und ich konnte ihr nicht sagen, daß ich nie jemanden betrogen habe, daß ich dem, der mir geholfen hat, immer meine Dankbarkeit zu erweisen wußte. Noch heute schaue ich, wenn ich kann, in dem Ort vorbei, wo sie jetzt lehrt. Es ist eine Stadt am Meer.

In Palermo ging ich geradewegs zu einem Anwalt, den ich vom Sehen kannte. Sein Klient war auch im Prozeß angeklagt. Auf seinen Namen lautete in Don Ninos Kassette ein Scheck. Nur einer. Ich hatte die Fotokopie in der Brieftasche.

«Nehmen Sie Platz», sagte er, als er mich in der Tür stehen sah. Es war ein altes Arbeitszimmer mit dunklen Möbeln, wie man sie aus Sakristeien kennt. Während ich all diese Dinge betrachtete, ließ er mich nicht aus den Augen. Er mußte Menschen sofort einschätzen können. Man hörte Gutes über ihn: Er war ein vorzüglicher Strafverteidiger und teuer. Und er war schlau, sicher schlauer als ich. Aber ich war da nicht reingekommen, um ihm was vorzumachen. Ich brauchte nur ein paar Worte zu sagen, und die sagte ich sofort. Ich nahm die Fotokopie des Schecks und legte sie auf den Schreibtisch.

«Ich weiß nicht, ob dies Ihnen und Ihrem Klienten dienlich sein kann...»

Er sah ihn an und machte sofort ein finsteres Gesicht.

«Was soll das heißen?»

«Das wissen Sie sicher besser als ich.»

Er glaubte, ich wollte Geld. Ich sagte nein. Er glaubte, es schickte mich jemand. Ich sagte nein. Er konnte nicht glauben, daß ich nichts wollte. Er sah auf den Scheck, dachte nach, stellte eine Frage. Und dann fing er wieder von vorn an: Er glich einer Hornisse, die nicht lockerläßt. Schließlich wollte er wissen, wer ich sei und woher ich dieses Papier hätte. Wenn er mich das gleich gefragt hätte, wären wir im Handumdrehen fertig gewesen.

Draußen war einer jener Wintertage, wie man sie nur in Palermo erlebt. Es war nach Mittag. Bis um sechs Uhr abends lief ich herum und sah mir alles an, was ich ansehen konnte. Ich wußte nicht, ob ich noch mal hierher zurückkehren würde, und wollte mir Augen und Sinn anfüllen. Als ich müde wurde, ging ich zurück zum Auto und machte mich auf den Weg ins Dorf.

Ich fuhr und dachte an den Rechtsanwalt. Mäuslein hätte ich spielen wollen und hören, was er sagte; ob er nur einen Anruf gemacht hatte oder zehn. Aber zehn oder bloß einer, mittlerweile war die Nachricht, daß ich die Fotokopien der Schecks hatte, dort angekommen, wo sie sollte. Vielleicht war sie nutzlos, aber vielleicht war sie auch mehr wert als ein gepanzertes Auto. Damals wußte ich noch nicht, ob mein Leben zu Ende sein würde oder ob ich noch weiterleben konnte. Aber ich hatte keine Angst: Das Schicksal geht seinen eigenen Gang.

Ich fuhr und dachte an alle, die ich auf dem Weg verloren hatte: ein Berg von Toten, fast lauter blutige Tote. In den ersten Tagen träumte ich jede Nacht, daß sie die Tür aufbrächen, eindrängen und mich mit der Maschinenpistole erschössen; so war es mir auch in Corleone gegangen, nachdem sie den Doktor beseitigt hatten. Ich erwachte schweißgebadet.

Dann habe ich mir keine Gedanken mehr gemacht.

21

Seit den letzten Ereignissen, von denen ich erzählt habe, sind drei Jahre vergangen. Das einzige, was ich über diese drei Jahre sagen kann, ist, daß ich wieder Bauer geworden bin. Ich bestelle mein Land: das selbstgekaufte und das, was ich von meinem Vater bekommen habe. Als ich einmal mit dem Traktor über den Acker fuhr, fand ich die Spitze einer Pflugschar, die an einem Septembertag abgebrochen war, als ich noch ein Kind war. Mein Vater hatte sich neben dem

Maultier auf den Boden gesetzt. Er saß still da und schaute auf seine Hände. Nicht einmal die Kraft zum Fluchen hatte er noch.

Im Dorf ist es nicht mehr wie früher. Man kann ruhig herumgehen, ohne die Blicke und das Geschwätz aller auf sich zu ziehen. Finuzza und ich treffen uns, und nicht einmal mein Cousin, der ihr Nachbar ist und unbedingt wollte, daß ich sie heirate, weiß etwas davon. Wäre so etwas vor dreißig Jahren geschehen, hätte schon nach fünf Minuten das Dorf darüber geklatscht, und dem armen Ding hätten sie wegen der Schande das Leben schwergemacht. Finuzza wollte einen Ehemann, aber da sie keinen Ehemann fand, hat sie sich schließlich mit einem Mann begnügt.

Nicht daß ich sie nicht zur Frau haben wollte: Sie war eine anständige Frau, rechtschaffen und vom Unglück verfolgt. Aber Fehler kann man nicht viele im Leben machen. Und ich hatte schon mit Nuccia einen Fehler gemacht. Es steht einem frei zu tun, was man will, aber Eltern, Geschwister, Frau und Kinder müssen unantastbar bleiben. Ich habe immer so zu handeln versucht. Aber am Schluß hat Nuccia doch erfahren, was ich war, und nicht aus meinem Mund. Ich bin sicher, daß sie deshalb gestorben ist. Und wäre unser Kind schon geboren gewesen, wäre es am Ende umgebracht worden oder schlecht aufgewachsen, bei Tanten, Nachbarinnen und Kameraden von der Straße.

In diesen drei Jahren im Dorf habe ich darauf geachtet, nicht aufzufallen. Eines Abends wollten drei junge Burschen die großen Macker spielen und fingen an, mich zu hänseln, als ich zu Fuß nach Hause ging. Es war kein Raubüberfall. Dort werden nicht einfach so Raubüberfälle begangen. Es kommen höchstens Leute aus den umliegenden Dörfern, um eine Bank oder das Postamt zu überfallen. Aber wenn ich ihnen ein paar Zehntausender gegeben hätte, hätten sie mich in Ruhe gelassen und sich sogar bedankt.

«Was ist, hast du Angst?» fragten sie mich. Sie lachten

und versuchten, mich zu Boden zu drücken. Es hätte mich nicht viel gekostet, einem den Schädel zu zertrümmern und damit die anderen beiden Anstand zu lehren. Statt dessen überzeugte ich sie im guten davon, daß ich kein Geld bei mir hatte, daß ich sie auch nicht anzeigen würde, und als mich einer packte und mir den Arm umdrehen wollte, ließ ich ihn mir eben nicht umdrehen. Die anderen zogen ihn damit auf, daß er sich von einem Opa schlagen lasse. Ich bin dreiundfünfzig Jahre alt, sehe aber älter aus, und ich lachte und spielte wirklich den Opa. Auf diese Weise wurde aus allem ein Spaß, und am Schluß gingen sie im guten weg.

Ein andermal waren es Grenzstreitigkeiten mit Leuten, die neben mir gekauft hatten und einen Weg anlegen wollten, der halb auf meinem Grund lag. Ich erinnere mich auch an eine Meinungsverschiedenheit mit einem Traktorfahrer, der sich nicht an den vereinbarten Preis halten wollte, und mit einem Nachbarn, der vor seiner Rückkehr ins Dorf im Norden gearbeitet und die gute Erziehung vergessen hatte.

Aber ich habe nie einen Tropfen Blut vergossen. Wer mich kennt, kennt mich vom Sehen, und wenn wir uns grüßen, grüße ich zuerst. Mich interessiert nur mein Land, und damit basta. Es ist schön, das Land zu bestellen, ohne sich um den Hunger sorgen zu müssen. Zusammengerollt unterm Kattun schlafen zu können, ohne die Ohren draußen haben zu müssen, um zu hören, ob es regnet. Denn manchmal bedeutet es den Ruin, wenn es regnet, und manchmal bedeutet es auch den Ruin, wenn es nicht regnet. Aber für den Fall, daß es nicht regnet, habe ich mit Spezialbohrern einen von diesen modernen Brunnen, 80 Meter tief, bohren lassen. Ich habe immer Wasser, auch wenn der Herrgott keines schikken will. Dafür ist Geld gut.

Es ist noch für anderes gut. Mein Magengeschwür habe ich in der Schweiz auskuriert, erst in Bellinzona und dann in Zürich; den Arzt hatte ich durch Don Nino kennenglernt, der auch in der Schweiz gestorben ist, er ruhe in Frieden. Ich habe es mit Geld auskuriert, denn in Italien muß man, wenn man sichergehen will, daß man geheilt wird, ins Ausland gehen, und um ins Ausland gehen zu können, braucht man Geld.

Und es ist auch gut, wenn mich die Sehnsucht nach dem Meer packt. Dann fahre ich still und heimlich los nach Palermo. Ich habe mir einen Ritmo Diesel gekauft, ein richtiges Schmuckstück. Ich komme an, nehme mir ein schönes Zimmer in einem guten Hotel, esse in einem Restaurant, wo sie Fisch auf den Tisch bringen, der noch aussieht wie lebendig, und wo schwarzgekleidete Ober servieren. Nachts schlafe ich mit einem Mädchen, wie man es in meinem Dorf nicht mal im Kino sieht. Für Schuhe nicht, aber für solche Dinge mache ich meine Brieftasche gern weit auf. Und wenn ich es leid bin, fahre ich nach Hause zurück. Manchmal sieht mich jemand ankommen und fragt, wo ich gewesen bin.

«Bei der Rentenversicherungsanstalt wegen meiner Rente», antworte ich. Oder bei der Untersuchung wegen des Magengeschwürs, oder auf einer Landwirtschaftsausstellung. Orte, wo anständige Leute hingehen.

Manchmal schlafe ich im Sommer sogar auf dem Feld – wie ich es als Kind mit meinem Vater und meinen Brüdern tat. Aber nicht auf der Erde: Für diese Dinge bin ich mittlerweile zu alt. Ich habe mir ein kleines Haus mit einem einzigen Zimmer gebaut, nur damit ich nicht naß werde, wenn es regnet. Am Abend koche ich mir etwas, und dann gehe ich hinaus und lausche auf die Geräusche der Nacht, bis ich müde werde.

«Dir fehlt es an gar nichts, Giovannino», sagt manchmal mein Cousin, wenn wir uns sehen. Aber das ist nicht wahr. Er hat Kinder und ich nicht. Er hat eine Frau und ich nicht. Er lebt sorglos und ich nicht. Am Sonntag lädt er mich immer ein, und manchmal gehe ich hin. Aber Geld leihe ich ihm nie. Wenn das Gerücht aufkommt, daß ich ein paar

Millionen einfach so aus der Tasche ziehen kann, ist es mit meinem Frieden vorbei.

Drum streite ich auch um 5000 Lire, und in allen Geschäften, in die ich gehe, frage ich nach Rabatt. Auf diese Weise falle ich nicht auf, und manchmal machen mir diese Dinge auch Spaß. Vertraulichkeiten aber offeriere und suche ich keine. Nicht aus Hochmut. Ich habe mich inzwischen einfach daran gewöhnt. Erst vertraute ich allen, die zu den «Familien» gehörten. Dann kamen die Corleonesen daher, die sich um diese Regeln einen Dreck scherten. Später habe ich nur der «Familie» vertraut, zu der ich gehörte. Dann kamen die Verräter daher, die alle anderen zur Schlachtbank führten. Wie soll ich da jetzt ein paar Dörflern trauen, die nicht mal richtige Freunde sind und von meinem wahren Leben keine Ahnung haben.

Höchstens ein paar Worte auf dem Feld – über die Ernte und über die Unkrautvernichtungsmittel, die man heute so benutzt. Außerdem habe ich wenig Zeit für Worte. Jeden Morgen kaufe ich den *Sicilia* und lese ihn fast ganz durch. Dann gehe ich einkaufen, mache etwas Hausarbeit und trinke einen Kaffee in der Bar. Die wenigen Stunden, in denen ich nicht arbeite, sind im Handumdrehen vorbei. Es ist ein einfaches Leben, aber ich kann es zum Ausruhen brauchen. Und es gefällt mir.

Aus den vergangenen Zeiten bewahre ich nur zwei Dinge auf. Vor allem die Pistole, immer mit regulärem Waffenschein. Nur daß auch die sich jetzt ausruht – in einer Schublade im Kasten. Ich nehme sie nie mit, wenn ich aus dem Haus gehe. Ich weiß, daß sie mich nicht umbringen können. Aber falls ich mich irrtümlich in Sicherheit wiege und mein Schicksal im Dunkel hinter einer Ecke lauert, ist es gleich, ob ich die Pistole dabei habe oder nicht. Ich mache mir darüber keine Gedanken, und ich habe keine Angst. In den Jahren, die mir noch bleiben, will ich ruhig leben und schlafen.

Das zweite, was ich aufbewahre, sind die Erinnerungen.

Ich habe große Männer kennengelernt, richtige Männer. Das Leben hat mir Erfahrungen vermitteln wollen, die nicht jedermanns Sache sind. Ich habe bestimmte Dinge gesagt, aber andere Dinge kann und will ich nicht sagen. Wenn ein Mann keine Geheimnisse zu bewahren hat, heißt das, daß er ein dummes und nutzloses Leben geführt hat.

Die schönsten Erinnerungen sind die kleinsten; wenn man davon erzählt, kommen sie einem wie Nichtigkeiten vor: manche Sommerabende auf dem Gut von Don Peppe, unter uns jungen Burschen; dann als ich zum erstenmal am Steuer eines Autos saß; und als mich zum erstenmal jemand mit dem «Herr» vor dem Familiennamen anredete. Aber mehr als alles andere: manche Momente mit meiner Frau und das Leben in den «Familien», wo ich gearbeitet habe. So muß es auch unter Soldaten in Kriegszeiten sein: Es lernen sich Männer kennen, die von einem Augenblick auf den anderen sterben können. Und auch wenn sie's überleben, kehren sie schließlich ins bürgerliche Leben zurück und treffen sich nie wieder. Aber in gemeinsamen Tagen sind sie Brüder gewesen. Denn unter Soldaten sind die Bedürfnisse und die Gedanken die gleichen. Manche Worte, auch wenn sie ganz leise gesprochen werden, dröhnen deshalb wie die Glocken am Ostertag.

Manche habe ich gern gehabt. Nicht nur Stefano Bontate und Saro Menzapinna. Viele habe ich geschätzt. Viele haben mich das Leben gelehrt, das eine wilde, große und starke Bestie ist. Aber auch die wilden Bestien säugen ihre Kinder, und sie lecken sie, um ihnen das Fell zu säubern.

Ich bin kein guter Mensch gewesen, aber ich wußte, wenn ich etwas Schlechtes tat. Ich habe nur erzählt, was ich erzählen konnte; meine Pistole hat mehr als zehnmal Leuten das letzte Lied gesungen, die es verdient hatten, aber auch dem einen oder anderen, der es nicht verdient hatte. Ich dachte nicht darüber nach, als ich es tat, und wenn ich darüber nachdachte, tat ich es trotzdem, aus *meinen* Gründen. Für diese Gründe bezahlt man. Eine Seite würde nicht ausreichen für die Namen derer, die ich kannte und die mit dem Tod oder im Zuchthaus bezahlt haben.

Ich hatte Glück. Das Leben, das ich geführt habe, hat mir nur eine Narbe auf dem Bein und ein Magengeschwür hinterlassen. Alles andere hat es mit sich fortgenommen: Von denen, die ich kannte, sind nur wenige im Gefängnis. Und die kommen nicht mehr raus. Die anderen haben sie umgebracht. Ich bin allein zurückgeblieben. Am Leben und allein. Gesellschaft leisten mir die Arbeit auf dem Feld und meine Erinnerungen.

Erinnerungen, aber keine Reue. Was soll ich auch bereuen? Ich hätte im Bergwerk sterben können wie mein Bruder. Oder in die Fußstapfen meines Vaters treten: unter einem Herrn für ein paar Lire bis siebzig. Oder Turinisch lernen in einer Bolzenfabrik, fern von den Feldern, dem Meer und meinen Eltern. Soll ich das bereuen?

Statt dessen habe ich das Leben geführt, das ich geführt habe. Schön und häßlich, wie es eben kam. Und wenn ich wieder geboren werde, will ich es noch mal genauso leben.

Ich bereue nichts.

Glossar

«Familie»: Der Mafia-Clan.

Corleonesen: Der Mafia-Clan von Corleone, einem Städtchen in Westsizilien, das zum Inbegriff für die Präsenz der Mafia geworden ist.

lupara: Jagdgewehr mit verkürzten Läufen; die klassische, sprichwörtlich gewordene Waffe der Mafia.

tùmolo, tùmoli: Landwirtschaftliches Flächenmaß, entspricht 2143 m^2.

Giuseppe Garibaldi (1807–1882): Patriot und Freiheitskämpfer, der einen entscheidenden Beitrag zur Einigung Italiens leistete. Hier mit der ehrenden Anrede eines «Don», wie sie in der Umgangssprache in Süditalien für eine herausragende Persönlichkeit gern verwendet wird: Auch alle Herren, unter denen Giovannino dient, nennt er stets «Don».

Cavaliere: Ritter; für Verdienste erworbener Ehrentitel.

picciotto, picciotti, Verkleinerungsform *picciutteddu*: Im sizilianischen Dialekt ein Junge, junger Mann; ursprünglich junge Sizilianer, die sich 1860 Garibaldis «Zug der Tausend» gegen die Anhänger der Bourbonen in Sizilien anschlossen. In Mafiakreisen das Fußvolk; sozusagen der gemeine Soldat, der seine Arbeit leistet und unter einem ranghöheren Vorgesetzten dient.

Giuseppe Genco Russo (geb. 1894): Stand immer im Schatten des einflußreicheren Calogero Vizzini. Sein Machtbereich war Mussomeli in der Provinz Caltanissetta. Die neue, aufstrebende palermische Mafia ließ ihn links liegen. Bei der Justiz anfangs hoch angesehen, später jedoch verhaftet, abgeurteilt und als vielleicht erster Exponent der modernen Mafia an einen Zwangswohnort in die Provinz Bergamo und damit sozusagen ins Exil geschickt.

pìcciolo, pìccioli: Geld, «Kleingeld», «Kröten».

Salvatore Giuliano (1922–1950), volkstümlich «Turi Giuliano» genannt: Berühmter sizilianischer Bandit.

Calogero Vizzini: Als «Don Calò» 1954 im Alter von knapp 70 Jahren starb, galt er als das Oberhaupt der sizilianischen Mafia, obwohl sein eigentliches «Reich» Villalba, ein Bauerndorf in der Provinz Palermo, war. Sicherlich der letzte eindrucksvolle Vertreter der sogenannten alten Mafia, die bereits über weitreichende politische Beziehungen verfügte und in ständiger Verbindung zu den italienischen Macht- und Wirtschaftszentren sowie zu den anderen «Familien» Siziliens und denen in den USA stand.

Francesco di Cristina: Oberhaupt der starken und rührigen «Familie» von Riesi in der Provinz Caltanissetta. Gehörte dem traditionellen mafiosen Großgrundbesitzertum an und starb 1961 eines natürlichen Todes. Seine Nachfolge trat Sohn Giuseppe an: Widerwillig ließ man ihn am Aufstieg der palermischen Mafia teilhaben; er war einer der Auftraggeber des Massakers vom Viale Lazio (siehe bei *Michele Cavataio*). Als er erfuhr, daß die Corleonesen ihn beseitigen wollten, bemühte er sich um eine Unterredung mit Carabinieri-Hauptmann Pettinato. Er wurde am 30. Mai 1978 getötet.

compare, compari: Gevatter, guter Freund.

Michele Navarra: Arzt und Leiter des Krankenhauses von Corleone; ein Mafioso der alten Schule. Überwarf sich mit seinem ehemaligen Angestellten Luciano Liggio, der zum Exponenten einer neuen, zu allem entschlossenen Generation der Mafia werden sollte. Michele Navarra wurde am 2. August 1958 im Alter von 53 Jahren auf einer Landstraße, wenige Kilometer von Corleone entfernt, getötet.

Luciano Liggio (geb. 1928): Sein Aufstieg begann 1958, als er den örtlichen Boss Michele Navarra tötete und dafür zu «lebenslänglich» verurteilt wurde. Nach seiner Verhaftung 1964 gelang ihm wenig später die Flucht aus dem Gefängniskrankenhaus, in das er wegen tuberkulöser Wirbelsäulenentzündung eingewiesen wurde. Erst zehn Jahre später wurde er in Mailand wieder gefaßt und «regiert» seither aus dem Zuchthaus weiter. Aus dem seinerzeit durch die Krankheit bucklig gewordenen Feldhüter und halbem Analphabeten ist ein eleganter, selbstsicherer Mann geworden, der liest und malt. Eine Ausstellung seiner Bilder in Palermo in jüngerer Zeit führte zu hitzigen Polemiken. Er gilt als der einzige Mann, der sich bis heute an der Spitze der sizilianischen Mafia gehalten hat.

Salvatore Pisciotta: Cousin und vertrauter Mitstreiter

von Salvatore Giuliano; wurde 1954 im Gefängnis vergiftet.

«Antimafia»: Seit 1962/63 ermittelt die parlamentarische «Antimafia-Kommission» über die Machenschaften und weit in die Politik reichenden Einflüsse und Verstrikkungen des organisierten Verbrechens. Das seinerzeit letzte überlebende sizilianische Mitglied der Kommission, der Regionalsekretär der Kommunistischen Partei Pio La Torre, wird am 30. April 1982 kurz vor dem geplanten Eintreffen des Antimafia-Präfekten Dalla Chiesa in Palermo erschossen.

Michele Cavataio (1920–1969): Boss der Acquasanta und erbarmungsloser Killer, genannt «die Bestie»; mutmaßlicher Verantwortlicher für das Massaker von Ciaculli am 30. Juni 1963, bei dem sieben Polizei- bzw. Heeresangehörige durch eine Autobombe getötet wurden. Cavataio starb beim Massaker am Viale Lazio: Am 10. Dezember 1969 dringen fünf als Polizisten verkleidete Killer in das Büro einer Baufirma ein und töten drei Menschen, darunter Cavataio. Dieser Vorfall lieferte den Stoff für Damiano Damianis Film «Der Clan, der seine Feinde lebendig einmauert».

decina: paramilitärische, aus etwa zehn Mann bestehende mafiose Einheit, an deren Spitze ein *capodecina* oder *suttacapu* steht.

Salvatore Riina, Bernardo Provenzano: Beide wurden beim Prozeß von Palermo in Abwesenheit zu «lebenslänglich» verurteilt. Sie stehen im Ruf, erbarmungslose Killer zu sein, sind seit langem flüchtig und leiten im Auftrag von Luciano Liggio die Gruppe der Corleonesen, die in den letzten zehn Jahren die absolute Vorherrschaft erlangt hat.

Stefano Bontate: Sohn von «Don Paolino», von dem er schon in jungen Jahren Tätigkeit und «Familie» übernahm. Abgeschlossenes Jurastudium; weniger blutrünstig als die anderen palermischen Bosse seiner Zeit; galt als der einflußreichste Vertreter des sogenannten gemäßigten Flügels; laut der Zeugenaussagen von Buscetta und Contorno glaubte er bis zuletzt, mit Verhandlungen das Schlimmste verhüten zu können. Getötet im April 1981.

«Mann der Tat»: Killer.

Nino Salvo: Zusammen mit seinem Cousin Ignazio seit Anfang der sechziger Jahre Geschäftsführer der privaten, vom Staat beauftragten Steuereinnahmestellen Siziliens, die sehr viel höhere Gesamteinnahmen als die der anderen Regionen Italiens aufwiesen. Befreundet mit Bontate und der *mafia perdente*, sozusagen dem Verlierer-Flügel. Die Cousins Salvo erfreuten sich bester politischer Beziehungen auf hoher Ebene, alle Ermittlungen gegen sie blieben erfolglos, bis sie 1984 wegen Mitgliedschaft in einer kriminellen Vereinigung verhaftet wurden. Nino starb zwei Jahre später in der Schweiz an Krebs, Ignazio wurde zu sieben Jahren Gefängnis verurteilt, von denen ihm ein Jahr erlassen wurde.

pentito: Ein «reuiger», geständiger Angeklagter (ursprünglich in Terroristen-Prozessen, später auch in solchen gegen Angehörige krimineller Vereinigungen), der bereit ist auszusagen und damit auch seine Mittäter preisgibt (in Terroristen-Prozessen gegen Zusicherung von Strafmilderung oder -freiheit). Der «erste *pentito*» der Mafia, Leonardo Vitale, wurde am 2. Dezember 1984 getötet, ein halbes Jahr nach seiner Haftentlassung.

Curiano: Coriolano della Floresta, der Spitzname von Totuccio Contorno.

Scarpuzzedda: Im sizil. Dialekt wörtl. «kleiner Schuh», Spitzname von Pino Greco, dem Killer der «Familie» aus Ciaculli.

Kommissionen, Kuppeln: Die Chefs mehrerer benachbarter «Familien» wählen einen Vertreter aus ihren Reihen und entsenden ihn in eine «Kommission» oder «Kuppel», wo er ihre gemeinsamen Interessen gegenüber denen von weiter entfernten anderen «Familien» auf Bezirksebene vertritt.

Michele Sindona: Aus kleinen Verhältnissen stammend, hatte sich der Sizilianer Sindona zum Finanzier mit herausragenden Fähigkeiten und zum Eigentümer großer Aktienpakete hochgearbeitet. Im Zusammenhang mit riskanten Transaktionen und dem Vorwurf des betrügerischen Konkurses seiner Privatbank floh er in die USA. Von dort auf ungeklärten Wegen überraschend nach Italien zurückgekehrt, starb er in Erwartung seines Prozesses im Gefängnis von Pavia in Norditalien nach dem Genuß einer Tasse Kaffee. Es blieb ungeklärt, ob es sich um Selbstmord oder Mord handelte. Auch über seine mutmaßlichen Verbindungen zur Mafia, deren Bankier er angeblich gewesen war, blieb nahezu alles im dunkeln.

Carlo Alberto dalla Chiesa: Der aus Norditalien stammende Carabinieri-General hatte in den siebziger Jahren erfolgreich den Terrorismus bekämpft und war mit der Situation in Sizilien aus früheren Jahren vertraut (er kam damals schon in den Mafia-Hochburgen Corleone und Palermo zum Einsatz). Als man ihn als Antimafia-Präfekten nach Sizilien schickte, erwartete man wohl ein ebenso hartes Durchgreifen gegen die Mafia, gab ihm aber von politischer Seite nicht die Machtmittel und die vorbehaltlose Unterstützung, die er gefordert hatte. Am 3. September 1982 wurde er in Palermo zusammen mit seiner jungen Frau auf dem Heimweg in einem ungeschützten Kleinwagen erschossen.